全国高职高专计算机系列精品教材

计算机组成原理

主　编　朱小军　海　波
副主编　蔡吸礼

中国人民大学出版社
·北京·

前　言

“计算机组成原理”是计算机各类专业学生的必修核心课程之一，主要讨论计算机各部件的基本组成原理，以及各部件互连构成整机系统的技术。本课程在计算机科学与技术学科中处于承上启下的地位，具有内容多、难度大等特点。

编者根据多年从事本课程的教学经验和体会，吸取众多优秀教材的精华，精心编写了本教材。力求突出重点、概念清楚、通俗易懂。

全书共分9章，主要内容如下：

第1章概述了计算机的发展历程以及计算机的发展趋势；第2章着重介绍信息在计算机中的表示；第3章着重介绍数值数据的运算方法及运算器的组成原理；第4章介绍各种半导体存储器、高速缓冲存储器以及由各种存储器组成的多级存储系统的工作原理；第5章介绍指令系统的类型、各种寻址方式及CISC和RISC指令的特点；第6章介绍CPU的组成及其功能、控制器的组成与设计方法、并行处理技术；第7章介绍总线的连接方式，总线的请求、仲裁和定时以及常用总线的类型；第8章介绍了输入/输出系统常用的几种控制方式；第9章从应用、实践的角度讲述了简单计算机模型设计的过程。

本书由兰州城市学院朱小军、海波主编，蔡吸礼副主编，参加编写工作的还有兰州教育学院的赵治斌老师和兰州城市学院的张明老师。其中，赵治斌老师编写了第3章、第5章、第8章，张明老师编写了第1章，海波老师编写了第7章、第9章，朱小军编写了第2章、第4章、第6章，并负责全书的审核、统稿。

兰州城市学院信息工程学院崔剑波教授审定了本教材书稿，在此表示衷心感谢！

由于时间的原因以及个人的水平限制，书中难免有错误和不妥之处，欢迎同行专家学者和广大读者批评指正。

编者

2010年7月

前　言

目 录

第1章　绪　论

【学习目标】

- 了解计算机出现的过程
- 掌握电子计算机的发展历程
- 掌握“冯·诺依曼机”的主要思想和基本组成

1.1　计算机的出现过程

人类在进化和发展的过程中逐渐有了数的意识，以便在为数不多的一些东西中增加几个或从中取出几个时，能够辨认其多寡。数的概念出现之后，简单的数值计算成为了生产和生活中必不可少的活动。

人类最早使用的计算工具是人的手指。然而，利用手指计算却有数值的范围局限，同时也无法将计算结果记录和储存。因此，人类开始学习用小木棍、石子等身外之物作为计算工具。随着文明的进步和发展，人类涉及的数值计算越来越多，计算中涉及的数值也越来越大，计算难度和计算量也随之升高，因此，人类一直在努力改进着自己的计算工具。

1.1.1　早期的计算工具

1. 算筹

计算工具的源头可以上溯至两千多年前的春秋战国时代，古代中国人发明的算筹是世界上最早的计算工具，如图1—1所示。

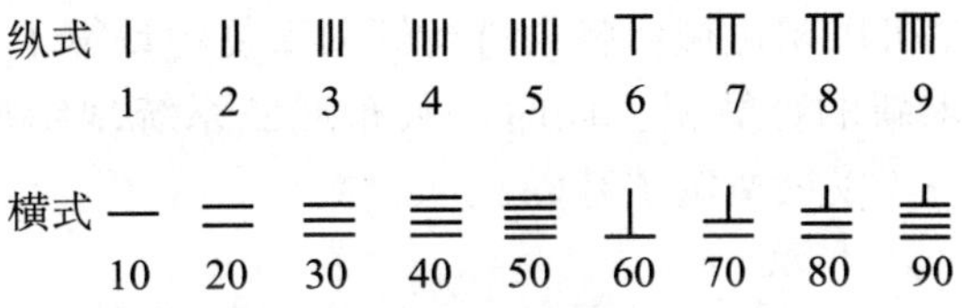

图1—1　算筹

算筹进行计算的时候摆成纵式和横式两种数字，按照纵横相间的原则可以表示任何自然数，从而进行加、减、乘、除、开方以及其他的代数计算。中国古代著名的数学家祖冲之，就是借助算筹计算出圆周率的值介于 3.141 592 6～3.141 592 7 之间。中国古代的天文学家也运用算筹，总结出了精密的天文历法。

2. 算盘

随着计算技术的发展，在求解一些更复杂的数学问题时，算筹显得越来越不方便。在大约六七百年前，中国人发明了算盘，它结合了十进制计数法和一整套计算口诀进行加、减、乘、除等各种运算。时至今日，算盘计算加减法的速度毫不逊色于计算器。在 15、16 世纪，算盘传入朝鲜、日本、越南等地，后来又传入欧洲，对世界各国数学的发展起了积极的作用。

1.1.2 机械式计算机

在西欧，由于中世纪文艺复兴时期的社会大变革，大大促进了自然科学技术的发展，制造一台能帮助人进行计算的机器引起了众多科学家的兴趣。从 17 世纪到 19 世纪，长达两百年的时间里，一批杰出的科学家相继进行了机械式计算机的研制，其中的代表人物有帕斯卡、莱布尼兹和巴贝奇。这一时期的计算机虽然构造和性能还非常简单，但是，其中体现的许多原理和思想已经开始接近现代计算机。

1. 帕斯卡的加法器

1642 年，法国数学家、物理学家和思想家帕斯卡（Blaise Pascal，1623—1662 年）发明了加法器，如图 1—2 所示。这是人类历史上第一台齿轮式加法器，能够进行 6 位数的加减法运算。

图 1—2 帕斯卡及他的加法器

2. 莱布尼兹的乘法器

1673 年，德国数学家莱布尼兹（Leibniz，1646—1716 年）发明了第一台既能加减又能乘除的机械式计算机，如图 1—3 所示。这是第一台可以运行完整的四则运算的计算机。莱布尼兹同时还提出了“可以用机械代替人进行烦琐重复的计算工作”的伟大思想，这一思想至今鼓舞着人们探求新的计算机。同时，莱布尼兹系统地给出了二进制算术运算法则，为数学计算工具进一步发展奠定了基础。

3. 巴贝奇的差分机及分析机

1822 年，英国数学家巴贝奇（Charles Babbage，1792—1871 年）经过十年的努力，制造出一台可以运转的，带有 3 个寄存器的差分机模型，如图 1—4（b）所示。可以处理

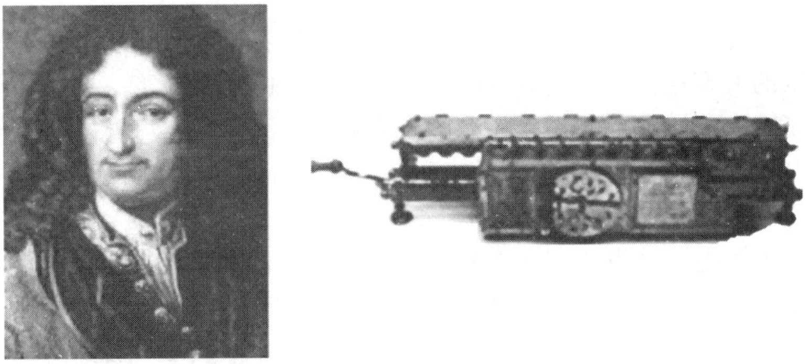

图 1—3　莱布尼兹及他的乘法器

3 个 5 位数，计算精度达到 6 位小数。在制造差分机的过程中，巴贝奇看到了制造一种大大超过差分机的机器的可能性。于是，他开始设计和制造一种新的计算工具——分析机。1834—1835 年，巴贝奇借鉴了提花机中利用穿孔卡片来自动控制提花线的新技术，成功设计出一台可以运转的分析机模型，如图 1—4（c）所示。分析机在结构上较差分机有很大的改进。差分机只能完成简单多项式计算等有限操作，分析机则具备完成所有算术运算通用机的功能。在随后的时间里，巴贝奇继续他的研究工作，于 1840 年将操作数提高到了 40 位，并基本实现了控制中心和存储程序的设想，而且程序还可以根据条件进行跳转。巴贝奇的设计的理论非常地超前，然而，由于当时尚未出现电子学，巴贝奇的分析机研究项目研制费用非常昂贵，因此，在 1842 年，分析机研究项目被政府取消。1847 年，巴贝奇设计了一台较简易的 31 位差分机，但却没有人支持他制造这台机器。后来伦敦科学博物馆用现代技术复制出这台机器后发现，发现它确实能准确地工作。

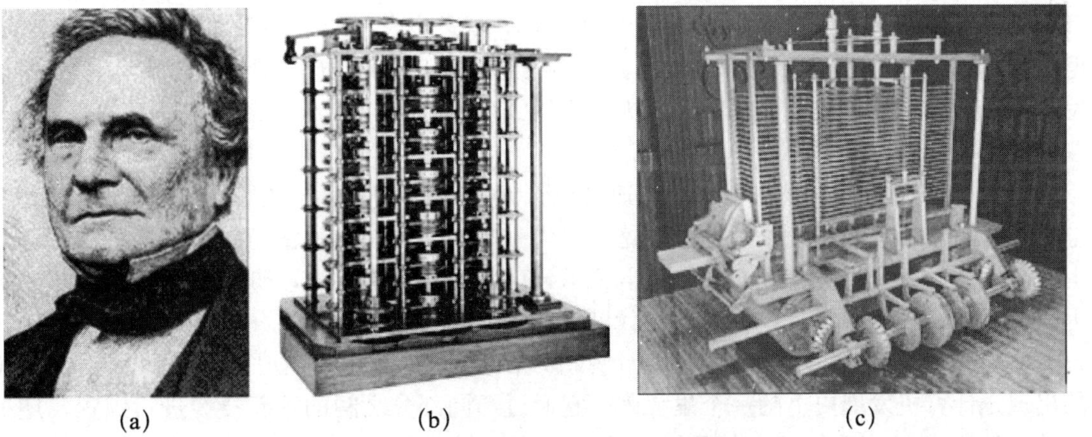

(a)　(b)　(c)

图 1—4　巴贝奇及他的差分机和分析机模型

1.1.3　机电式计算机

20 世纪初期，随着电子技术的飞速发展，计算机开始由机械向电子时代过渡，电子元件逐渐成为计算机的主体，机械越来越成为从属，二者的地位发生了变化，计算机也开始了质的转变。

自从把电器元件应用于计算机上的那一刻起，就拉开了现代计算机的发展序幕。第一个进行这种尝试的人是德国工程师朱斯。1938 年，朱斯设计出第一台机电计算机 Z－1，他的成功引起了政府的注意。于是，在德国政府的资助下，在接下来的四年中，朱斯先后研制出机电计算机 Z－2 和 Z－3，这些计算机部件全部采用继电器，同时采用浮点记数法、二进制运算、带数字存储地址的指令形式等。

美国最早从事机电计算机研究的人是哈佛大学的艾肯。艾肯提出他的计算机设计方案时还只是美国哈佛大学物理系的一名研究生，在 IBM 公司的支持下，艾肯成功研制出机电式计算机 MARK-I。它取消了齿轮传动装置，以穿孔纸带传送指令。

然而，机电计算机的研究在计算机发展史上仅仅昙花一现，因为它的运算速度很慢，而且也不能进一步提高。因此，机电计算机一诞生就注定要很快被电子计算机所取代。但机电计算机的研究为早期电子计算机的设计制造积累了许多有益的经验。

1.1.4 电子计算机

1. 阿塔纳索夫与 ABC 机

1906 年，美国人德弗雷斯特发明了电子三极管，并在研究中发现，电子三极管的栅级控制电流开关的速度比继电器快了 1 万倍。与此同时，任教于美国衣阿华州立大学的阿塔纳索夫对当时流行的机械式计算机和机电式计算机都做了深入的研究，他逐步认识到要提高计算机的速度，关键是要有高速的运算部件。

1939 年，阿塔纳索夫首次试图将电子技术引入计算机，并设计试制了数字电子计算机的样机“ABC 机”，这种用电子技术装备起来的计算机造成以后，可以求解含有 30 个未知数的一次联立方程组，功能极其强大。但由于第二次世界战争的爆发，未能完工。阿塔纳索夫提出的将电子技术用于计算机的方案，限于当时的历史条件，并未真正造出来，但是“ABC 机”的逻辑结构和电子电路的新颖设计、巧妙构想，却给后继者以极大的启发，为以后电子计算机的研制起了很大的作用。

2. 第一台电子计算机——ENIAC 机

1942 年 8 月，莫克利在报告《高速电子管计算装置的使用》中提出了用电子管代替继电器以提高机器的计算速度的理论。这一报告引起了美国军方的注意，于是，美国军方马上拨款成立了一个以莫克利、埃克特（Eckert）为首的研制小组，研制小组经过几年的努力，在 1946 年 2 月 14 日，标志着现代计算机诞生的 ENIAC（Electronic Numerical Integrator and Computer，电子数字积分计算机）在费城公之于世，如图 1—5 所示。ENIAC 的出现是计算机发展史上的一个里程碑，它通过不同部分之间的重新接线进行编程，还拥有并行计算能力。ENIAC 共使用了 18 000 个电子管，70 000 个电阻器，有 500 万个焊接点，耗电 160 千瓦，运算速度为 5 000 次/秒，总重量达 30 吨，采用十进制进行计算。

3. 冯·诺依曼与 EDVAC

ENIAC 是第一台电子计算机，但还不是现代意义的计算机。ENIAC 能做许多基本计算，如四则运算、平方立方、sin 和 cos 等。但其计算需要人大量参与，每次计算前，技术人员需要插拔许多导线，极为麻烦。

图 1—5　ENIAC

1944—1945 年，在 ENIAC 尚未投入运行前，美籍匈牙利科学家冯·诺伊曼（John von Neumann，1903—1957 年）就注意到了这台机器的弱点。该机器主要弊端是“采用十进制”和“程序与计算分离”。十进制不容易实现，而程序和计算分离很难做到机器的自动执行。在此条件下，冯·诺依曼决定起草一份新的设计报告，对电子计算机进行脱胎换骨的改造。冯·诺依曼把新机器的方案命名为“离散变量自动电子计算机”，英文缩写是“EDVAC”（Electronic Discrete Variable Automatic Computer）。

1945 年 6 月，冯·诺依曼以“关于 EDVAC 的报告草案”为题，起草了长达 101 页的总结报告。报告广泛而具体地介绍了制造电子计算机和程序设计的新思想。这份报告是计算机发展史上的一个划时代的文献，它向世界宣告：电子计算机的时代开始了。

报告的主要思想有三点：

（1）明确规定出构成计算机的五大部件。

（2）提出在计算机中用二进制运算替代十进制运算。

（3）提出了存储程序的思想，以便电脑自动依次执行指令。

冯·诺依曼的报告所阐述的思想对计算机的发展影响很大，直到现在大多数的计算机仍然沿用着冯·诺依曼的设计思想。后来人们把这种“存储程序”体系结构的机器统称为“冯·诺依曼机”。

尽管电子管时代的计算机已经步入了现代计算机的范畴，但其体积之大、能耗之高、故障之多、价格之贵大大制约了它的普及应用。直到晶体管被发明出来，现代计算机才找到了腾飞的起点，而集成电路的发明为现代计算机的腾飞插上了翅膀。

1.2　计算机的发展历程和趋势

ENIAC 机的问世，表明计算机时代的到来。在随后的四十多年里，计算机技术发展异常迅速，从计算机使用的器件角度来说，计算机的发展大致经历了四代的变化。

1.2.1 计算机的发展历程

1. 第一代（1946—1958 年）：电子管数字计算机

计算机的逻辑元件采用电子管；内存储器采用汞延迟线、磁鼓、磁芯；外存储器采用磁带；软件主要采用机器语言、汇编语言；应用以科学计算为主。其特点是体积大、耗电大、可靠性差、价格昂贵、维修复杂，但它奠定了计算机技术的基础。

2. 第二代（1958—1964 年）：晶体管数字计算机

晶体管的发明推动了计算机的发展，逻辑元件采用了晶体管以后，计算机的体积大大缩小，耗电减少，可靠性提高，性能比第一代计算机有很大的提高。

内存储器采用磁芯，外存储器已开始使用更先进的磁盘，软件有了很大发展，出现了各种各样的高级语言及编译程序，还出现了以批处理为主的操作系统，应用以科学计算和各种事务处理为主，并开始用于工业控制。

3. 第三代（1964—1971 年）：集成电路数字计算机

20 世纪 60 年代，计算机的逻辑元件采用小、中规模集成电路（SSI、MSI），计算机的体积更加小型化、耗电量更少、可靠性更高，性能比第二代计算机又有了很大的提高，这时，小型机也蓬勃发展起来，应用领域日益扩大。

内存储器仍采用磁芯，软件逐渐完善，分时操作系统、会话式语言等多种高级语言都了有新的发展。

4. 第四代（1971 年至今）：大规模集成电路数字计算机

计算机的逻辑元件和内存储器都采用了大规模集成电路（LSI）。其集成度比中、小规模的集成电路提高了 1～2 个数量级。这时计算机发展到了微型化、耗电极少、可靠性高的阶段。大规模集成电路使军事工业、空间技术、原子能技术得到发展，这些领域的蓬勃发展对计算机提出了更高的要求，有力地促进了计算机工业的空前大发展。自计算机采用集成电路作为元器件以来，集成电路的集成度大约每隔 18 个月就要翻一番，其价格也相应降低 50%，这就是计算机世界的“摩尔定律”，这一定律至今仍起作用，它支配着计算机性价比的提高。

1.2.2 计算机的发展趋势

1. 当前计算机的不足

当前电子计算机虽然发展速度很快，但仍然存在着一些明显的不足。

首先，当前的电子计算机虽然已具有一定的“智能”功能，但它不能进行联想、推论、学习等人类头脑具有的最普通的思维活动。

其次，当前的电子计算机虽然已能在一定程度上配合、辅助人类的脑力劳动，但它还不能真正听懂人的说话，读懂人的文章，还需要由专家用电子计算机懂得的特殊的“程序语言”同它进行“对话”。

最后，当前的电子计算机虽然能以很快的处理速度来完成人类无法完成的工作，但是它仍不能满足某些科技领域的高速、大量的计算任务的要求。例如：在进行超高层建筑的耐震设计时，为解析一种立柱模型受到摇动时的三维震动情况，用目前的超大型电子计算机算上100年也难以完成。又如：原子反应堆事故和核聚变反应的模拟实验、资源探测卫星发回的图像数据的实时解析、飞行器的风洞实验、天气预报、地震预测等要求极高的计算速度和精度，都远远超出目前电子计算机的能力范围。

2. 计算机的发展趋势

半导体工业数十年来都遵循着摩尔定律迅猛发展，然而由于作为半导体工业的基石——“硅”，自身所受到的物理局限性，可以预见在未来以硅为主要材料的半导体工业终将放慢它的脚步，因此，科学家们也在不断的探索采用新的材料和有别于目前“冯.诺依曼”体系的全新计算机。如量子计算机、光子计算机以及随着生物工程学的发展而提出的DNA生物计算机等。

（1）量子计算机。

量子计算机是基于量子效应基础上开发的，它利用链状分子聚合物的特性来表示开与关的状态，利用激光脉冲来改变分子的状态。使信息沿着聚合物移动。从而进行运算。由于量子叠加效应，一个量子位可以是0或1，因此，量子计算机中利用量子位来存储数据。对于同样数量的存储位，量子计算机的存储量比普通计算机大许多。同时量子计算机能够实现量子并行计算，其运算速度比目前计算机的晶片快10亿倍左右。一台具有5 000个左右量子位的量子计算机可以在大约30秒内解决传统超级计算机需要100亿年才能解决的素数问题。

（2）光子计算机。

光子计算机是利用光子取代电子进行数据运算、传输和存储。具体是光子代替电子，光互连代替导线互连，光硬件代替计算机中的电子硬件，光运算代替电运算。在光子计算机中，不同波长的光代表不同的数据，可以对复杂度高、计算量大的任务实现快速地并行处理。在光子计算技术中，光束把信息从一地传送至另一地的效果要优于电，光在长距离内传输要比电子信号快约100倍。另外，光不会与周围环境发生相互影响，两束光线可以互不干扰的地相互穿透。同时光器件的能耗非常低。预计，光子计算机的运算速度可比今天的超级计算机快1 000～10 000倍。

（3）生物计算机。

与光子计算技术相比，大规模生物计算技术实现起来更为困难，不过其潜力也更大。不妨设想一种大小如柚子，且能够进行实时图像处理、语音识别及逻辑推理的超级计算机。其实，这样的计算机已经存在：它们就是人脑。自20世纪70年代以来，人们开始研究生物计算机（也叫分子计算机），随着生物技术的稳步发展，我们将开始了解并操纵制造大脑的基因学机制。这听起来也许像科幻小说，但是实际上已经出现了这方面的实验。例如：硅片上长出排列特殊的神经元的“生物芯片”。

另外在一些实验室里，研究人员已经利用有关的数据对DNA的单链进行编码，从而使这些单链能够在烧瓶中实施运算。虽然这些生物计算实验离实用还很遥远，但在1958年我们对集成电路的看法也不过如此。

上述计算机是利用新的材料和技术在计算机的计算速度和存储容量等方面做了改进。计算机发展的另一个趋势是智能化。智能计算机系统是把信息采集、存储、处理、通信同人工智能结合在一起的计算机。它能理解人的自然语言，使用它的人不需要编写程序，不需要敲打键盘或移动鼠标来指挥它，靠讲话就能对计算机下达命令，命令它完成各种工作。它可能是具有渊博知识的专家，它可能成为人们从事任何工作的助手和参谋。它还可以"思考"，帮助人进行推理、判断，且具有逻辑思维能力。

1.3 计算机的分类及应用

1.3.1 计算机的分类

从 1946 年 ENIAC 机问世至今，计算机技术的发展使得计算机在人类活动领域中得到非常广泛的应用，从用于科学计算的大型计算机机群到我们平常生活所用的数码相机，处处都能看到计算机的影子。电子计算机就其规模和系统功能而言，可分为巨型机、大型机、中型机、小型机、微型机和单片机。

巨型机（Supercomputer），如图 1—6 所示。在所有计算机类型中其占地面积最大、价格最贵、功能最强，其浮点运算速度最快。目前只有少数国家的几家公司能够生产。多用于战略武器（如核武器和反导武器）的设计，空间技术，石油勘探，中、长期天气预报以及社会模拟等领域。巨型机的研制水平、生产能力及其应用程度，已成为衡量一个国家经济实力和科技水平的重要标志。

图 1—6 巨型计算机

微型机，简称微机，也叫个人计算机（Personal Computer，PC），是指以微处理器为基础，配以内存储器及输入/输出（I/O）接口电路和相应的辅助电路而构成的裸机。它出现于 20 世纪 70 年代，以其设计先进（总是率先采用高性能的微处理器 MPU）、软件丰富、功能齐全、价格便宜等优势而拥有广大的用户，因而大大推动了计算机的普及应用。

单片机又称为"微控制器"（Microcontroller）或"嵌入式计算机"（Embedded Computer），如图 1—7 所示。这是一种把构成一个微型计算机的一些功能部件集成在一块芯片之中的计算机，这些功能部件包括微处理器、RAM、ROM（有的单片机中不含 ROM）、I/O 接口电路、定时器和计数器等，甚至还有将模拟/数字（A/D）转换器集成在内的单片机。单片机的体积小、功耗低，在智能化仪器、仪表以及控制领域内应用极广。常见的单片机有 Intel 公司的 MCS—51 系列单片机、MCS—96 系列单片机和 Motorola 公司的 MG6805 等。

图 1—7　单片机

介于巨型机和单片机之间的是大型机、中型机、小型机和微型机，它们的结构规模和性能指标依次递减。

1.3.2　计算机的应用

计算机之所以迅速发展，其原因在于它的广泛应用。计算机的应用范围几乎涉及人类社会的所有领域，下面从七个方面来叙述。

1. 科学计算

科学研究和工程技术计算领域，是计算机应用最早的领域，也是应用得较广泛的领域。例如：数学、化学、原子能、天文学、地球物理学、生物学等基础科学的研究，以及航天飞行器设计、桥梁设计、水力发电、地质找矿等方面的大量计算。利用计算机进行数值计算，可以节省大量时间、人力和物力。

人们曾遇到这样一类问题，即计算这些问题的方法并不很复杂，但计算的工作量实在太大，以至于根本无法计算。例如：19 世纪中叶，数学上提出了地图着色的“四色定理”问题。意思是说：画一张地图要使相邻的两国使用不同的颜色，只要用四种颜色就够了。但这一定理在数学上长期得不到精确的证明，成为一大难题。100 多年后，直到 1976 年科学家们才利用高速电子计算机作出了证明，轰动了世界。它在高速电子计算机上共计算 1 200 小时才完成，如果用人工来计算，一个人日夜不停的计算，要计算几十万年!

还有一类问题，人工计算太慢，算出来也失去了实际意义。例如：大范围地区的天气预报。如果采用计算机计算，不到一分钟就可算出结果。如果用手摇计算机计算，就得计算几个星期，那么“日预报”就毫无价值了。

总之，计算机在科学计算和工程设计中的应用，不仅减轻了烦琐的计算工作量，更重要的是，一些以往无法解决、无法及时解决或无法精确解决的问题得到了圆满地解决。

2. 自动控制和测量测试

计算机在工业测量和控制方面的应用已十分成熟和广泛，分别应用于工业、农业、科学技术、国防等各个领域。

自从有了体积小、价廉可靠的微型计算机和单片机后，自动控制就有了强有力的工具，使自动控制进入了以计算机为主要控制设备的新阶段。例如：微型机控制的铣床可以加工形状复杂的涡轮叶片，加工精度可以提高到 0.013 毫米，加工时间从原来的三星期缩短至四小时。再如：一台年产 200 万吨的标准带钢热轧机，如用人工控制，每周产量 500 吨，但采用计算机控制后，大大提高了轧机的速度，每周可达 5 万吨，产量是原来的 100 倍。

测量和测试领域中，计算机主要起两个作用：第一，对测量和测试设备本身进行控制；第二，采集数据并进行处理。例如：用微型机对液压元件性能进行自动测试和数据处理，使元件性能测试精度提高了一个数量级，工作效率提高了 20 倍；另一方面，有些领域的测量和测试实在非人力所能完成。例如：高温、低温、有毒、辐射环境的测量和测试，核爆炸时的数据采集等，必须使用自动化手段才能得到数据。

自从微型机问世以后，由于它具有物美价廉、小巧玲珑的特点，正好满足了控制和测试领域的需要。各种自动测量、测试系统如雨后春笋，应运而生。各种智能化的测量、测试仪器也纷纷问世，并在生产、科研、教学中发挥了巨大作用。

3. 信息处理

信息处理又称为数据处理，是指计算机用于处理生产、经济活动、社会和科学研究中获得的大量信息。

计算机发展初期，仅仅用于数值计算。后来应用范围逐渐发展到非数值计算领域，可用来处理文字、表格、图像、声音等各类问题。

4. 计算机辅助技术

计算机辅助技术包含计算机辅助设计（CAD）、计算机辅助制造（CAM）、计算机辅助测试（CAT）、计算机辅助教学（CAI）等。

计算机辅助设计是利用计算机来帮助设计人员进行设计。其中有机械 CAD、建筑 CAD、服装 CAD 以及电子电路 CAD 等。使用这种技术能提高设计工作的自动化程度，节省人力和时间。

计算机辅助制造是利用计算机进行生产设备的管理、控制和操作的过程。

CAM 与 CAD 密切相关。CAD 侧重于设计，CAM 侧重于产品的生产过程。现在通常把 CAD 和 CAM 放在一起，形成 CAD/CAM 一体化。

计算机辅助测试是利用计算机帮助人们进行各种测试工作。采用 CAT 系统可快速自动完成参数的测试和报告结果，还可分类和筛选产品。

计算机辅助教学是利用计算机帮助教师和学生进行课程内容的教学和测验。学生可以通过人机对话的方式学习有关章节的内容并回答计算机给出的问题，计算机可以判断学生的回答是否正确，学生还可通过一系列测验逐步深入学习某课程。教师利用 CAI 系统指导学生的学习、命题和阅卷等。

5. 办公自动化

办公自动化系统是以支持办公自动化为目的的一个信息系统。如：日程管理、电子邮件、电子会议、文档管理、统计报表等，并能辅助管理和决策。

6. 家用电器

计算机不仅在国民经济各部门发挥越来越大的作用，而且已涌入到日常生活，特别是家用电器中。

目前，不仅存在各种类型的个人计算机，而且单片机也广泛应用于微波炉、磁带录音机、自动洗涤机、煤气用定时器，家用空调设备控制器、电子式缝纫机、电子玩具、游戏机中。21世纪，国际互联网和计算机控制的设备将广泛应用于家庭。

7. 人工智能

人工智能，又称"智能模拟"。简单地说：就是要使计算机能够模仿人的高级思维活动。人工智能的研究课题是多种多样的，诸如：计算机学习、计算机证明、景物分析、模拟人的思维过程、机器人等。

人工智能研究中最有成就的是"机器人"。智能机器人会自己识别控制对象和工作环境，作出判断和决策，直接领会人的口令和意图，能避开障碍物，适应环境条件的变化，灵活机动地完成控制任务与信息处理任务。

1.4 计算机系统的组成

计算机系统由硬件系统和软件系统组成。硬件系统指的是所有能够看得见的组成计算机的物理设备，是构成计算机的实体。计算机的硬件系统由运算器、控制器、存储器、输入设备和输出设备五大部件构成；软件系统是指用来指挥计算机完成具体工作的程序和数据，是整个计算机的灵魂。软件和硬件相辅相成，缺一不可。

为了更好地理解计算机的硬件结构以及软硬件系统之间的关系，我们先来总结我们人类用一个算盘，一张纸，一支笔来计算 $y=54\times23+86-19$ 这个题目的过程中各个器件的功能。整个计算过程中纸的作用在于存储解题的原始信息；算盘的作用在于对数据进行更快的加、减、乘、除等算术运算；笔的作用在于把原始数据和解题步骤记录到纸上，及把运算结果写出来；我们人本身（主要是脑和手）的作用在于控制解题步骤。人的计算过程如此，计算机要计算也需要相应的部件。运算器在计算机中相当于算盘功能的部件；存储器在计算机中相当于纸那样具有"记忆"功能的部件；输入设备输出设备相当于笔，把原始解题信息送到计算机或把运算结果显示出来的设备；控制器相当于我们人，能够控制整个计算过程。

1.4.1 计算机的硬件系统

1. 微型计算机的各组成部分及功能

(1) 运算器（Arithmetic and Logic Unit，ALU）。

运算器就好比一个由电子线路构成的算盘，能进行加、减、乘、除等算术运算，还可以进行逻辑运算。考虑到电子器件的特性，计算机中通常采用二进制数。这是因为二进制数的运算规律非常简单，在电子线路中比较容易实现。

运算器只能完成加、减、乘、除四则运算及其他一些辅助操作。对于比较复杂的计算题，计算机在运算前必须化成一步一步简单的加、减、乘、除等基本操作的集合。每一个基本操作就叫做一条指令，而解算某一问题的一串指令序列，就叫做该问题的计算程序，简称为程序。例如：在前述求解 $y=54\times23+86-19$ 的例子中，解题步骤的每一步只完成一种基本操作，所以就是一条指令，而整个解题步骤就是一个简单的计算程序。

（2）存储器（Memory）。

存储器的功能是保存或“记忆”解题的原始数据和解题步骤（程序）。在运算前把参加运算的数据和解题步骤通过输入/输出设备送到存储器中保存起来。但不论是数据，还是解题步骤，在存储器中都是以 0 或 1 表示的二进制代码来存储的。目前采用半导体器件作为存储器。一个半导体触发器可以记忆一个二进制代码，一个数假定用 16 位二进制代码表示，那么就需要有 16 个半导体触发器来保存这些代码。

（3）控制器（Control Unit）。

控制器是计算机中发号施令的部件，它控制计算机的各个部件有条不紊地进行工作。具体地讲，控制器的任务是从内存中取出解题步骤（程序）加以分析，然后按照其意思执行某种操作。

因此，控制器的基本任务就是按照计算程序中早已排好的指令序列，先从存储器取出一条指令进行分析判别，然后根据指令的性质，执行这条指令，进行相应的操作。接着从存储器取出第二条指令，再执行这第二条指令，以此类推。

（4）适配器与输入/输出设备。

目前常用的输入设备是键盘、鼠标器、数字扫描仪等。它们的作用是把人们所熟悉的某种信息形式变换为机器内部所能接收和识别的二进制信息形式。输出设备的作用是把计算机处理的结果变换为人或其他机器所能接收和识别的信息形式。如：激光印字机、绘图仪、CRT 显示器等。

计算机的输入/输出设备通常称为“外围设备”。由于种类繁多且速度各异，因而它们不是直接地同高速工作的主机相连接，而是通过适配器部件与主机相连接。适配器的作用相当于一个转换器，它可以保证外围设备用计算机所要求的形式发送或接受信息。计算机系统中还必须有总线。系统总线是构成计算机系统的骨架，是多个系统部件之间进行数据传送的公共通路。借助系统总线，计算机在各系统部件之间实现传送地址、数据和控制信息的操作。

2. 计算机系统的基本工作过程

如图 1—8 所示，在计算机硬件的五种部件的密切配合下，计算机的工作过程可归结为：

（1）控制器控制输入设备将数据和程序从输入设备输入到内存储器。

（2）在控制器指挥下，从存储器取出指令送入控制器。

（3）控制器分析指令，指挥运算器、存储器执行指令规定的操作。

（4）运算结果由控制器控制送到存储器保存或送到输出设备输出。

（5）返回到第（2）步，继续取下一条指令，如此反复，直至程序结束。

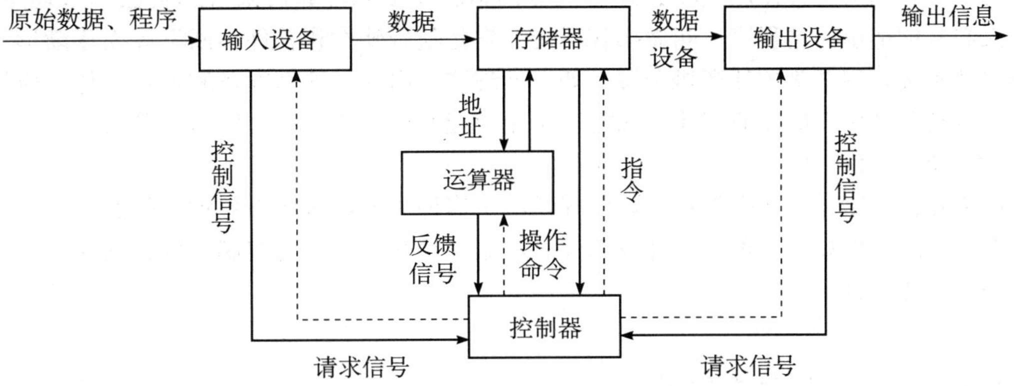

图 1—8　计算机系统基本工作过程图

1.4.2　计算机的软件系统

计算机的运算部件和存储部件由电子元器件构成，为了让它们能按照人的意图动起来，在用这些部件构成计算机时，首先要设计一套用来描述人意图的指令系统以及控制计算机根据不同指令进行不同操作的控制器。人需要计算机进行怎样工作的意图就是用编写的程序告诉计算机的。因此，最早的程序都是利用二进制机器码指令来编写的。

1. 软件的发展演变

（1）机器语言。

在早期计算机中，人们直接用机器语言编写程序，这种编写程序的方式称为“手编程序”。这种用机器语言书写的程序，计算机完全可以“识别”并能执行，所以又叫做“目的程序”。但是，用机器语言编写程序很烦琐，又耗费大量的人力和时间，容易出错，出错后寻找错误也相当费事，这就大大限制了计算机的使用效率。

（2）汇编语言。

为了编写程序方便翻译和提高机器的使用效率，人们用一些约定的文字、符号和数字，按规定的格式来表示各种不同的指令，然后再用这些特殊符号表示的指令来编写程序，这就是所谓的汇编语言。借助于汇编程序，计算机本身可自动地把符号语言表示的程序（称为汇编源程序）翻译成用机器语言表示的目的程序。

（3）高级语言。

为了进一步实现程序自动化和便于程序交流，使不熟悉具体计算机的人也能很方便地使用计算机，人们又创造了各种接近于数学语言的高级语言。

高级语言是指按实际需要规定好的一套基本符号以及由这套基本符号构成程序的规则。比较接近数学语言，直观通用，与具体机器无关，只要稍加学习就能掌握，便于推广使用计算机。

2. 计算机软件

高级语言出现后，为了方便使用计算机，人们利用高级语言开发出具有不同功能的各种程序软件，这些软件通常分为操作系统软件和应用软件两大类。

（1）操作系统软件。

为了摆脱用户直接使用机器并独占机器的情况，依靠计算机来管理自己和管理用户，于是人们又创造出一类程序，叫做操作系统。它是随着硬件和软件不断发展而逐渐形成的一套软件系统，用来管理计算机资源（如：处理器、内存、外部设备和各种编译、应用程序）和自动调度用户的作业程序，而使多个用户能有效地共用一套计算机系统。

（2）应用软件。

应用软件是指运行在操作系统软件提供的工作环境下，为解决各种工程实际问题而专门编制的程序。例如：各种工程计算软件、数据处理软件、过程控制软件、辅助设计软件和办公自动化软件等。

1.5 计算机的体系结构

最初，计算机的研制都是逐个进行设计、制造，每一台计算机有自己的指令系统，在不同的计算机上用机器指令或汇编语言编写的程序相互之间是不能兼容的，也就是说用一台计算机的指令编制的程序并不能在另一台计算机上运行。高级语言的出现使计算机系统的兼容问题得到某种程度的缓解。但是，由于编译程序在实现时有一些内容与硬件密切相关，仍然不能完全解决兼容问题。于是，计算机产品的系列化和软件的兼容性在 20 世纪 60 年代受到重视。

IBM 公司在 1964 年推出的 IBM 360 系统标志着计算机体系结构（Architecture）研究的开端。计算机体系结构是使用机器语言编写程序的用户可以看到的一个机器的抽象结构，而对这一结构实现的硬件组成属于计算机组成原理研究的范畴。

随着大规模和超大规模集成电路（LSI/VLSI）技术的成熟，一方面器件速度和可靠性在不断提高，目前已逼近极限；另一方面器件的体积和价格在持续下降，这极大地增强了计算机的性能。然而，高质量的器件不是产生高性能计算机的唯一因素。虽然，今日大多数计算机都是图灵—冯·诺依曼型存储程序式电子数字计算机，但人们早已认识到计算机不仅仅是一个硬件组织的问题。一个现代的计算机系统一般被认为是由存储器、处理器、功能部件、互联网络、汇编程序、编译程序、操作系统、外部设备、通信通道等内容组合而成的。

早期人们对计算机系统的研究与开发有两个基本特点：

第一，硬件和软件的研究与开发基本上是独立进行的。

第二，硬件的研究与开发更多的是从计算机组成原理上去关心各部件中分离元器件及其相互之间的连接关系，关心各部件的内部构造和外部特性。

但是，集成电路的发展使得计算机 CPU 的速度和存储器的容量成倍增长，各种多功能部件不断引入，如何设计和配置计算机系统使其具有更高的性能价格比，适应不同用户的要求，成为亟待解决的问题。集成电路的发展也使许多专业人员可以不再关心各部件的内部细节，而只需考虑如何以一种统一的观点从硬件器件和一些软件系统出发，通过组合配置，设计功能更强、性能价格比更高、更可靠的计算机系统。于是，计算机体系结构应运而生。

典型的、有助于平常人理解计算机体系结构的方向是所谓的网络计算机系统。20世纪60年代末70年代初，计算机通信技术的发展和成熟促使网络计算机系统成为现实，同时，也对多处理机并行计算机的发展产生了很大影响。与传统的放置在一个机房里的顺序计算机相比，地域上分布的广域网计算机系统和地域上虽不分布但有多个终端计算机的局域网计算机系统在使用时有很大的不同。如果用户面对的是一台未开发各种通信软件的系统，那么，用户要在这样的网络计算机上设计分布式程序是十分困难的，因为，此时用户不仅要熟悉网络中每一种通信资源（设备）的配置情况，而且必须了解每一种通信资源的基本操作方法。当分布式程序进行通信时，设计者还必须自己考虑在程序中通信过程可能出错的情况以及如何纠错。显然，对于用户来说，需要有一种能够屏蔽计算机硬件系统技术细节，仅对用户提供功能透明的系统层，使用户看到的和实际使用的是一个与使用者思想方式、使用习惯比较接近，无须具体关心网络计算机通信时一些十分烦琐的技术细节的分布式计算机系统。

一般来说，硬件的互连结构和软件结构及相互关系形成的计算机系统的总体结构，支持这种结构的基本算法，还有以总体结构为基础的面向用户的程序设计语言等内容构成了计算机体系结构的技术范畴。显然，体系结构既不单纯属于硬件范畴，也不只属于软件范畴，而是一个软硬件兼而有之的综合研究方向。

·本章小结·

计算机的出现经历了早期计算工具→机械式计算机→机电式计算机→电子计算机的发展过程，电子计算机出现后，随着晶体管和集成电路技术的发展，使得电子计算机的发展非常迅速。

冯·诺依曼的思想主要包括以下三点：

(1) 明确规定出构成计算机的五大部件。

(2) 提出在计算机中用二进制运算替代十进制运算。

(3) 提出了存储程序的思想，以便电脑自动依次执行指令。

冯·诺依曼思想提出了计算机的硬件由运算器、存储器、控制器、输入设备和输出设备构成。先将需要计算机工作的过程用程序描述出来，再将程序存放在计算机的存储设备中，并按地址一条条顺序执行，使得计算机变得能够自动运行，随着存储的程序功能越来越强大，电子计算机的应用领域也越来越广，在科学计算、自动控制、测量与测试、信息处理、教育卫生、家用电器、人工智能等方面的应用更为突出。冯·诺依曼的思想对计算机的影响很大，直到现在大多数的计算机仍然沿用着冯·诺依曼的思想，人们把遵循冯·诺依曼思想的计算机统称为“冯·诺依曼机”。

为了计算机使用方便，人们编写了很多功能各异的程序，这些程序的集合就是计算机的软件系统。计算机的软件分为系统程序和应用程序两大类。系统程序主要用来简化计算机的使用，提高计算机的使用效率，扩大计算机的功能和用途。而应用程序是针对某一应用课题领域开发的软件。

习　题

1. 简述计算机的分类和主要应用。

2. 简述冯氏计算机的硬件组成和基本功能。
3. 简述冯·诺依曼结构的特点。
4. 简述计算机的工作过程。
5. 说明计算机软件发展的演变过程。

第 2 章　数据的表示

【学习目标】

- 了解数制及数制间的转换
- 了解字符、字符串和汉字在机器内的表示
- 掌握数值数据的表示方法
- 掌握数值数据的机器码表示以及数据校验码

2.1　进制

2.1.1　进制的相关概念

数字出现以后，人类最早用来计数的工具就是人的手指，因此，人们最熟悉的计数进制是十进制，即每次计数时，用一个指头表示一个“一”，当人们从第一个指头开始，把十个指头都用完时，就认为得到一个“十”，接着又从第一个指头开始算起。当这样的过程重复十次之后，人们就认为得到了一个“百”，就这样，每累计够十次则用新的单位来记，从而有了后来的千和万等。例如：一个人有一群羊，为了清楚知道自己羊的个数，他开始计数，他拉过来一只羊，就弯下一个手指头，当把十个手指头用完时，他的羊还没有数完，因此，他又从第一个手指头重新开始弯，但为了记清楚自己重复的次数，每当他用完十个指头，就在地上放一个石子，最后，当他把羊数完时，地上有一堆石子，同时十个手指头还弯下七个，为了知道有多少个石子，他把最后一次指头弯下的个数记在心里后，又重新用指头去数石子，拿过来一个石子，就弯下一个指头，当十个手指头用完时，就在地上放一根树枝，最后，当他把石子数完时，地上放了两根树枝同时还弯下了四个指头。不难算出这个人的羊群中共有 247 只羊。现在我们假设这个人只有一只手，而且手上有六个指头，那么他同样可以用指头来弄清楚他的羊的个数，方法和前面的一样，只不过这个人每次用完六个手指头时，就得在地上放个石子，数石子时也是够六个时在地上放一根树枝。所以在我们计数过程中，采用何种进制对我们计数是没有影响的。而具体采用何种进制，主要是根据人们的计数习惯和方便性而定的。

同时在用进制计数时我们也应该注意到以下几个问题：

第一，采用 N 进制计数时，所需的数码就是 N 个。例如：采用十进制计数，所需的数码是 0～9 十个数码，而采用六进制计数时，所需的数码只需 0～5 六个数码即可。这个 N 值也称“进制的基数”。

第二，计数过程中逢 N 进一。因此，最终的数字中不会出现 N 和 N 以上的数码。例如：十进制计数的数字中不会出现十或十以上的数码，八进制计数的数字中不会出现八或八以上的数码。

第三，N 进制计数得到的数值用十进制数值来计算时，等于一个多项式的值。即：

$$
\begin{aligned}
&(K_nK_{n-1}\cdots K_0K_{-1}K_{-2}\cdots K_{-m})_n \\
&= K_nN^n + K_{n-1}N^{n-1} + \cdots K_0N^0 + K_{-1}N^{-1} + \cdots K_{-m}N^{-m} \\
&= (\sum K_iN^i)_{10}
\end{aligned}
\tag{2.1}
$$

2.1.2 二进制

18 世纪德国数理哲学大师莱布尼兹从他的传教士朋友鲍威特寄给他的拉丁文译本《易经》中，读到了中国古代八卦的组成结构，在八卦图的启迪下，莱布尼兹系统地提出了二进制和二进制运算法则。二进制提出后，许多国家的科学家对其做了深入的研究，19 世纪初期，一些科学家开始提出电子计算机中应该采用二进制进行运算的观点。主要原因是二进制具有以下一些优点：

（1）二进制只需用两种状态表示数字，容易实现。

计算机是由电子元器件构成的，二进制在电气、电子元器件中最易实现。它只有两个数字，用两种稳定的物理状态即可表达，而且稳定可靠。比如：磁化与未磁化，晶体管的截止与导通（表现为电平的高与低）等。但若采用十进制，则需用十种稳定的物理状态分别表示十个数字，且不容易找到具有这种性能的元器件。即使有，其运算与控制的实现也极复杂。

（2）二进制的运算规则简单。

加法是最基本的运算。乘法是连加，减法是加法的逆运算（利用补码原理，还可以转化为加法运算，类似钟表拨针的计算），除法是乘法的逆运算。其余任何复杂的数值计算也都可以分解为基本算术运算复合进行。为提高运算效率，在计算机中除采用加法器外，也直接使用乘法器。

众所周知，十进制的加法和乘法运算规则的口诀各有 100 条，根据交换率去掉重复项，也各有 55 条。用计算机的电路实现这么多条运算规则是很复杂的。

相比之下，二进制的算术运算规则非常简单，加法、乘法各四条：

0＋0＝0	0×0＝0
0＋1＝1	0×1＝0
1＋0＝1	1×0＝0
1＋1＝10 进位为 1	1×1＝1

根据交换率去掉重复项，实际各 3 条。用计算机的脉冲数字电路是很容易实现的。

（3）用二进制容易实现逻辑运算。

计算机不仅需要算术运算功能，还应具备逻辑运算功能。二进制的“0”，“1”分别可用来表示“假（false)”和“真（true)”，用布尔代数的运算法则很容易实现逻辑运算。

（4）二进制的弱点可以克服。

二进制主要的弱点是表示同样大小的数值时，其位数比十进制或其他进制多得多，难写难记，因而，在日常生活和工作中不便使用。但这个弱点对计算机而言，并不构成困难。在计算机中，每个存储记忆元件（比如由晶体管组成的触发器）可以代表一位数字，“记忆”是它们本身的属性，不存在“记不住”或“忘记”的问题，至于位数多的问题，只要多排列一些记忆元件就解决了，鉴于集成电路芯片上元件的集成度极高，在体积上不存在问题。对于电子元器件，“0”和“1”两种状态的转换速度极快，因而，运算速度是很高的。同时还引入了八进制和十六进制，方便人们对二进制的书写和记忆。

2.1.3 十进制数与 *N* 进制数的转化方法

1. 十进制数转化为 *N* 进制数

十进制数转换为 *N* 进制数时，整数部分和小数部分的转换方法不同，所以要将十进制数的整数部分和小数部分分别转换后，再加以合并。

十进制整数转换为 *N* 进制整数采用“除基取余，逆序排列”的方法。具体做法是：用基数 *R* 去除十进制整数，可以得到一个商和余数，再用基数 *R* 去除商，又会得到一个商和余数，如此进行，直到商为零时为止。然后，把先得到的余数作为二进制数的低位有效位，后得到的余数作为二进制数的高位有效位，依次排列起来。

【例 2.1】将十进制数 123 转换成二进制表示形式。

解：

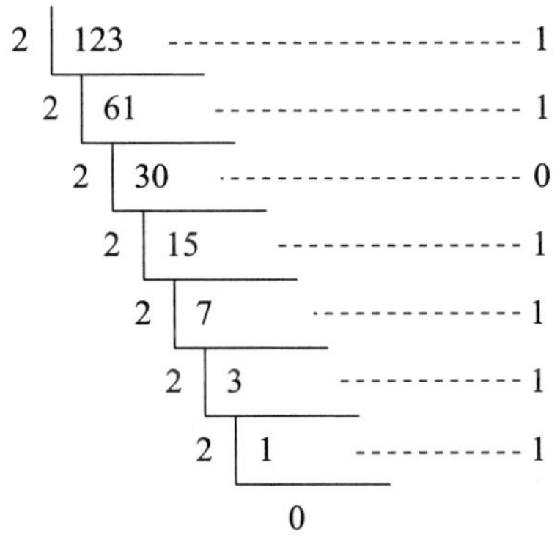

将上面的余数按倒序排列就是所求的二进制形式：1111011

所以 $(123)_{10}=(1111011)_2$

【例 2.2】将十进制数 123 转换成八进制表示形式。

解：

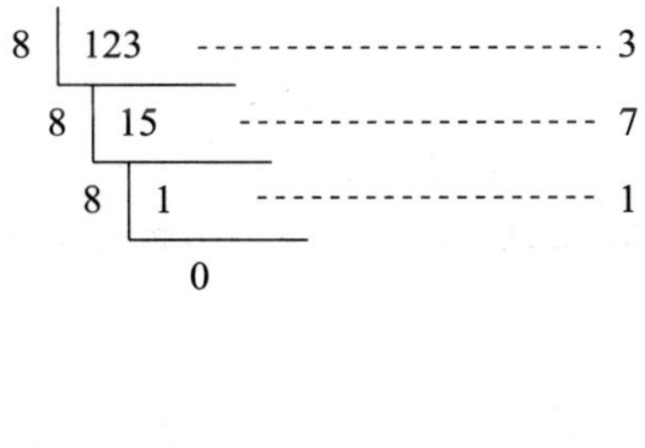

将上面的余数按倒序排列就是所求的八进制形式：173

所以 $(123)_{10}=(173)_8$

【例 2.3】 将十进制数 123 转换成十六进制表示形式。

解：

```
16 | 123  -------------------- 11
   ---------
     16 | 7  ------------------ 7
        ---------
           0
```

十六进制中的 11 用 B 来表示

将上面的余数按倒序排列就是所求的十六进制形式：7B

所以 $(123)_{10}=(7B)_{16}$

十进制小数转换成 N 进制小数采用“乘基取整，顺序排列”法。具体做法是：用基数乘十进制小数，可以得到积，将积的整数部分取出，再用基数乘余下的小数部分，又得到一个积，再将积的整数部分取出，如此进行，直到积中的小数部分为零，或者达到所要求的精度为止。然后把取出的整数部分按顺序排列起来，先取的整数作为二进制小数的高位有效位，后取的整数作为低位有效位。

【例 2.4】 将十进制数 0.734 375 转换成二进制表示形式。

解：

```
   0.734 375
 ×         2
 ------------
   1.468 75  …………… 1
 ×         2
 ------------
    0.937 5  …………… 0
 ×         2
 ------------
      1.875  …………… 1
 ×         2
 ------------
       1.75  …………… 1
 ×         2
 ------------
        1.5  …………… 1
 ×         2
 ------------
          1  …………… 1
```

将上面得到的整数顺序排列就是所求的二进制形式：0.101 111

【例 2.5】 将十进制数 0.734 375 转换成八进制表示形式。

解：

```
  0.734 375
 ×        8
 -----------
      5.875  …………… 5
 ×        8
 -----------
        7.0  …………… 7
```

将上面得到的整数顺序排列就是所求的八进制形式：0.57

注意：如果转化的小数最后一个数不是 5，则运算下来积的小数部分不可能为 0，这时一般会要求近似到多少位，我们按照要求求近似值即可。

2. *N* 进制数转化为十进制数

N 进制数转换成十进制数的基本做法是：把 *N* 进制数首先写成式 2.1 形式的多项式，然后按十进制加法规则求和。这种做法称为“按权相加”法。

【例 2.6】将二进制数 1 011.01 转化为十进制数。

解：$(1\,011.01)_2 = 1\times2^3+0\times2^2+1\times2^1+1\times2^0+0\times2^{-1}+1\times2^{-2}$

$= (8+0+2+1+0+0.25)_{10}$

$= (11.25)_{10}$

【例 2.7】将八进制数 315.6 转化为十进制数。

解：$(315.6)_8 = 3\times8^2+1\times8^1+5\times8^0+6\times8^{-1}$

$= (192+8+5+0.75)_{10}$

$= (205.75)_{10}$

3. 二进制、八进制、十六进制数之间的转化

(1) 二进制数转换成八进制数。

二进制数转换成八进制数的规则是：以小数点为基准，整数部分从右至左，每三位一组，最高位不足三位时，添“0”补足三位；小数部分从左至右，每三位一组，最低有效位不足三位时，添“0”补足三位。然后将各组的三位二进制数写为一位八进制数。

【例 2.8】将 $(1\,100\,101.110\,101)_2$ 转换为八进制数。

解：$\frac{001}{1}\quad\frac{100}{4}\quad\frac{101.}{5}\frac{110}{6}\quad\frac{101}{5}$

所以 $(1\,100\,101.110\,101)_2 = (145.65)_8$

(2) 二进制数转换成十六进制数。

二进制数转换成十六进制数的规则是：以小数点为基准，整数部分从右至左，每四位一组，最高位不足四位时，添“0”补足四位；小数部分从左至右，每四位一组，最低有效位不足四位时，添“0”补足四位。然后将各组的四位二进制数写为一位十六进制数。

【例 2.9】将 $(1\,100\,101.110\,101)_2$ 转换为十六进制数。

解：$\frac{0110}{6}\quad\frac{0101.}{5}\frac{1101}{D}\quad\frac{0100}{4}$

所以 $(1\,100\,101.110\,101)_2 = (65.D4)_{16}$

(3) 八进制数、十六进制数转换成二进制数。

八进制数、十六进制数转换成二进制数的规则和前两种刚刚相反，其规则是以小数点为基准，分别向两侧将一位八进制数写为三位二进制数或将一位十六进制数写为四位二进制数，高低位次序不变。

【例 2.10】将 $(17.36)_8$ 和 $(17.36)_{16}$ 转换为二进制数。

解：$(17.36)_8 = (\underline{001}\ \underline{111}.\ \underline{011}\ \underline{110})_2 = (1\,111.011\,11)_2$

$(17.36)_{16} = (\underline{0001}\ \underline{0111}.\ \underline{0011}\ \underline{0110})_2 = (10\,111.001\,101\,1)_2$

2.2　数值的表示

二进制在电子计算机中的应用，使得数值在计算机中的表示变成了现实，但随之而来

的还有正负符号和小数点如何表示的问题，在这方面人们做了大量的研究。

2.2.1 符号的表示方法

为了解决正负符号在计算机中如何表示，人们主要采用了两种方法。第一种方法是舍去符号，所有的数字均采用无符号数表示，这种办法虽然可以解决符号问题，但是，同时也缩小了计算机中可处理数的范围，因此，现在一般不采用。第二种符号处理方法是符号数码化，即根据一个数字中正负符号在数字最左端的情况，在计算机中用二进制数“0”和“1”在数字的最高位来表示数字的正负。一般来说，用“0”表示正，“1”表示负。

1. 原码表示法

把数值本身用二进制来表示，然后在数字的最高位加上表示符号的“0”、“1”这种方法叫做“数字的原码表示法”。

例如：用原码表示法以八位二进制来表示＋74 和－32 两个数字。

首先我们写出 74 和 32 两个数值的二进制表示形式。即

74		1	0	0	1	0	1	0
32		0	0	1	1	1	1	1

然后直接在最高位加上表示符号的 0、1，即

＋74	0	1	0	0	1	0	1	0
－32	1	0	0	1	1	1	1	1

然而，原码表示数字在使用过程中却出现了问题，如下例所示：

$(1)_{10}+(1)_{10}=(2)_{10}$

$(00000001)_{原}+(00000001)_{原}=(00000010)_{原}=(2)_{10}$　　正确

$(1)_{10}-(1)_{10}=(1)_{10}+(-1)_{10}=(0)_{10}$

$(00000001)_{原}+(10000001)_{原}=(10000010)_{原}=(-2)_{10}$　　错误

通过上例，我们可以看出，用原码表示法表示数字，在正数的运算中是没有问题的，但只要出现负数，计算必然会出错。因此，原码表示法表示正数是可以的，但对于负数却是行不通的，于是人们重新考虑了负数的表示形式。

2. 反码表示法

我们知道＋1 和－1 两个数从数轴上来说，刚好是相反方向上的两个数。那么，用正数原码的相反码值来表示负数可不可以呢？人们做了尝试，从而，提出了数字的反码表示法，即正数仍然用原码表示法去表示，而负数用正数原码的相反码值来表示。

例如：用反码表示法以八位二进制来表示＋74 和－32 两个数字。

因为＋74 是正数，因此，其反码表示法和原码表示法是一样的。即

＋74	0	1	0	0	1	0	1	0

而为了用反码表示法表示－32，我们先得写出 32 的原码表示，再按位依次取反即可。

32	0	0	0	1	1	1	1	1
−32	1	1	1	0	0	0	0	0

然而，反码表示数字在使用过程中同样也出现了问题，如下例所示：

$(1)_{10}-(2)_{10}=(1)_{10}+(-2)_{10}=(-1)_{10}$

$(00000001)_{反}+(11111101)_{反}=(11111110)_{反}=(-1)_{10}$　　正确

$(11)_{10}-(14)_{10}=(11)_{10}+(-14)_{10}=(-3)_{10}$

$(00001011)_{反}+(11110001)_{反}=(11111100)_{反}=(-3)_{10}$　　正确

$(7)_{10}-(3)_{10}=(7)_{10}+(-3)_{10}=(4)_{10}$

$(00000111)_{反}+(11111100)_{反}=(00000011)_{反}=(3)_{10}$　　错误

$(13)_{10}-(7)_{10}=(13)_{10}+(-7)_{10}=(6)_{10}$

$(00001101)_{反}+(11111000)_{反}=(00000101)_{反}=(5)_{10}$　　错误

以上实例均有负数参加，有的会出错，有的却是正确的，而且出错的地方只与正确答案相差“1”，为什么会这样呢？问题出在数值“0”上，在人们的计算概念中零只有一个，但引入反码之后，零的个数却出现了两个，以八位二进制为例来说，$(00000000)_{反}$ 表示零，$(11111111)_{反}$ 也表示零，只不过 $(00000000)_{反}$ 表示的是正零，而 $(11111111)_{反}$ 表示的是负零，那么在数轴上就出现了两个零的情况。

3. 补码表示法

反码数轴上由于多了一个负零，从而引起了上面计算中的错误，因此，为了计算正确，就是让反码数轴上的负数从−1 开始依次右移一位，如图 2—1 所示。从而，引出了补码表示方法。即将负数的反码加 1 得到补码。

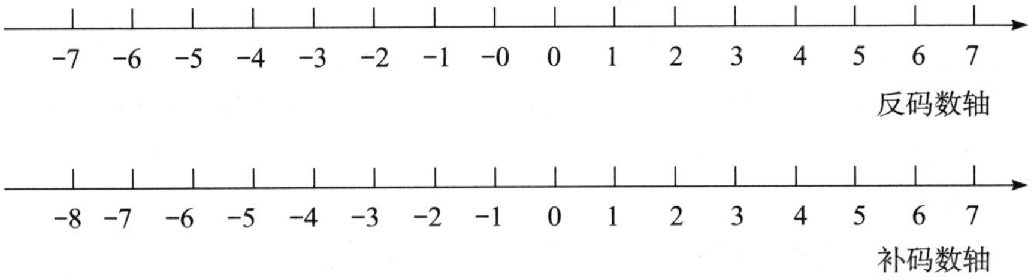

图 2—1　反码数轴和补码数轴

推出补码后，人们通过多次试验发现，用补码表示法表示数字，在二进制计算的过程之中不再出现错误。

验证补码计算如下：

$(1)_{10}-(2)_{10}=(1)_{10}+(-2)_{10}=(-1)_{10}$

$(00000001)_{反}+(11111101)_{反}=(11111110)_{反}=(-1)_{10}$　　正确

$(11)_{10}-(14)_{10}=(11)_{10}+(-14)_{10}=(-3)_{10}$

$(00001011)_{反}+(11110001)_{反}=(11111100)_{反}=(-3)_{10}$　　正确

$(7)_{10}-(3)_{10}=(7)_{10}+(-3)_{10}=(4)_{10}$

$(00000111)_{反}+(11111101)_{反}=(00000100)_{反}=(4)_{10}$　　正确

$(13)_{10} - (7)_{10} = (13)_{10} + (-7)_{10} = (6)_{10}$

$(00001101)_{反} + (11111001)_{反} = (00000110)_{反} = (6)_{10}$　　正确

因此，解决计算机中的符号问题，方法就是符号数码化，而且为了在计算的过程之中，不出现由于符号引出的错误，在计算机中用补码形式的二进制表示一个数。

【例 2.11】设机器数字长为 8 位（其中一位为符号位），对于整数，当其分别代表无符号数、原码、补码和反码时，对应的真值各为多少？

解：

二进制代码	无符号数对应的真值	原码对应的真值	补码对应的真值	反码对应的真值
00000000	0	+0	0	+0
00000001	1	+1	+1	+1
00000010	2	+2	+2	+2
⋮	⋮	⋮	⋮	⋮
01111111	127	+127	+127	+127
10000000	128	−0	−128	−127
10000001	129	−1	−127	−126
⋮	⋮	⋮	⋮	⋮
11111101	253	−125	−3	−2
11111110	254	−126	−2	−1
11111111	255	−127	−1	−0

2.2.2　小数点的表示方法

计算机中小数点和正负符号不一样。一个数字的正负符号位置是固定的，总在数字的最左端，但小数点是随着数字表示的不同方式随意变动的，因此，小数点是不可能用数码的形式表示出来的。所以人们采用了隐含规定计算机中小数点位置的方法来解决计算机中小数点的表示问题。常见的方法有：定点数表示法和浮点数表示法。

1. 定点数表示法

定点数表示法的主要思想就是：约定机器中所有数据的小数点位置是固定不变的。由于约定在固定的位置，小数点就不再使用记号“.”来表示。

例如：约定小数点在第三位，则 1100101 这个没有小数点的数其实表示的就是 110.0101。

原理上讲，小数点位置固定在哪一位都可以，但是通常将数据表示成纯整数或纯小数。

纯整数：小数点位置固定在数的最低位之后。

如：$D_{n-1}D_{n-2}\ \cdots\ D_1D_0\,.$

纯整数的表示范围为　　$0 \leqslant |x| \leqslant 2^n - 1$

纯小数：小数点位置固定在数的符号位之后、数值最高位之前。

如：$D_0D_{-1}\ \cdots\ D_{-(n-2)}\ \ D_{-(n-1)}$

纯小数的表示范围为　　$0 \leqslant |x| \leqslant 1 - 2^{-n}$

计算机采用定点数表示时，对于既有整数又有小数的原始数据，需要设定一个比例因子，数据按比例因子缩小成定点小数或扩大成定点整数再参加运算，输出结果时再按比例折算成实际值。例如：电子的质量 9×10^{-28}g 和太阳的质量 2×10^{33}g 在定点计算机中表示时（以定点小数机为例），必须对它们分别取不同的比例因子，使其数值部分绝对值小于 1，即：

$$9\times10^{-28}=0.9\times10^{-27}$$

$$2\times10^{33}=0.2\times10^{34}$$

这里的比例因子 10^{-27} 和 10^{34} 要分别存放在机器的某个存储单元中，以便以后对计算结果按这个比例增大。显然，这要占用一定的存储空间和运算时间。

定点数表示方法简单直观，但定点数表示数的范围小，运算过程容易产生溢出。而且合适的比例因子不易选择，同时比例因子的存放和恢复都要占有一定的存储空间和运算时间。因此常采用浮点数表示法解决小数点问题。

2. 浮点数表示法

把一个数的有效数字和数的范围在计算机的一个存储单元中分别予以表示，这种把数的范围和精度分别表示的方法，相当于数的小数点位置随比例因子的不同而在一定范围内自由浮动，称为“浮点数表示法”。

我们知道，任何一个数 N 都可以表示为如下形式：$N=R^E\cdot M$

例如：$0.000\,110\,1=2^{-3}\times(0.110\,1)$

$1\,101.100\,1=2^{4}\times(0.110\,110\,01)$

我们将 M 称为尾数，将 E 称为阶码，R 称为基数，那么，只要尾数中的小数点的位置，M 和 E 各占的位数约定下来，我们就可以用同时给出 E 和 M 数值的方式确定出小数点的位置。

例如：有一个不含小数点的二进制数 10110011，我们现在约定 E 占的位数是 3，M 占的位数是 5，尾数采用纯小数。

则上面二进制数表示的值应该是：$0.101\,1\times2^{101}$

因为指数 E 和尾数 M 都可能有正负，因此，浮点表示法的具体形式应该如下：

E_f	E	M_f	M

其中 E_f 表示指数 E 的符号，M_f 表示尾数 M 的符号。但由于计算机的字长在计算机制造之后是固定的，占去两位表示符号，会降低可表示数字的范围或精度。因此，在浮点表示法中，我们一般用隐含的方式表示指数的正负，即采用移码方式来表示正负指数。这样可以省掉 E_f 的占位，从而，浮点表示法的表示形式改变如下：

M_f	E	M

移码的名字是这样来的，在数轴上，移码所表示的范围恰好对应于真值在数轴上的范围向正方向移动 2^n 个单元。因此，移码表示的数只有正数，没有负数。采用移码表示阶码不仅可以省下符号位，同时对两个指数大小的比较和对阶操作都比较方便。

后来，为便于软件的移植，按 IEEE 754 标准，32 位浮点数和 64 位浮点数的标准格式如图 2—2 所示。

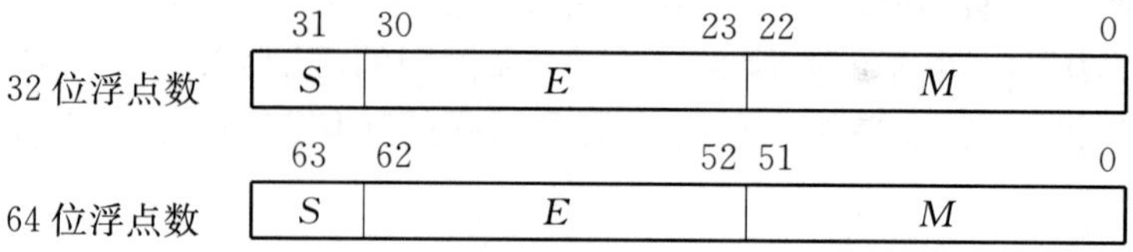

图 2—2　32 位浮点数和 64 位浮点数的标准格式

因为浮点表示法是用精度和范围同时来表示一个数，因此，若不对浮点数的表示做出明确规定，同一个浮点数的表示形式就会有很多。例如：$(1.25)_{10}$ 可以表示成 1.01×2^0、0.101×2^1、$0.010\,1\times2^2$ 等形式。为了达到统一，我们规定浮点数的表示必须采用规格化表示形式。即当尾数的值不为“0”时，尾数域的最高有效位应为“1”，否则，要以修改阶码同时左右移小数点的办法，使其变成满足这一要求的表示形式。

IEEE754 标准规定：

一个规格化的 32 位浮点数 x 的真值表示形式为：

$x=(-1)S\times(1.M)\times2E-127\qquad e=E-127$

IEEE 标准中，64 位的浮点数中符号位 1 位，阶码域 11 位，尾数域 52 位，指数偏移值是 1 023。因此，规格化的 64 位浮点数 x 的真值为：

$x=(-1)S\times(1.M)\times2E-1\,023\qquad e=E-1\,023$

其中需要注意的是：

第一，尾数域所表示的值的形式是 $1.M$。而且，规格化的浮点数的尾数域最左（最高有效位）总是“1”，故这一位经常不予存储，而认为隐藏在小数点的左边。

第二，移码本应在数轴上的范围向正方向移动 $2n$ 个单元，但当 E 为全“0”时，表示数值为“0”，故阶码的转化中采用 2^n-1。

【例 2.12】若浮点数 X 的二进制存储格式为 $(41360000)_{16}$，求其 32 位浮点数的十进制值。

解：将 16 进制数展开后，可得二进制格式为：

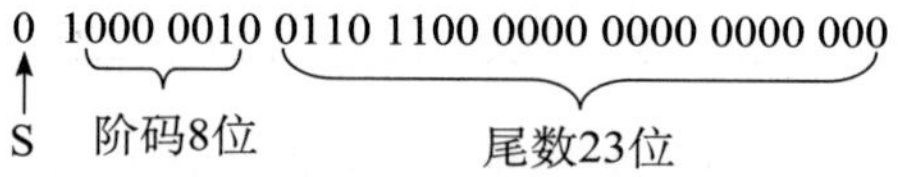

指数 e=阶码$-127=10\,000\,010-01\,111\,111=00\,000\,011=(3)_{10}$

包括隐藏位 1 的尾数 $1.M=1.011\,011\,000\,000\,000\,000\,000\,00=1.011\,011$

于是有 $X=(-1)^S\times1.M\times2^E=+(1.011\,011)\times2^3=+1\,011.011=(11.375)_{10}$

【例 2.13】将数 $(20.593\,75)_{10}$ 转换为 754 标准的 32 位浮点数的二进制存储形式。

解：写出 $(20.593\,75)_{10}$ 的二进制形式为：$10\,100.100\,11$

将其规格化表示形式：$10\,100.100\,11=1.010\,101\,1\times2^4$

从而得到：$S=0$，$E=127+4=01\,111\,111+00\,000\,100=10\,000\,011$

于是，最后的 754 标准的 32 位浮点数的二进制存储形式为：

0 10000011 01001001100000000000000＝（41A4C000)$_{16}$

2.3　字符和字符串的表示

2.3.1　字符的表示方法

现代计算机不仅处理数值领域的问题，还处理大量非数值领域的问题。这样一来，必然要引入文字、字母以及某些专用符号，以便表示文字语言、逻辑语言等信息。

目前，国际上普遍采用的字符系统是七位的 ASCII 码（美国国家信息交换标准字符码)。它包括 10 个十进制数码，26 个英文字母和一定数量的专用符号，如 $ 、%、+、＝等，共 128 个元素，因此，二进制编码需 7 位，加 1 位偶校验位，共 8 位一个字节。表 2—1 为 ASCII 码字符编码表。

表 2—1　　ASCII 码字符编码表

$b^6b^5b^4$ / $b^3b^2b^1b^0$	000	001	010	011	100	101	110	111
0000	NUL	DEL	SP	0	@	P	、	p
0001	SOH	DC1	!	1	A	Q	a	q
0010	STX	DC2	"	2	B	R	b	r
0011	ETX	DC3	#	3	C	S	c	s
0100	EOT	DC4	$（¥）	4	D	T	d	t
0101	ENQ	NAK	%	5	E	U	e	u
0110	ACK	SYN	&	6	F	V	f	v
0111	DEL	ETB	′	7	G	W	g	w
1000	BS	CAN	(	8	H	X	h	x
1001	HT	EM	)	9	I	Y	i	y
1010	LF	SUB	*	:	J	Z	j	z
1011	VT	ESC	+	;	K	[	k	{
1100	FF	FS	,	<	L	\	l	|
1101	CR	GS	—	=	M	]	m	}
1110	SO	RS	.	>	N	↑	n	～
1111	SI	US	/	?	O	_	o	DEL

ASCII 码规定 8 个二进制位的最高一位为“0”，余下的 7 位可以给出 128 个编码，表示 128 个不同的字符。其中 95 个编码对应着计算机终端能敲入并且可以显示的 95 个字符。打印机设备也能打印这 95 个字符，如：大小写各 26 个英文字母，0～9 共 10 个数字，通用的运算符和标点符号＋、－、*、/、>、＝、<等。另外的 33 个字符，其编码值为 0～31 和 127，不对应任何一个可以显示或打印的实际字符，它们被用作控制码，控制计算机某些外围设备的工作特性和某些计算机软件的运行情况。

2.3.2　字符串的表示方法

字符串是指连续的一串字符。通常方式下，它们占用内存中连续的多个字节，每个字节存一个字符。当内存字由 2 个或 4 个字节组成时，在同一个内存字中，既可按从低位字节向高位字节的顺序存放字符串的内容，也可按从高位字节向低位字节的顺序存放字符串的内容。

2.4 汉字的表示

计算机要能够处理汉字，首先必须解决三个问题：(1) 汉字的输入；(2) 汉字在计算机里如何表示；(3) 汉字的输出。

2.4.1 汉字的输入

英文字母只有 26 个，可以把所有的字符都放到键盘上，而汉字的字数很多，要把所有的汉字都放到键盘上，是不可能的。为了能直接使用西文标准键盘把汉字输入到计算机，就必须为汉字设计相应的输入编码方法，汉字的输入码也叫“外码”。目前常用的输入码有拼音码、五笔字形码等。

拼音码：拼音码是以汉字拼音为基础的输入方法。使用简单方便，但汉字同音字太多，输入重码率很高，同音字选择影响了输入速度。

字形编码：字形编码是用汉字的形状来进行的编码。把汉字的笔画部件用字母或数字进行编码，按笔画的顺序依次输入就能表示一个汉字。

2.4.2 汉字在计算机中的表示

计算机内部处理的信息都是用二进制代码表示的，汉字要在计算机中表示也不例外。根据统计，人们日常交往中，包括社会生活、经济、科学技术交流等方面，经常使用的汉字有四五千个。因此，至少需要两个字节用于汉字的编码。两个字节的编码有 $2^{16}=65\ 536$ 种，作为汉字编码表示的基础是可行的。但考虑到汉字编码与其他国际通用编码（如 ASCII 西文字符编码）的关系，中国国家标准局采用了加以修正的两字节汉字编码方案，只用了两个字节的低 7 位。这个方案可以容纳 $2^{14}=16\ 384$ 种不同的汉字。而且，为了与标准 ASCII 码兼容，每个字节中都不能再用 32 个控制功能码和码值为 32 的空格以及 127 的操作码。所以每个字节只能有 94 个编码。这样，双七位实际能够表示的字数是：$94\times94=8\ 836$ 个。

我国根据汉字的常用程度定出了一级和二级汉字字符集，并规定了编码。国家标准局于 1981 年公布了国家标准 GB 2312－1980《信息交换用汉字编码字符集——基本集》，即国标码，其中共收录汉字和图形符号（682 个）7 445 个，包括：

◇ 一般符号 202 个：包括间隔符、标点、运算符和制表符号；

◇ 序号 60 个：它们是 1～20（20 个）、(1) ～ (20) （20 个）、①～⑩（10 个）和(一) ～ (十)（10 个）；

◇ 数字 22 个：0～9、Ⅰ～Ⅻ；

◇ 英文字母 52 个；日文假名 169 个（83，86）；希腊字母 48 个；俄文字母 66 个；

◇ 汉语拼音符号 26 个；汉语注音字母 37 个；

◇ 一级汉字 3 755 个，按汉语拼音字母顺序排列，同音字按笔画顺序排列；

◇ 二级汉字 3 008 个，按部首顺序排列。

每一个汉字或符号都用两个字节表示。为了避开 ASCII 字符中的可打印字符，每一个字节的编码取值范围都是从 21H 到 7EH，如表 2—2 所示。

表 2—2　　国标 GB 2312 的结构分布

00～20	21　22　23　24　25　26　…　7C　7D　7F
21～2F	非汉字图形符号（常用符号、数字序号、俄、法、希腊字母等）
30～57	一级汉字（3 755 个）
58～77	二级汉字（3 008 个）
78～7E	空　白　区
7F	

根据国标码的规定，每一个汉字就有了确定的二进制代码，解决了汉字在计算机中用二进制表示的问题。但由于国标码每个字节的最高位都是“0”，与国际通用的标准 ASCII 码无法区分。例如：“天”字的国标码是 01001100　01101100，即两个字节分别是十进制的 76 和 108，而英文字符“L”和“1”的 ASCII 码也恰好是 76 和 108。因此，如果内存中的两个字节 76 和 108，就难以确定到底是汉字“天”字，还是英文字符“L”和“1”。显然，国标码必须进行某种变换才能在计算机内部使用。常见的用法是将两个字节的最高位设定为 1（低 7 位采用国标码）。例如：汉字“天”字的机内码是 11001100　11101100。但这种用法对国际通用性以及 ASCII 码在通信传输时加奇偶检验位等都是不利的，因而还有改进的必要。

2000 年 3 月 17 日，信息产业部和国家技术监督局联合公布了国家标准 GB 18030－2000《信息技术、信息交换用汉字编码字符集、基本集的扩充》（简称 CJK 字符集），并宣布 GB 18030 为国家强制性标准，自发布之日起实施，过渡期到 2000 年 12 月 31 日止。

GB 18030 是 GB 2312 的扩展，共收录了 2.7 万个汉字，采用单/双/四字节混合编码，与现有绝大多数操作系统、中文平台在内码一级兼容，可支持现有的应用系统；在字汇上则与 GB 13000.1－1993 兼容，并包容了其中收录的所有汉字、藏、蒙、维等少数民族文字，以及世界上几乎所有的语言文字，为中文信息在因特网上的传输和交换提供了保障。该标准的实施为制定统一的应用软件中文接口标准规范创造了条件。

2.4.3　汉字的输出

字形码是汉字的输出码，输出汉字时都采用图形方式，无论汉字的笔画多少，每个汉字都可以写在同样大小的方块中。为了能准确地表达汉字的字形，每一个汉字都应有相应的字形码。目前，大多数汉字系统中都是以点阵的方式来存储和输出汉字的字形。所谓点阵就是将字符（包括汉字图形）看成一个矩形框内一些横竖排列的点的集合，有笔画的位置用黑点表示，没笔画的位置用白点表示。在计算机中用一组二进制数表示点阵，用“0”表示白点，用“1”表示黑点。一般的汉字系统中汉字字形点阵有 16×16、24×24、48×48 几种，点阵越大对每个汉字的修饰作用就越强，打印质量也就越高。通常用 16×16 点阵来显示汉字，每一行上的 16 个点需用两个字节表示，一个 16×16 点阵的汉字字形码需要 2×16=32 个字节表示，这 32 个字节中的信息是汉字的数字化信息，即汉字字模。

字模点阵的信息量很大，所占存储空间也很大。以 16×16 点阵为例，每个汉字要占用 32 个字节，国标两级汉字要占用 256K 字节。因此，字模点阵只能用来构成汉字库，而不能用于机内存储。字库中存储了每个汉字的点阵代码。当显示输出或打印输出时才检索字库，输出字模点阵，得到字形。图 2—3 所示的就是汉字“英”字的字模点阵和编码。

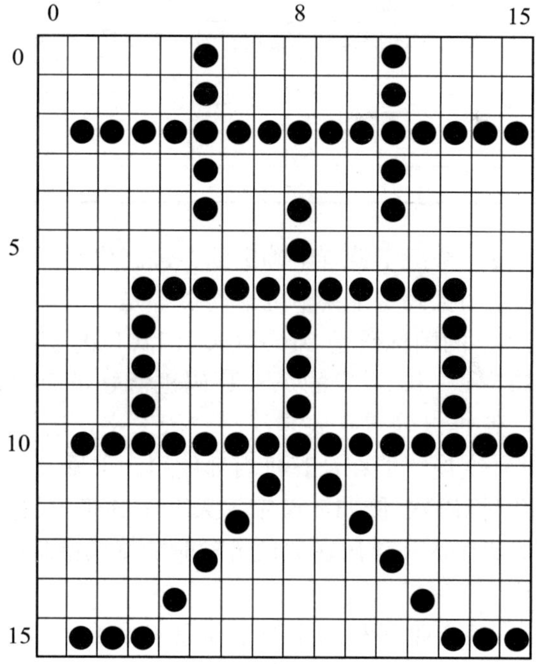

图 2—3 汉字的字模点阵及编码

2.5 数据校验码

数据在计算机内部计算、存取和传送的过程中，由于元器件故障或噪声干扰等原因会出现差错。为了减少和避免这些错误，一方面要从计算机硬件本身的可靠性入手，在电路、电源、布线等各方面采取必要的措施，提高计算机的抗干扰能力；另一方面要采取相应的数据检错和校正措施，自动地发现并纠正错误。

到目前为止，提出的数据校验方法大多采用一种“冗余校验”的思想，即除原数据信息外，还增加若干位编码，这些新增的冗余位编码被称为“校验码”。传输时数据连同校验码一起传输，传到目标方后根据冗余位判断数据是否错误并纠错。

常用的数据校验码有奇偶校验码、海明校验码和循环冗余校验码。

2.5.1 奇偶校验码

奇偶校验码是一种最简单的数据校验码，可以检测出 1 位错误（或奇数位错误），但不能确定出错的位置，也不能检测出偶数位错误。事实上 1 位出错的概率比多位同时出现的概率要高得多，所以，虽然奇偶校验码的检错能力很低，但还是一种应用最广泛的校验方法，常用于存储器读/写检查或 ASCII 字符传送过程中的检查。

奇偶校验实现方法是：由若干位有效信息，再加上一个二进制位（校验位）组成。校验位的取值（0 或 1）将使整个校验码中“1”的个数为奇数或偶数。在奇校验方法中，数据位加上校验位后，其中为“1”的总位数为奇数；在偶校验方法中，数据位加上校验位后，其中为“1”的总位数为偶数。

表 2—3　　奇偶校验码实例

有效信息（8 位）	奇校验码	偶校验码
00000000	00000000 1	00000000 0
01010100	01010100 0	01010100 1
01111111	01111111 0	01111111 1
11111111	11111111 1	11111111 0

奇偶校验码实现简单、方便，可以用异或门实现。但它只能检验出奇数个错误，不能校验出偶数个错误，也无法判断哪一位出错，也无法纠错。

2.5.2　海明校验码

由于奇偶校验法无法检验出是哪位出错，所以它无法纠正错误。若增加一些校验位，即对一组数据使用多位奇偶校验位，便有可能指出是哪一位出错。海明码（Hamming code）码就是使用多位奇偶校验位的检错纠错方法。

在海明码中，k 位奇偶校验位与 n 位数据位合在一起，形成 $n+k$ 位新的数据。使用 1 到 $n+k$ 给新的数据位编号，并在编号为 2 的幂次方的位置安排奇偶校验位。剩余的位置上安排数据位。数据位的长度可以是任意的。下面以 11 位数据为例，说明海明校验码的产生及纠错方法。假设这 11 位数据是

01110011010

可以使用 4 位奇偶校验位，把它们插入上面的数据中，并对每位数据及每位奇偶校验位表示如图 2—4 所示。数据位用 D_b 表示，校验位用 P_b 表示，数据位和校验位混合统一编号，由低位到高位的编号从 1～15。其中数据 11 位，校验位 4 位，总共 15 位。令无符号数 $b_3b_2b_1b_0$ 表示混合编码后的数据下标 b，由于仅仅在编号为 2 的幂次方的位置安排奇偶校验位，则校验位的下标 $b= b_3b_2b_1b_0$ 中只有 1 位 $b_i=1$（$i=0$，1，2，3），其他 3 位均为 0。对于 4 位校验位，校验位的下标是 0001，0010，0100，1000。

0	1	1	1	0	0	1	P_8	1	0	1	P_4	0	P_2	P_1
D_{15}	D_{14}	D_{13}	D_{12}	D_{11}	D_{10}	D_9	P_8	D_7	D_6	D_5	D_4	D_3	P_2	P_1

图 2—4　海明码数据表示法

下面描述校验位 P_1，P_2，P_4，P_8 的产生方法：

P_1 的下标 $b=b_3b_2b_1b_0=0001$，只有 $b_0=1$。找出满足 $b_0=1$ 的所有的 D_b，并对它们做奇偶校验，校验位即为 P_1。如果是偶校验，则

$$P_1=D_3\oplus D_5\oplus D_7\oplus D_9\oplus D_{11}\oplus D_{13}\oplus D_{15}=0\oplus 1\oplus 1\oplus 1\oplus 0\oplus 1\oplus 0$$

因为上式中数据位 D_b 的下标 $b=b_3b_2b_1b_0$ 中 b_0 均为 1。一般地，计算 P_{bi} 时，对那些满足 $b_i=1$ 的所有的 D_b 做偶校验，就可以得出 P_2，P_4 和 P_8 的表达式。总结如下：

$$P_1=D_{15}\oplus D_{13}\oplus D_{11}\oplus D_9\oplus D_7\oplus D_5\oplus D_3=0\oplus 1\oplus 0\oplus 1\oplus 1\oplus 1\oplus 0=0$$

$$P_2=D_{15}\oplus D_{14}\oplus D_{11}\oplus D_{10}\oplus D_7\oplus D_6\oplus D_3=0\oplus 1\oplus 0\oplus 0\oplus 1\oplus 0\oplus 0=0$$

$$P_4=D_{15}\oplus D_{14}\oplus D_{13}\oplus D_{12}\oplus D_7\oplus D_6\oplus D_5=0\oplus 1\oplus 1\oplus 1\oplus 1\oplus 0\oplus 1=1$$

$$P_8=D_{15}\oplus D_{14}\oplus D_{13}\oplus D_{12}\oplus D_{11}\oplus D_{10}\oplus D_9=0\oplus 1\oplus 1\oplus 1\oplus 0\oplus 0\oplus 1=0$$

即：

$$D_{15}D_{14}D_{13}D_{12}D_{11}D_{10}D_9P_8D_7D_6D_5P_4D_3D_2P_1=011100101011000$$

检查时，做如下运算，并称得到的 $C_3C_2C_1C_0$ 为检查码 C。

$$C_0=D_{15}\oplus D_{13}\oplus D_{11}\oplus D_9\oplus D_7\oplus D_5\oplus D_3\oplus P_1$$

$$C_1=D_{15}\oplus D_{14}\oplus D_{11}\oplus D_{10}\oplus D_7\oplus D_6\oplus D_3\oplus P_2$$

$$C_2=D_{15}\oplus D_{14}\oplus D_{13}\oplus D_{12}\oplus D_7\oplus D_6\oplus D_5\oplus P_4$$

$$C_3=D_{15}\oplus D_{14}\oplus D_{13}\oplus D_{12}\oplus D_{11}\oplus D_{10}\oplus D_9\oplus P_8$$

如果所有位均没有出错，则 $C=C_3C_2C_1C_0=0000$。假设 D_6 出错，因为 C_3 和 C_0 的表达式中不含有 D_6，因此 $C_3=C_0=0$。但 C_2 和 C_1 的表达式中含有 D_6，因此，$C_2=C_1=1$。即 $C=C_3C_2C_1C_0=0110=6$，指出 D_6 出错。把 D_6 求反，即得到正确结果。这就是 1 位错的纠错。如果只是 1 位奇偶校验出错，检查码 C 也能把它指出来。

从以上的讨论可知，奇偶校验位位数 k 与数据位位数 n 应满足如下关系：$n+k\leqslant 2^k-1$。即若数据为 n 位时，应使用 k 位校验位，其中 $2^k-1-k\geqslant n$。例如：使用 3 位校验位（$k=3$），则最多能校验 4 位数据。表 2—4 列出了 k 与 n 的关系。

表 2—4　　海明码校验位位数 k 与数据位位数 n 的关系

校验位位数 k	2^k-1-k	数据位位数 n	总位数 $n+k$
2	4−1−2=1	1	3
3	8−1−3=4	2～4	5～7
4	16−1−4=11	5～11	9～15
5	32−1−5=26	12～26	17～31
6	64−1−6=57	27～57	33～63
7	128−1−7=120	58～120	65～127
8	256−1−8=247	121～247	129～255

2.5.3 循环冗余校验码

在一位出错的概率远远大于两位出错概率的情况下，奇偶校验是一种简单有效的检查方法。在串行数据传输中，经常会遇到瞬间干扰，这时就不是单独的一位错，而是多位同时出错。在这种场合下，使用奇偶校验意义不大。取而代之，常用的方法是使用循环冗余校验（Cycle Redundancy Check，CRC）码，尤其是传输位数较多的长数据包时，几乎总是使用 CRC 码。

串行数据的“0”和“1”可以被认为是一个多项式的系数。例如：数据 1101 可以由一个多项式 x^3+x^2+1 来表示。

$$1101 \longrightarrow 1x^3+1x^2+0x^1+1x^0=x^3+x^2+1$$

假设使用一个 $m-1$ 次多项式 $M(x)$ 来表示 m 位的数据。首先，把多项式 $M(x)$ 乘以 2^r，然后，再除以一个 $r+1$ 位的多项式 $G(x)$，得到的 r 位余数 $R(x)$ 就是 *CRC* 码，即

$$x^rM(x)=Q(x)G(x)+R(x)$$

注意，以上的运算为模 2 运算，即不考虑位与位之间的进位和借位。例如：加减法运算实际上都是按位的异或运算。发送时，把 *CRC* 码接在数据位后面送出。接收方用同样的 $G(x)$ 对数据部分计算 *CRC* 码，并与接收到的 *CRC* 码进行比较。如果二者相同，则认为没有错误；如果不同，说明数据或 *CRC* 码本身在传输的过程中出错。这时接收方不做纠正，而是通知发送方重新发送。另外一种方法是接收方用同样的 $G(x)$ 对合在一起的数据部分和 *CRC* 码做模 2 除法运算。如果没有错误，余数应为 0，因为数据部分拼接上 *CRC* 码，相当于把 $M(x)$ 左移 r 位再加上 $R(x)$，即 $x^rM(x)+R(x)$，而

$$x^rM(x)+R(x)=Q(x)G(x)+R(x)+R(x)=Q(x)G(x)+0$$

常用的生成多项式如表 2—5 所示。

表 2—5　　常用的 CRC 生成多项式

名称	CRC 码	产生表达式
CRC—12	12 位	$x^{12}+x^3+x+1$
CRC—16	16 位	$x^{16}+x^{15}+x^2+1$
CCITT-CRC	16 位	$x^{16}+x^{12}+x^5+1$

·本章小结·

电子计算机中采用二进制进行运算，二进制只需用两种状态表示数字，容易实现，运算规则简单，可实现逻辑运算等优点。

数值在计算机中的表示，必须考虑数值符号和小数点的表示问题。符号处理方法就是符号数码化，从而产生了数的机器码：原码、反码和补码等表示方法。采用了隐含规定计算机中小数点的位置方法来解决计算机中小数点的表示问题，常见的方法有定点数表示法和浮点数表示法。

非数值数据，如字符、字符串和汉字等也要转换成计算机能够识别的信息。字符可以用 ASCII 码表示。汉字编码中要解决汉字的输入编码、汉字内码、字模码等不同用途的编码。

数据在计算机内部计算、存取和传送的过程中，由于元器件故障或噪声干扰等原因会出现差错。为了减少和避免这些错误，提出了以"冗余校验"为主的校验码。常用的数据校验码有奇偶校验码、海明校验码和循环冗余校验码。

习　题

1. 下列数中最小的数为（　　）。

A. $(101001)_2$　　　　B. $(52)_8$

C. $(101001)_{BCD}$　　　　D. $(233)_{16}$

2. 在机器数中，(　　) 的零的表示形式是唯一的。

A. 原码　　　　B. 补码

C. 反码　　　　D. 原码和反码

3. 假定下列字符码中有奇偶校验位，但没有数据错误，采用偶校验的字符码是(　　)。

A. 11001011　　　　B. 11010110

C. 11000001　　　　D. 11001001

4. 已知定点整数 x 的原码为 $1xn-1xn-2xn-3\cdots x0$，且 $x>-2n-1$，则必有(　　)。

A. $xn-1=1$　　　　B. $xn-1$

C. $xn-1=0$，且 $x2$，$x3$ 不全为 0　　D. $xn-1=1$，且 $x0\sim xn-2$ 不全为 0

5. 在定点数运算中产生溢出的原因是(　　)。

A. 运算过程中最高位产生了进位或借位

B. 参加运算的操作数超出了机器的表示范围

C. 运算结果的操作数超出了机器的表示范围

D. 寄存器的位数太少，不得不舍弃最低有效位

6. 设机器数的字长为 8 位（含 1 位符号位），分别写出下列各二进制数的原码、补码和反码。

0，-0，0.1000，-0.1000，0.1111，-0.1111，1101，-1101

7. 设一个二进制小数 $x\geqslant 0$，表示成 $x=0.A_1A_2A_3A_4A_5A_6$，其中 $A_1\sim A_6$ 取 1 或 0。

(1) 若要 $x>0.5$，$A_1\sim A_6$ 要满足什么条件？

(2) 若要 $x\geqslant 0.125$，$A_1\sim A_6$ 要满足什么条件？

(3) 若要 $0.25\geqslant x>0.0625$，$A_1\sim A_6$ 要满足什么条件？

8. 设计算机准备传送的信息是：1010110010001111，生成多项式是 x_5+x_2+1，计算校验位，写出 CRC 码。

第 3 章　运算方法与运算器

【学习目标】

- 了解逻辑运算门电路和加法器
- 掌握定点加、减、乘、除法运算和实现电路
- 掌握定点运算器以及浮点运算方法和浮点运算器

3.1　运算电路基础

3.1.1　逻辑运算和门电路

1. 逻辑运算

计算机中除了进行算术运算以外，还可对两个或一个逻辑数进行逻辑运算。所谓逻辑数，是指不带符号和运算无进位的二进制数。利用逻辑运算可以进行两个数的比较，或者从某个数中选取某几位等操作。

计算机中的逻辑运算，主要是指“逻辑非”、“逻辑或”、“逻辑与”和“逻辑异或”四种基本逻辑运算。

（1）逻辑非。

逻辑非也称“求反”。对某数进行逻辑非运算，就是按位求反，“0”变“1”，“1”变“0”，常用变量上方加一横线来表示。

设一个数 x 表示成：

$$x = x_0 x_1 x_2 x_3 \cdots x_n$$

对 x 取反，则有：

$$\overline{x} = \overline{x_0}\,\overline{x_1}\,\overline{x_2}\,\overline{x_3} \cdots \overline{x_n}$$

【例 3.1】 $x_1 = 10001001$，$x_2 = 01001001$，求 $\overline{x}_1$，$\overline{x}_2$？

解：

$$\overline{x}_1 = 01110110 \qquad \overline{x}_2 = 10110110$$

（2）逻辑或。

逻辑或又称“逻辑加”，就是对两个数进行按位逻辑加，常用记号“+”来表示。逻辑或运算关系见表3—1。

设有两个数 x 和 y，它们表示为

$$x=x_0x_1x_2x_3\cdots x_n \qquad y=y_0y_1y_2y_3\cdots y_n$$

若 $x+y=z=z_0z_1z_2z_3\cdots z_n$

则 $z_i=x_i+y_i$，$i=0$，1，2，…，n

【例3.2】 $x=10100101$，$y=10011011$，求 $x+y$?

解：

$$\begin{array}{r l} 10100101 & x \\ +10011011 & y \\ \hline 10111111 & z \end{array}$$

即 $x+y=10111111$

(3) 逻辑与。

对两数进行逻辑与，就是按位求它们的“与”，所以逻辑与又称“逻辑乘”。常用记号“·”来表示。逻辑与运算关系见表3—1。

设有两个数 x 和 y，它们表示为

$$x=x_0x_1x_2x_3\cdots x_n \qquad y=y_0y_1y_2y_3\cdots y_n$$

若 $x\cdot y=z=z_0z_1z_2z_3\cdots z_n$

则 $z_i=x_i\cdot y_i$，$i=0$，1，2，…，n

【例3.3】 $x=10100101$，$y=10011011$，求 $x\cdot y$?

解：

$$\begin{array}{r l} 10100101 & x \\ \cdot\,10011011 & y \\ \hline 10000001 & z \end{array}$$

即 $x\cdot y=10000001$

(4) 逻辑异或。

对两数进行逻辑异或，就是按位求它们的模2和，所以逻辑异或又称“按位加”。常用记号“⊕”来表示。逻辑异或运算关系见表3—1。

设有两个数 x 和 y，它们表示为

$$x=x_0x_1x_2x_3\cdots x_n \qquad y=y_0y_1y_2y_3\cdots y_n$$

若 $x\oplus y=z=z_0z_1z_2z_3\cdots z_n$

则 $z_i=x_i\oplus y_i$，$i=0$，1，2，…，n

【例3.4】 $x=10100111$，$y=11011010$，求 $x\cdot y$?

解：

$$\begin{array}{r l} 10100101 & x \\ \oplus\,10011011 & y \\ \hline 01111101 & z \end{array}$$

即 $x\oplus y=01111101$

2. 基本逻辑门

在逻辑函数中，非、或、与、异或是最基本的逻辑关系。在此基础上，三种运算可以进一步组合，形成更为复杂的逻辑函数关系。表 3—1 列出了几种基本的逻辑关系和逻辑门，这里以两输入为例。

表 3—1　　**基本的逻辑关系**

表示方法 / 逻辑运算	逻辑门符号	逻辑函数	真值表	
			A　B	F
非	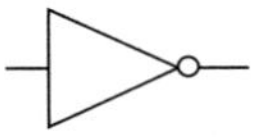	$F=\overline{A}$	0 1	1 0
或	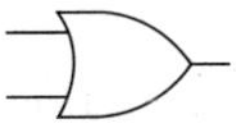	$F=A+B$	0 0 0 1 1 0 1 1	0 1 1 1
与	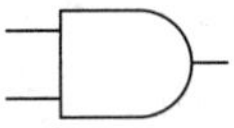	$F=A\cdot B$	0 0 0 1 1 0 1 1	0 0 0 1
异或	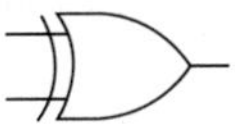	$F=A\oplus B$	0 0 0 1 1 0 1 1	0 1 1 0
与非		$F=\overline{A\cdot B}$	0 0 0 1 1 0 1 1	1 1 1 0
或非	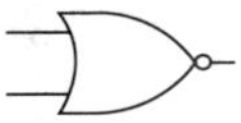	$F=\overline{A+B}$	0 0 0 1 1 0 1 1	1 0 0 0
同或	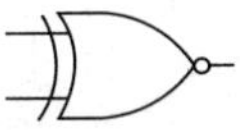	$F=\overline{A\oplus B}$	0 0 0 1 1 0 1 1	1 0 0 1

3.1.2　加法器

在多位数加法运算时，除最低位外，其他各位都需要考虑低位送来的进位。加法器就具有这种功能。加法器的真值表如表 3—2 所示。表中的 A_i 和 B_i 分别表示被加数和加数输入，C_{i-1} 表示来自相邻低位的进位输入。S_i 为本位和输出，C_i 为向相邻高位的进位输出。

表 3—2　　加法器的真值表

输入			输出	
A_i	B_i	C_{i-1}	S_i	C_i
0	0	0	0	0
0	0	1	1	0
0	1	0	1	0
0	1	1	0	1
1	0	0	1	0
1	0	1	0	1
1	1	0	0	1
1	1	1	1	1

由真值表直接写出 S_i 和 C_i 的输出逻辑函数表达式，再经代数法化简和转换得：

$$S_i=\overline{A_i B_i}C_{i-1}+\overline{A_i}B_i\,\overline{C_{i-1}}+A_i\,\overline{B_i C_{i-1}}+A_iB_iC_{i-1}$$

$$=\overline{(A_i\oplus B_i)}C_{i-1}+(A_i\oplus B_i)\,\overline{C_{i-1}}=A_i\oplus B_i\oplus C_{i-1} \qquad (3.1)$$

$$C_i=\overline{A_i}B_iC_{i-1}+A_i\,\overline{B_i}C_{i-1}+A_iB_i\,\overline{C_{i-1}}+A_iB_iC_{i-1}$$

$$=A_iB_i+(A_i\oplus B_i)\,C_{i-1} \qquad (3.2)$$

根据式（3.1）和或（3.2）所示的逻辑函数可以画出加法器的逻辑电路图，如图 3—1（a）所示。图 3—1（b）所示为加法器的表示符号。

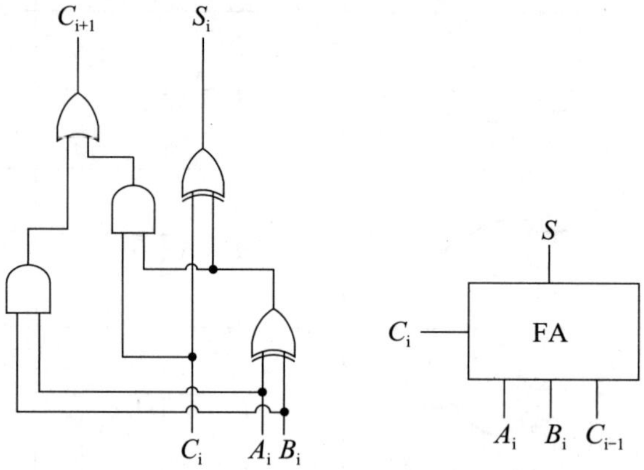

(a) 逻辑电路图　　(b) 表示符号

图 3—1　加法器

3.2　定点加减法运算

计算机中运算部件的主要功能是进行算术运算和逻辑运算。常见的算术运算有加、减、乘、除运算。其他一些复杂的算术运算都可以进行分解，转变为这四种基本的算术运算。

前面章节介绍了数的补码表示法，我们知道，如果把负数用补码表示后，可以将减一个数用加这个数的补码来实现。也就是说，减法可以用加法实现，而乘法是一种多次相加的运算。而除法是一种多次相减的运算。因此，我们说各种算术运算的基础是加法运算。为了简化计算机中运算部件的设计，我们主要考虑在运算部件中实现补码的加法运算。

3.2.1　运算法则

补码的加减法运算法则：

$$[X \pm Y]_{补} = [X]_{补} + [\pm Y]_{补}$$

其中，X、Y 为正、负数均可。

这就是补码制的加、减法运算公式。这两个运算公式的正确性可以从补码的编码规则得到证明。补码加减法运算可以归纳为以下规则：

（1）参加运算的两个操作数均用补码表示。

（2）符号位作为数的一部分参与运算。

（3）若做加法，则两数直接相加，若做减法，则将被减数与减数的机器负数相加。

（4）运算结果超出模的进位要丢掉，得到的结果也是用补码表示。

【例 3.5】 $X=0.1011$，$Y=-0.1110$，求 $X+Y$?

解： $[X]_{补}=0.1011$　　$[Y]_{补}=1.0010$

$$\begin{array}{rl} 0.1011 & [X]_{补} \\ +\ 1.0010 & [Y]_{补} \\ \hline 1.1101 & [X+Y]_{补} \end{array}$$

即　$[X+Y]_{补}=1.1101$　　$X+Y=-0.0011$

【例 3.6】 $X=0.1011$，$Y=-0.0010$，求 $X-Y$?

解：$[X]_{补}=0.1011$　　$[Y]_{补}=1.1110$　　$[-Y]_{补}=0.0010$

$$\begin{array}{rl} 0.1011 & [X]_{补} \\ +\ 1.0010 & [-Y]_{补} \\ \hline 1.1101 & [X-Y]_{补} \end{array}$$

即　$[X-Y]_{补}=0.1101$　　$X-Y=0.1101$

3.2.2　电路实现

1. 串行补码加减电路

在计算机中，串行补码加减电路以及溢出的电路如图 3—2 所示。

图中 M 为控制端。若 M 为“0”，则进行补码的加法运算；而若 M 为“1”，则进行补码的减法运算。最后异或门进行计算中是否发生溢出的判断。

2. 并行补码加减电路

串行补码加减电路进行补码加减法的过程很容易理解，但串行补码加减电路的计算速度却不高。从图中不难看出，若要进行第二位的计算，必须等待第一位的进位；若要进行第三位的计算，必须等待第二位的进位。以此类推，要进行第 n 位的计算，必须等待第

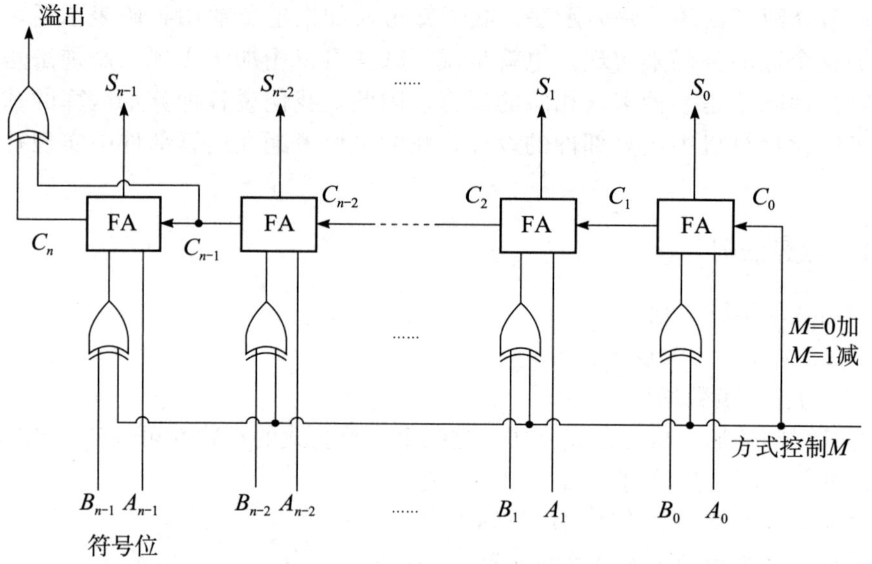

图 3—2　补码加减电路以及溢出电路示意图

$n-1$位的进位。若参加运算的数值很长，则计算过程要花大量的时间进行后续进位的等待。为了提高运算速度，人们又设计了一种多位数快速进位（又称“超前进位”）的加法器。所谓快速进位，是指加法运算过程中，各级进位信号同时送到各位加法器的进位输入端。现在的集成加法器，大多采用这种方法。

74LS283 是一种典型的快速进位的集成加法器。这里以 74LS283 为例介绍快速进位的概念及实现快速进位的思路。

加法器 S_i 和 C_i 的输出逻辑表达式如下：

$$S_i = A_i \oplus B_i \oplus C_{i-1} \tag{3.3}$$

$$C_i = A_iB_i + (A_i \oplus B_i)\ C_{i-1} \tag{3.4}$$

考察进位信号 C_i 的表达式，可见：

当 $A_i=B_i=1$ 时，$A_iB_i=1$，得 $C_i=1$，即产生进位。所以定义 $G_i=A_iB_i$，G_i 称为“产生变量”。

当 $A_i \oplus B_i=1$，则 $A_iB_i=0$，得 $C_i=C_{i-1}$，即低位的进位信号能传送到高位的进位输出端。所以定义 $P_i=A_i \oplus B_i$，P_i 称为传输变量。

G_i 和 P_i 都只与被加数 A_i 和加数 B_i 有关，而与进位信号无关。

将 G_i 和 P_i 代入式 S_i 和 C_i，得：

$$S_i = P_i \oplus C_{i-1} \tag{3.5}$$

$$C_i = G_i + P_iC_{i-1} \tag{3.6}$$

由式（3.6）得各位进位信号的逻辑表达式如下：

$$C_0 = G_0 + P_0C_{-1} \tag{3.7}$$

$$C_1 = G_1 + P_1C_0 = G_1 + P_1G_0 + P_1P_0C_{-1} \tag{3.8}$$

$$C_2 = G_2 + P_2C_1 = G_2 + P_2G_1 + P_2P_1G_0 + P_2P_1P_0C_{-1} \tag{3.9}$$

$$C_3 = G_3 + P_3C_2 = G_3 + P_3G_2 + P_3P_2G_1 + P_3P_2P_1G_0 + P_3P_2P_1P_0C_{-1} \tag{3.10}$$

由式（3.7）、（3.8）、（3.9）、（3.10）可以看出：各位的进位信号都只与 G_i、P_i 和 C_{-1} 有关，而 C_{-1} 是向最低位的进位信号，其值为“0”，所以各位的进位信号都只与被加数 A_i 和加数 B_i 有关，它们是可以并行产生的，从而可实现快速进位。

根据以上思路构成的快速进位的集成 4 位加法器 74LS283 的引脚图，如图 3—3 所示。

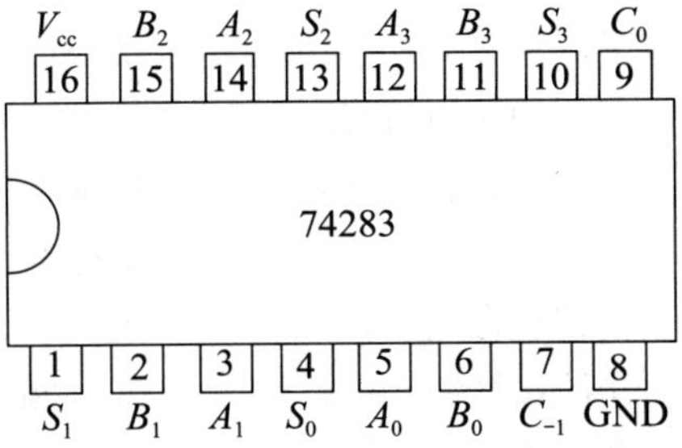

图 3—3 集成 4 位加法器 74LS283 引脚图

一片 74LS283 只能进行 4 位二进制数的加法运算，将多片 74LS283 进行级联，就可扩展加法运算的位数。用 2 片 74LS283 组成的 8 位二进制数加法电路，如图 3—4 所示。

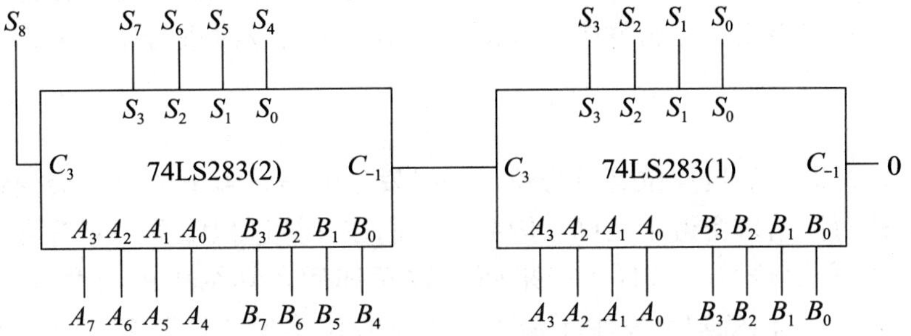

图 3—4 2 片 74LS283 组成的 8 位二进制数加法电路图

3.2.3 溢出

1. 溢出的概念

为了弄清楚溢出的概念，我们先来看两个例题：

【例 3.7】 $X=0.1011$，$Y=0.1110$，求 $X+Y$?

解：算机中都是采用补码进行计算，所以先求出两个数的补码。

$$[X]_{补}=0.1011 \qquad [Y]_{补}=0.1110$$

$$\begin{array}{rl} 0.1011 & [X]_{补} \\ +\ 1.1110 & [Y]_{补} \\ \hline 1.1001 & [X+Y]_{补} \end{array}$$

即 $[X+Y]_{补}=1.1001 \qquad X+Y=-0.0111$

【例 3.8】 $X=-0.1011$，$Y=-0.1110$，求 $X+Y$?

解：计算机中都是采用补码进行计算，所以先求出两个数的补码。

$[X]_{补}=1.0101 \qquad [Y]_{补}=1.0010$

$$\begin{array}{rl} 1.0101 & [X]_{补} \\ +\ 1.0010 & [Y]_{补} \\ \hline 0.0111 & [X+Y]_{补} \end{array}$$

即 $\qquad [X+Y]_{补}=0.0111 \qquad X+Y=0.0111$

在计算中出现了明显的错误：两个正数相加变成了负数，而两个负数相加却又变成了正数。什么会产生这样的错误呢？原因在于溢出。

在计算机中，要表示的数超出了机器所能表示的最大范围，称为“溢出”。例如：8位二进制（以补码来说）能表示的最大正数是+127，所能表示的最大负数是−128。在运算过程中如出现大于127小于−128的现象，则产生“溢出”现象。显然，两异号数相加不会产生溢出，仅当两同号数相加时才有可能产生溢出。两个正数相加而绝对值超出允许的表示范围称为“正溢”。两个负数相加而绝对值超出允许的表示范围，称为“负溢”。

在计算机中，因为有字长的概念，所以溢出的现象是不可能避免的。

2. 溢出的检测

溢出会引起计算结果产生错误，但溢出的发生是不可避免的。为了保证补码运算结果正确，首先要判断“溢出”是否发生，以便在溢出发生时及时进行中断处理。通常溢出的检测有两种方法。

（1）双符号位法。

我们知道，机器数的最高位是符号位，一旦发生溢出，溢出的进位会使计算结果的符号位产生错乱从而使结果变得不正确。因此，我们在计算过程中采用双符号位法，即在机器数中用两位来表示符号。这样，如果两个数相加后，其结果的符号位出现“01”或“10”两种组合时，我们就知道发生了溢出。当符号位出现“01”组合时，表明发生了上溢，当符号位出现“10”组合时，表明发生了下溢，双符号位法也称为“变形补码”或“模4补码”。

（2）单符号位法。

双符号位法确实可以很容易检测出计算过程中是否发生溢出，但同时又因为符号位多占了一位从而使计算机可表示数的范围缩小了，因此，现在常用单符号位法来判断溢出的发生，即判断数值的最高有效位和符号位是否同时有进位来判断。

当最高有效位产生进位而符号位无进位时，产生上溢；当最高有效位无进位而符号位有进位时，产生下溢。故溢出逻辑表达式为 $V=C_f \oplus C_0$，其中 C_f 为符号位产生的进位，C_0 为最高有效位产生的进位。此逻辑表达式可用异或门实现。

在定点机中当运算结果发生溢出时，机器通过逻辑电路自动检查溢出，并进行中断处理。

3.2.4 定点运算器

现实生活中，为了方便人们的使用，总是将具有并行进位能力的补码加减电路制作为运算芯片。这种运算芯片既能进行算术运算又能进行逻辑运算。

1. 算术运算和逻辑运算的区别

为了说明这两者之间的区别，我们先来看一个例题。

【例 3.9】 将 1010011 和 1110100 分别进行算术加运算和逻辑或运算。

算术加运算：

$$\begin{array}{r} 1010011_{\text{补}} \\ +\ 1110100\phantom{_{\text{补}}} \\ \hline 11000111_{\text{补}} \end{array}$$

逻辑或运算：

$$\begin{array}{r} 1010011_{\text{补}} \\ +\ 1110100\phantom{_{\text{补}}} \\ \hline 1110111_{\text{补}} \end{array}$$

通过上例我们可看出算术运算和逻辑运算的主要区别就是算术运算在运算过程中管进位，而逻辑运算在运算过程不管进位。

2. 定点运算器的原理

74181 芯片就是一个既能进行算术运算又能进行逻辑计算的算术逻辑运算单元(ALU)，它不仅具有多种算术运算和逻辑运算的功能，而且具有并行进位逻辑。其电路结构图如图 3—5 所示。

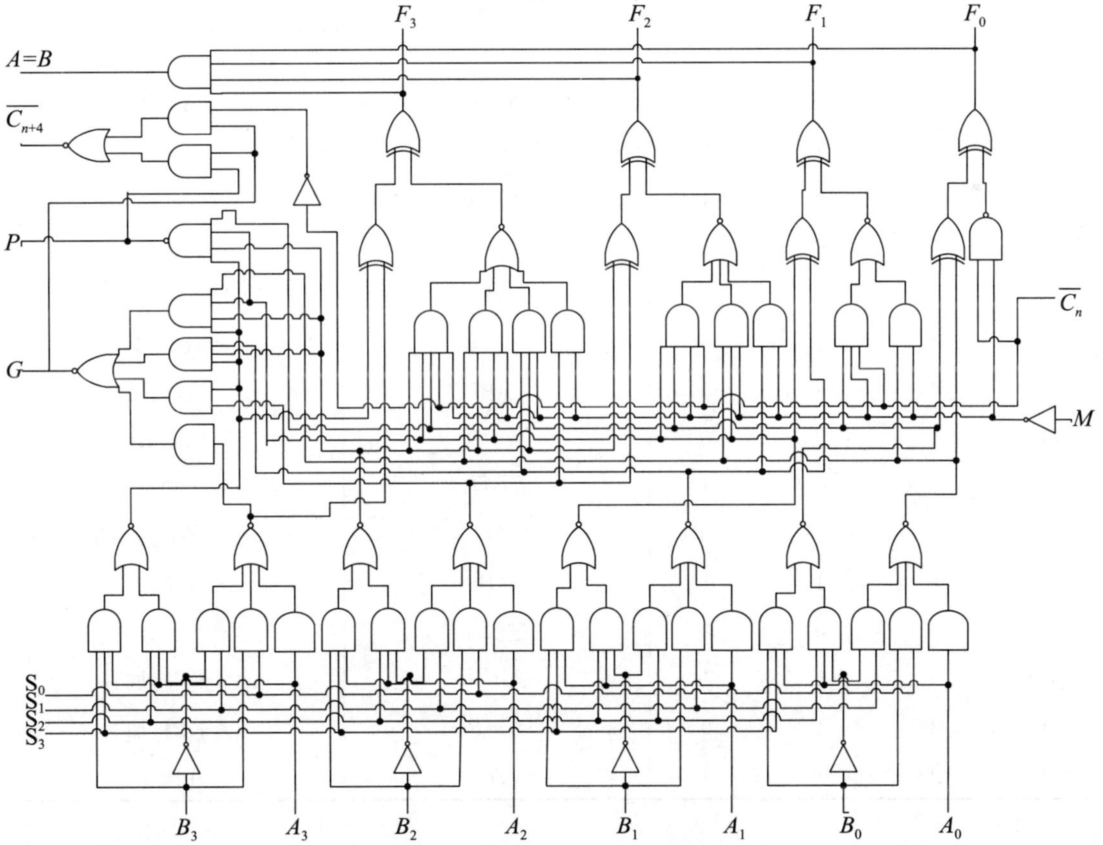

图 3—5　74181ALU 正逻辑电路图

电路中 M 是用来控制 ALU 是进行算术运算还是进行逻辑运算的一个控制端。当 $M=0$时，M 对进位信号没有任何影响。此时 F 不仅与本位的被操作数 Y 和操作数 X 有关，而且与本位的进位输出 C 有关，因此，$M=0$ 时，进行算术操作。当 $M=1$ 时，封锁了各位的进位输出，即 $C=0$，因此，各位的运算结果 F 仅与 Y 和 X 有关，故 $M=1$ 时，进行逻辑操作。

$S_0 \sim S_3$ 是用来控制 ALU 进行不同的算术运算和逻辑运算的四个控制端。表 3—3 列出了 74181ALU 的运算功能表，这里以正逻辑操作数为例。对正逻辑操作数来说，算术运算称为"高电平操作"，逻辑运算称为"正逻辑操作"（即高电平为"1"，低电平为"0"）。由于 $S_0 \sim S_3$ 有 16 种状态组合，因此，对正逻辑输入与输出而言，有 16 种算术运算功能和 16 种逻辑运算功能。

表 3—3 中算术运算操作是用补码表示法来表示的。其中"加"是指算术加，运算时要考虑进位，而符号"+"是指"逻辑加"。其中"$A=B$"输出端可指示两个数相等，因此，它与其他 ALU 的"$A=B$"输出端按"与"逻辑连接后，可以检测两个数相等的条件。

表 3—3　　74181ALU 算术逻辑运算功能表

S_3	S_2	S_1	S_0	正逻辑输入与输出	
				逻辑 $M=1$	$M=0\quad C_n=1$
0	0	0	0	$A+\overline{B}$	A
0	0	0	1	$\overline{A+B}$	$A+B$
0	0	1	0	$\overline{A}B$	$A+\overline{B}$
0	0	1	1	逻辑 0	减 1
0	1	0	0	$\overline{AB}$	A 加 $A\overline{B}$
0	1	0	1	$\overline{B}$	$(A+B)$ 加 $\overline{AB}$
0	1	1	0	$A \oplus B$	A 减 B 减 1
0	1	1	1	$A\overline{B}$	$\overline{AB}$ 减 1
1	0	0	0	$\overline{A}+B$	A 加 AB
1	0	0	1	$\overline{A \oplus B}$	A 加 B
1	0	1	0	B	$(A+\overline{B})$ 加 AB
1	0	1	1	AB	AB 减 1
1	1	0	0	逻辑 1	A 加 A
1	1	0	1	$A+\overline{B}$	$(A+B)$ 加 A
1	1	1	0	$A+B$	$(A+\overline{B})$ 加 A
1	1	1	1	A	A 减 1

3.3　定点乘法运算

3.3.1　手工乘法计算

为了设计乘法电路，我们先通过手工乘法计算了解乘法计算的过程。

【例 3.10】 $X=0.1101$，$Y=0.1011$，求 $X \cdot Y$？

解：

$$\begin{array}{r} 0.1101 \\ \underline{\times 0.1011} \\ 1101 \\ 1101 \\ 0000 \\ \underline{1101} \\ 0.10001111 \end{array}$$

即　$X \cdot Y=0.10001111$，符号异或为正。

总结其过程：从乘数 Y 的最低位开始，若这一位为“1”，则将被乘数 X 写下；若这一位为“0”，则写下全“0”。然后，再对乘数 Y 的最高位进行乘法运算，其规则同上，不过，这一位乘数的权与最低位乘数的权不一样，因此，被乘数 X 要左移一位。以此类推，直到乘数个位乘完为止，最后将它们统统加起来，变得到最后乘积 Z。

3.3.2　原码一位乘法电路

原码一位乘法电路的基本结构由加法器、移位寄存器、异或门构成，如图 3—6 所示。

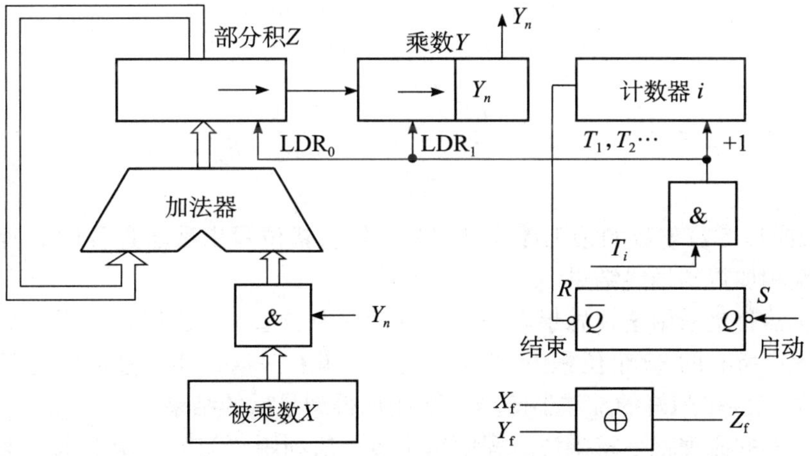

图 3—6　原码一位乘法电路

串行的一位乘法方案，多次执行“加法—移位”操作来实现。这种方法并不需要很多器件。然而串行方法毕竟速度太慢，不能满足科学技术对高速乘法所提出的要求。

3.3.3 原码乘法阵列

1. 乘法运算法则

在现实中，进行乘法计算时，数值和符号是分别进行处理的，数值相乘得到乘积的数值，乘积的符号按照同号为正，异号为负进行处理。根据现实中乘法的运算法则，我们计算机中实现乘法运算时采用原码应该最为方便。从而可推出两个原码数相乘的运算规则如下：

设 n 位被乘数和乘数用定点小数表示（定点整数也同样适用）

被乘数　　$[X]_{原}=X_f.X_{n-1}\cdots X_1X_0$

乘数　　$[Y]_{原}=Y_f.Y_{n-1}\cdots Y_1Y_0$

则　乘积　　$[Z]_{原}=(X_f\oplus Y_f)+(0.X_{n-1}\cdots X_1X_0)(0.Y_{n-1}\cdots Y_1Y_0)$

上式中，X_f 为被乘数符号，Y_f 为乘数符号。

2. 原码乘法阵列

乘法运算大约占全部算术运算的 1/3，因此，采用高速乘法部件，无论从速度上来说还是效率上来说，都是十分必要的。自从大规模集成电路问世以来，高速的单元阵列乘法器应运而生，出现了各种形式的流水式阵列乘法器，它们属于并行乘法器。

并行乘法器实现的乘法过程和人们的习惯方法非常类似，下面我们以 5 位整数乘以 5 位整数的过程说明乘法阵列的实现方法，如图 3—7 所示。

$$
\begin{array}{cccccccccc}
 & & & & & a_4 & a_3 & a_2 & a_1 & a_0 \\
 & & & & \times & b_4 & b_3 & b_2 & b_1 & b_0 \\
\hline
 & & & & & a_4b_0 & a_3b_0 & a_2b_0 & a_1b_0 & a_0b_0 \\
 & & & & a_4b_1 & a_3b_1 & a_2b_1 & a_1b_1 & a_0b_1 & \\
 & & & a_4b_2 & a_3b_2 & a_2b_2 & a_1b_2 & a_0b_2 & & \\
 & & a_4b_3 & a_3b_3 & a_2b_3 & a_1b_3 & a_0b_3 & & & \\
+ & a_4b_4 & a_3b_4 & a_2b_4 & a_1b_4 & a_0b_4 & & & & \\
\hline
F_9 & F_8 & F_7 & F_6 & F_5 & F_4 & F_3 & F_2 & F_1 & F_0
\end{array}
$$

图 3—7

5 位整数乘以 5 位整数的手工计算过程为，依次错位写出乘法过程中的所有累加过程量，然后一次相加得到最终结果。

并行乘法器就是采用这种思想，先将计算过程中的每一个位积 a_ib_j 用一个“与”门得出。计算过程中所有的 25 个位积由 25 个“与”门并行一次产生。然后将这些位积用按图 3—8 所示位置已经排列好的加法器阵列一次相加得到最后的结果。

并行乘法器的原理就是将乘法过程中每个过程值利用“与”门全部求出来，然后利用加法器的阵列一次相加得到最终结果。其原理图如图 3—9 所示。

并行乘法器中也有延时，但由于所有位积 a_ib_j 由“与”门同时得到，加法器阵列中的每一行加法器（最后一行除外）都可以同时工作，因此，其延时比一位乘法器的延时要小得多，从而提高了乘法运算速度。

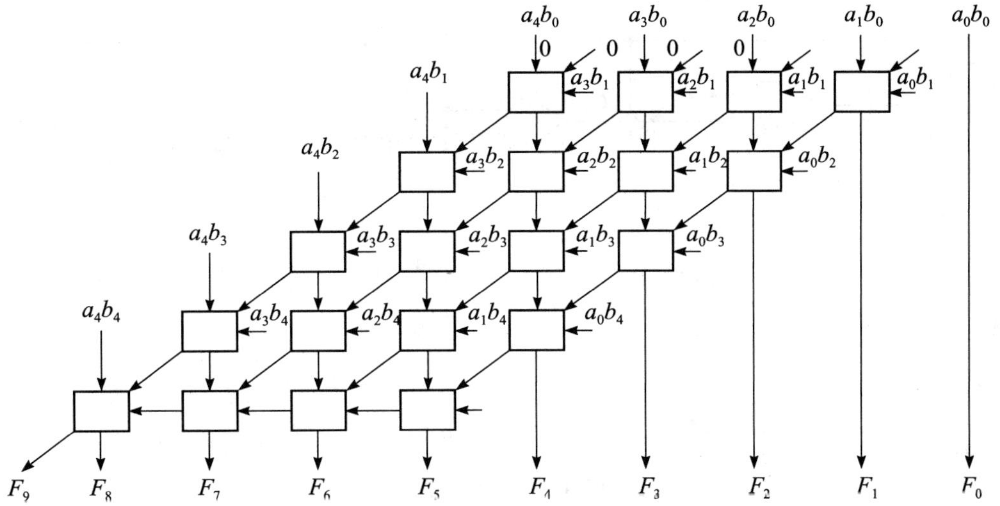

图 3—8　5 位整数乘以 5 位整数的阵列乘法器逻辑电路图

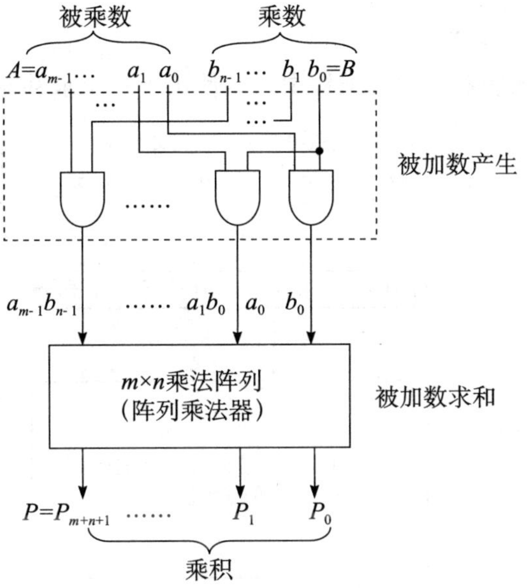

图 3—9　并行乘法器

3.3.4　补码乘法阵列

一位乘法电路和并行乘法器都是在原码的基础上设计出来的，但在计算机中的数值都是用补码表示的，如何解决补码的乘法呢？

1. 求补电路

四位二进制求补电路结构如图 3—10 所示。求补电路中，E 为控制端，接输入数值符号位。该电路中进行求补的方法就是从数的最右端 a_0 开始，由右向左，直到找出第一个“1”，例如 $a_i=1$，$0\leqslant i\leqslant n$。这样，a_i 以左的每一个输入位都求反，即“1”变“0”，“0”变“1”。最右端的起始链式输入 C_{-1} 必须永远置成“0”。当控制信号线 E 为“1”时，启

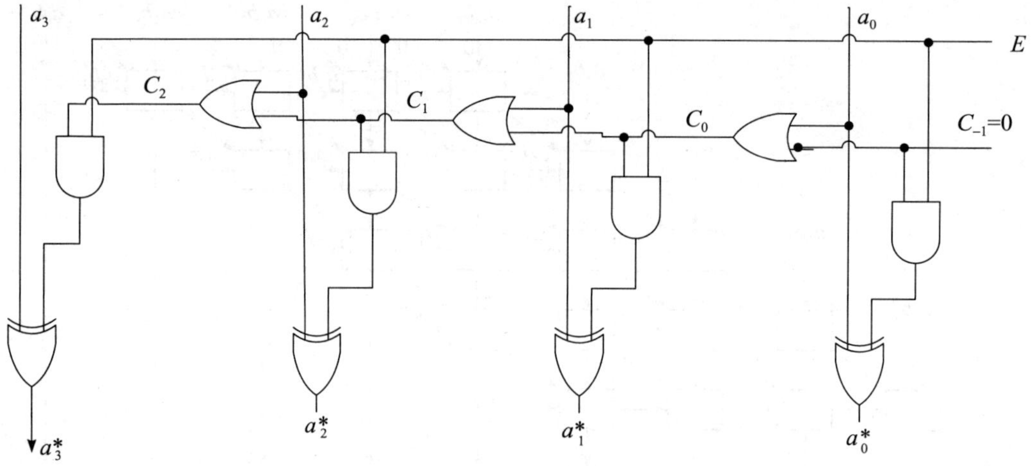

图 3—10　求补电路

动对 2 求补的操作。当控制信号线 E 为“0”时，输出将和输入相等。显然，我们可以利用符号位来作为控制信号。

2. 符号求补的阵列乘法器

在符号求补的阵列乘法器的逻辑结构中，共使用了三个求补器，如图 3—11 所示。

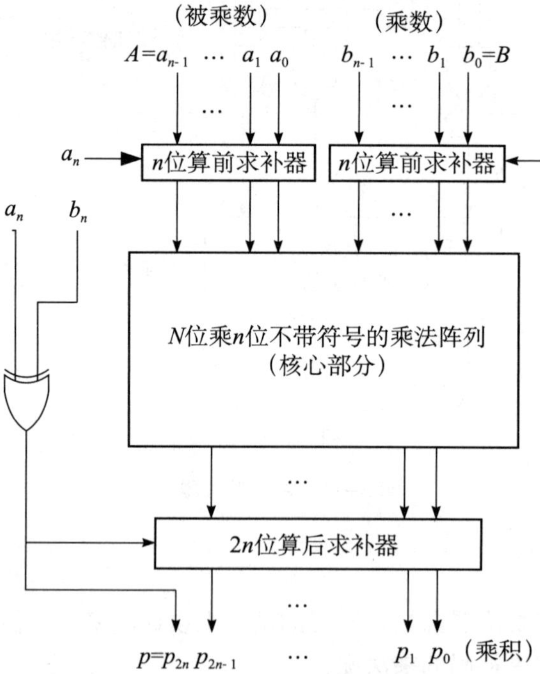

图 3—11　符号求补的阵列乘法器

其中两个算前求补器的作用是：将两个操作数 A 和 B 在被不带符号的乘法阵列（核心部件）相乘以前，先变成正整数。算后求补器的作用则是：当两个输入操作数的符号不一致时，把运算结果变成带符号的数。

补码乘法阵列还有直接利用数值补码进行计算的直接补码器，因为其涉及内容比较复杂，在这不做详细介绍。

3.4　定点除法运算

3.4.1　手工除法计算

为了设计除法电路，我们先通过手工除法计算了解除法计算的过程。

【例 3.11】$X=0.1001$，$Y=0.1011$，求 $X \div Y$?

解：

	0.1101	商	
0.1011	0.10010	X（R_0）	被除数小于除数，商 1
	−0.01011	$2^{-1}Y$	除数右移 1 位，减除数，商 1
	0.001110	R_1	得余数 R_1
	−0.001011	$2^{-2}Y$	除数右移 1 位，减除数，商 1
	0.0000110	R_2	得余数 R_2
	(−)0.0001011	$2^{-3}Y$	除数右移 1 位，不减除数，商 0
	0.00001100	R_3	得余数 R_3
	−0.00001011	$2^{-4}Y$	除数右移 1 位，减除数，商 1
	0.00000001	R_4	得余数 R_4

得 $X \div Y$ 的商为 0.110 1，余数为 $R=0.000\ 000\ 01$。

从例 3.11 可以看出手工除法运算的规则是：首先判断被除数（或部分余数）和除数的大小。若除数小于或等于被除数（或部分余数），就将该位商“1”，并从被除数（或部分余数）中减去除数，得到新的余数；若除数大于被除数（或部分余数），就将该位商“0”，被除数（或部分余数）不变，除数右移再与余数比较，重复以前操作，直至除尽或得到满足的商为止。

3.4.2　原码一位除法电路

机器的运算过程和人的计算过程不同，人会心算，一看就知道够不够减。但机器不会心算，必须先作减法进行比较，通过比较的符号位来判断大小，才能正确上商。在计算机中，为方便运算，通常用余数左移来代替除数右移。

定点原码机器除法一般有两种实现方法，一种是恢复余数法。它先作减法，若余数为正，才知道够减；若余数为负，才知道不够减。不够减时必须恢复原来的余数，以便再继续往下运算。要恢复原来的余数，只要当前的余数加上除数即可。但由于要恢复余数，使除法进行过程的步数不固定，控制线路比较复杂，执行速度低。所以现在常采用第二种不恢复余数法，即加减交替法。

加减交替法是对恢复余数法的一种改进，它由于运算次数固定，被广泛采用。加减交替法的推理过程如下：

在用恢复余数法商至 i 位时，余数 R_i 为

$$R_i=2R_{i-1}+(-Y)$$

若 $R_i<0$，则商“0”，同时恢复余数，即余数为 R_i+Y；然后再求下一步的余数，即求：

$$R_{i+1}=2(R_{i-1}+Y)+(-Y)=2R_i+Y$$

可见，当 $R_i<0$，商“0”时，R_{i+1}可直接通过把 R_i 右移一位，再加 Y 即可，不必恢复余数。

在计算机中，减法通常使用加法来实现，因此，我们可推出原码一位除法电路的基本结构由加法器、移位寄存器、异或门来构成，如图 3—12 所示。

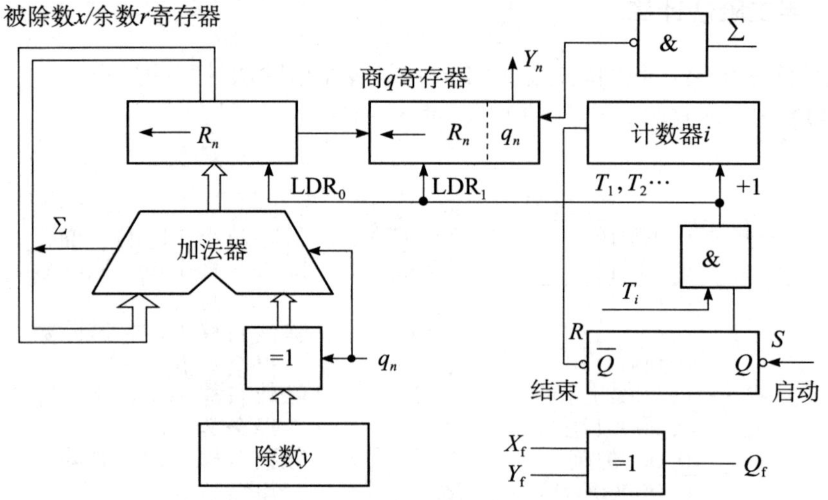

图 3—12　原码一位除法电路

3.4.3　原码除法阵列

1. 除法运算法则

除法运算和乘法运算一样，在进行运算时，数值和符号是分别进行处理的。数值相除得到商的数值，商的符号按照同号为正，异号为负进行处理。从而可推出两个原码数相除的运算规则如下：

设有 n 位定点小数：

被除数 X，其原码为　$[X]_{原}=X_f.X_{n-1}\cdots X_1X_0$

除数 Y，其原码为　$[Y]_{原}=Y_f.Y_{n-1}\cdots Y_1Y_0$

则有商　$[X/Y]_{原}=(X_f\oplus Y_f)+(0.X_{n-1}\cdots X_1X_0/0.Y_{n-1}\cdots Y_1Y_0)$

2. 原码除法阵列

原码一位除法和原码一位乘法一样，为多次执行“加法（实际在做减法）—移位”操作来实现。这种方法速度太慢，因此，现在计算机中采用计算速度比较快的阵列除法器。

为了了解手工除法的计算过程，我们分多次进行了减法运算，其实人们更习惯将过程值写出后，一次做减法。过程如下所示：

```
              0.1101
0.1011 ) 0.1001
          0.01011
          0.001011
          0.0001011
         -0.00001011
         ------------
          0.00000001
```

除法阵列就是采用了这种方法，其结构图如图 3—13 所示。

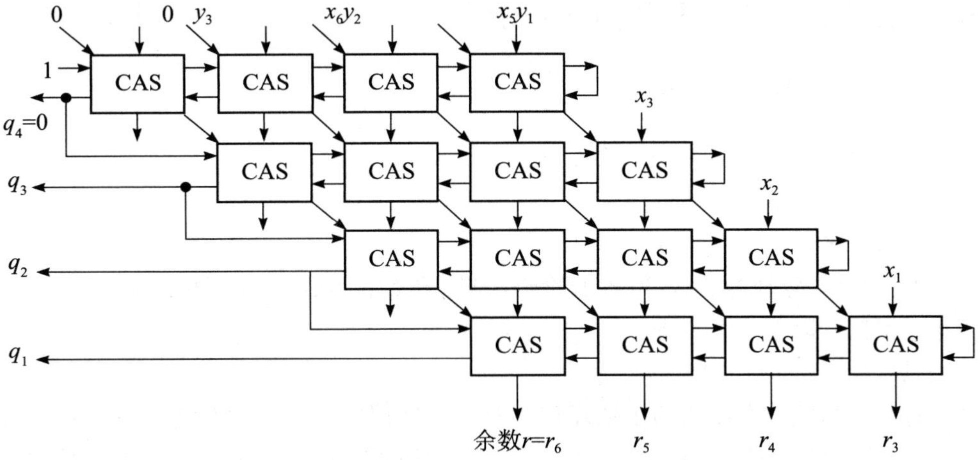

图 3—13　4 位除 4 位除法阵列器

除法阵列的构成同乘法阵列的构成类似，不同的是其倾斜方向和每一个加/减法单元电路。除法阵列中的加法器利用加一个数的补码实现减这个数，所以每一个加法/减法单元的电路图，如图 3—13 所示。

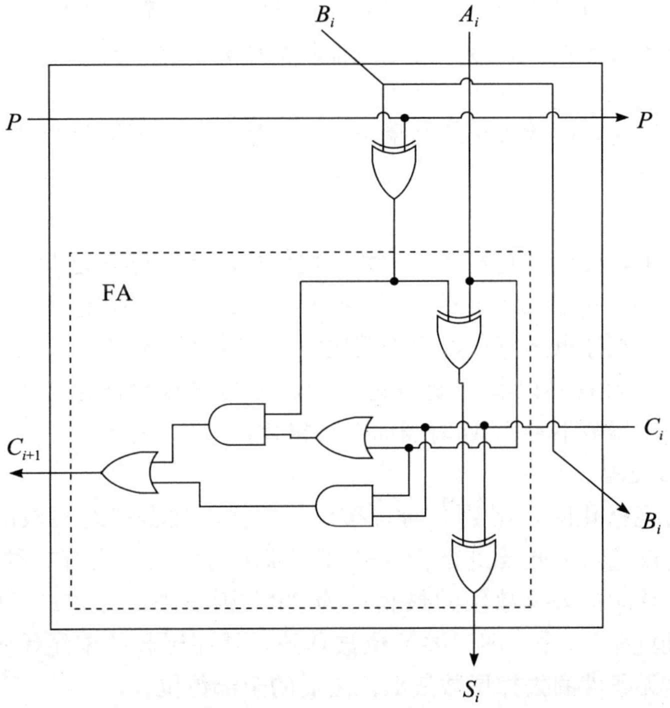

图 3—13　除法阵列中加/减法单元电路

3.5 浮点运算方法和浮点运算器

3.5.1 浮点数加减法运算

设有两个浮点数 X 和 Y，它们分别为

$$X=2^{E_X}\cdot M_X$$

$$Y=2^{E_Y}\cdot M_Y$$

其中 E_X 和 E_Y 分别为数 X 和 Y 的阶码，M_X 和 M_Y 为数 X 和 Y 的尾数。

运算过程执行以下 4 个步骤：

1. 对阶。

对阶的目的是使两操作数的小数点位置对齐，即使两数的阶码相等。为此，首先要求出阶差，即 $\Delta E=E_X-E_Y$，再按小阶向大阶看齐的原则，使阶小的尾数向右移位，每右移一位，阶码加“1”，直到两数的阶码相等为止。右移位数等于两数阶码之差 $|\Delta E|$。对原码表示的尾数，符号位不参加移位，尾数数值高位补“0”；对补码表示的尾数，符号位参加右移，并保持原符号位不变。

2. 尾数的加减运算

对阶结束后，两数阶码相等，即可进行尾数的加/减运算。不论加法运算还是减法运算，都按加法运算进行操作，其方法与定点加减法运算完全一样。

3. 结果规格化操作

在浮点加减运算时，尾数求和的结果必须是规格化数。规格化数要满足下式（这里二进制表示）：

$$0.1\leqslant |M| <1$$

从上式可以看出，要保证是规格化的数，尾数最高有效位应为 1。

也可以得到 01.ф…ф 或 10.ф…ф，即两符号位不等，这在定点加减法运算中称为溢出，是不允许的。但在浮点运算中，它表明尾数求和结果的绝对值大于 1，向左破坏了规格化。此时将运算结果右移以实现规格化表示，称为向右规格化。规则是：尾数右移 1 位，阶码加“1”。当尾数不是 $1.M$ 时需向左规格化。

4. 舍入与溢出处理

在对阶或向右规格化时，尾数要向右移位。这样，被右移的尾数的低位部分会被丢掉，从而造成一定误差，因此要进行舍入处理。简单的舍入方法有三种：一种是“0 舍 1 入”法，即如果右移时被丢掉数位的最高位为“0”则舍去，为“1”则将尾数的末位加“1”；另一种是“恒置一”法，即只要数位被移掉，就在尾数的末尾恒置“1”；第三种是“截断处理”，就是无条件的去掉尾数最低位之后的全部数位。

当机器浮点数值大于最大正数，或小于最小负数时，称为“上溢”；当机器浮点数值小于最小正数，或大于最大负数时，称为“下溢”。下溢不是一个严重问题，通常作为机器零。这两种情况意味着阶码运算值超出了它所表示的范围，机器必须做中断处理。

浮点数的溢出是以其阶码溢出表现出来的。在加/减运算过程中要检查是否产生了溢出：若阶码正常，加（减）运算正常结束；若阶码溢出，则要进行相应处理。

图 3—14 给出了浮点数加减法运算流程。

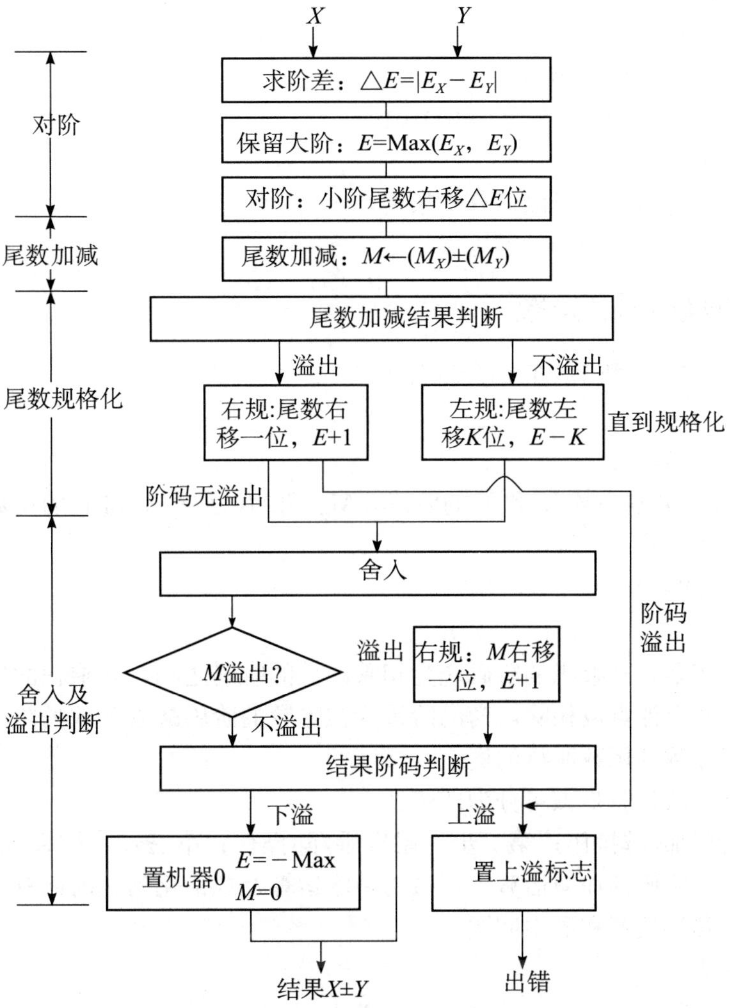

图 3—14　浮点数加减法运算流程

【例 3.12】 $X=0.1101\times 2^{10}$，$Y=0.1011\times 2^{01}$，求 $X+Y$?

解：对浮点数表示如下（阶码 3 位，尾数 6 位）：

$[X]_{浮}=00，010；00.110100$

$[Y]_{浮}=00，001；00.101100$

（1）对阶。

$[\Delta E]_{补}=[E_X]_{补}-[E_Y]_{补}=00，010+11，111=00，001$

阶差为+1，小阶为 Y，将 Y 尾数右移 1 位，得到

$[Y]_{补}=00，010；00.010110$

（2）尾数求和。

$$\begin{array}{r} [M_X]_{补}=00.110100 \\ +\quad [M_Y]_{补}=00.010110 \\ \hline 01.001010 \end{array}$$

$[X+Y]_{补}=00，010；01.001010$

(3) 规格化操作。

对运算结果右规 1 位，得到

$[X+Y]_{补}=00，011；00.100101$

(4) 舍入与溢出处理。

本例中无舍入与溢出，所以运算结果为：

$X+Y=0.100101\times 2^{11}$

3.5.2 浮点数乘除法运算

设有两个浮点数 X 和 Y，它们分别为

$X=2^{E_X}\cdot M_X$

$Y=2^{E_Y}\cdot M_Y$

其中 E_X 和 E_Y 分别为数 X 和 Y 的阶码，M_X 和 M_Y 为数 X 和 Y 的尾数。浮点数乘除法运算规则如下：

$X\cdot Y=2^{(E_X+E_Y)}\cdot(M_X\times M_Y)$

$X/Y=2^{(E_X-E_Y)}\cdot(M_X\div M_Y)$

两个浮点数相乘，其乘积的阶码应为相乘两数的阶码之和，其乘积的尾数应为相乘两数的尾数之积。两个浮点数相除，商的阶码为被除数的阶码减去除数的阶码，其尾数为被除数的尾数除以除数的尾数所得的商。

浮点数的乘除法运算步骤可分为四步：

第一步，阶码加/减操作；第二步，尾数乘/除操作；第三步，结果规格化；第四步，舍入及溢出处理。阶码的加减运算、尾数的乘除运算及规格化问题前面章节已介绍，这里主要讨论阶码的移码运算和溢出问题。

移码的定义为

$[X]_{移}=2^n+X\qquad(-2^n\leqslant X<2^n)$

按此定义，则有

$$\begin{aligned}[X]_{移}+[Y]_{移}&=2^n+X+2^n+Y\\&=2^n+(2^n+(X+Y))\\&=2^n+[X+Y]_{移}\end{aligned}$$

即直接用移码实现求阶码之和时，结果的最高位多加了个 1，要得到正确的移码结果，必须对结果的符号再执行一次求反。

当混合使用移码和补码时，考虑到移码和补码的关系：对同一个数值，其数值位完全相同，而符号位正好完全相反。而 [Y] 补的定义为：

$[Y]_{补}=2^{n+1}+Y\qquad \bmod 2^{n+1}$

则求阶码和用如下方式完成：

$$[X]_{移}+[Y]_{补}=2^n+X+2^{n+1}+Y$$
$$=2^{n+1}+(2^n+(X+Y))$$

即 $[X+Y]_{移}=[X]_{移}+[Y]_{补} \pmod{2^{n+1}}$

同理 $[X-Y]_{移}=[X]_{移}+[-Y]_{补} \pmod{2^{n+1}}$

上述两式表明执行阶码加减时，对加数或减数 Y 来说，应送移码符号位正常值的反码。

如果阶码运算的结果溢出，上述条件不成立。此时，使用双符号位的阶码加法器，并规定移码的第二个符号位，即最高符号位恒用“0”参加加减运算，则溢出条件是结果的最高符号位为“1”。此时，当低位符号位为“0”时，表明结果上溢，为“1”时，表明结果下溢；当最高符号位为“0”时，表明没有溢出；低位符号位为“1”，表明结果为正；为“0”时，表明结果为负。

【例3.13】 $X=0.1110011\times2^{-101}$，$Y=(-0.1110010)\times2^{010}$，求 $X\times Y$?

解：阶码采用双符号位，尾数原码采用单符号位，则有

$[X]_{浮}=11，011；0.1110011$

$[Y]_{浮}=00，010；1.1110010$

(1) 求阶码和。

$[E_X]_{补}+[E_Y]_{补}=11，011+00，010=11，101$，即为$-011$

(2) 尾数乘法。

$[M_X]_{原}\times[M_Y]_{原}=0.1110011\times1.1110010=1.0011001，1001010$

(3) 规格化处理。本例尾数已规格化。

(4) 舍入与溢出处理。按“0舍1入”法进行舍入得到

$[M_X]_{原}\times[M_Y]_{原}=1.0011010$，本例中结果未溢出

所以 $X\times Y=2^{-011}\times1.0011010$

3.5.3 浮点运算器

由于浮点运算分阶码和尾数两部分，因此，浮点运算器的硬件配置比定点运算器复杂。分析浮点四则运算发现，对于阶码只有加减运算，对于尾数则有加、减、乘、除四种运算。可见，浮点运算器主要由两个定点运算部件组成。一个是阶码运算部件，用来完成阶码加、减，以及控制对阶时小阶的尾数右移次数和规格化时对阶码的调整；另一个是尾数运算部件，用来完成尾数的四则运算以及判断尾数是否已规格化。此外，还需有判断运算结果是否溢出的电路等。

现代计算机可把浮点运算部件做成独立的选件，或叫“协处理器”。用户可根据需要选择，也可用编程的办法来完成浮点运算，不过这将会影响机器的运算速度。例如：80×87是美国Intel公司为处理浮点数等数据的算术运算和多种函数运算而设计生产的专用算术运算处理器。

奔腾CPU将浮点运算器包含在芯片内，浮点运算部件采用流水线设计。

·本章小结·

在逻辑函数中，非、或、与、异或是最基本的逻辑关系。在此基础上，三种运算可以

进一步组合，形成更为复杂的逻辑函数关系。加法器是运算器组成的最基本的处理部件。

为运算器构造的简单性，运算方法中算术运算通常采用补码加减法、原码乘除法或补码乘除法。在运算中，还要考虑运算的溢出问题。

为了运算器的高速性和控制的简单性，采用了先行进位、阵列乘除法、流水线等并行技术措施。

定点运算器和浮点运算器的结构复杂程度有所不同。早期微型机中浮点运算器放在CPU芯片外，随着高密度集成电路技术的发展，现已移至CPU内部。

习　题

1. 在定点二进制运算器中，减法运算一般通过（　　）来实现。

A. 原码运算的二进制减法器　　B. 补码运算的二进制减法器

C. 补码运算的十进制加法器　　D. 补码运算的二进制加法器

2. 四片74181ALU和一片74182CLA器件相配合，具有如下进位传递功能（　　）。

A. 行波进位　　B. 组内先行进位，组间先行进位

C. 组内先行进位，组间行波进位　　D. 组内行波进位，组间先行进位

3. 在定点运算器中，无论采用双符号位还是单符号位，必须有（　　），它一般用（　　）来实现。

A. 译码电路，与非　　B. 编码电路，或非门

C. 溢出判断电路，异或门　　D. 移位电路，与或非门

4. 在定点数运算中产生溢出的原因是（　　）。

A. 运算过程中最高位产生了进位或借位

B. 参加运算的操作数超出了机器的表示范围

C. 运算结果的操作数超出了机器的表示范围

D. 寄存器的位数太少，不得不舍弃最低有效位

5. 在浮点数原码运算时，判定结果为规格化数的条件是（　　）。

A. 阶的符号位与尾数的符号位不同　　B. 尾数的符号位与最高数值位相同

C. 尾数的符号位与最高数值位不同　　D. 尾数的最高数值位为1

6. 用补码运算方法求 $X+Y=$？

（1）$X=0.1001$，$Y=0.1100$

（2）$X=-0.0100$，$Y=0.1001$

7. 已知 X 和 Y，用变形补码计算 $X-Y$，同时指出运算结果是否溢出。

（1）$X=11011$，$Y=-11111$

（2）$X=10111$，$Y=11011$

（3）$X=11011$，$Y=-10011$

8. 设有两个十进制：$X=-0.875\times 2^1$，$Y=0.625\times 2^2$。

（1）将 X，Y 的尾数转换为二进制补码形式。

（2）设阶码2位，阶符1位，数符1位，尾数3位。通过补码运算规则求出 $Z=X-Y$ 的二进制浮点规格化结果。

第 4 章　存储器

【学习目标】

- 了解存储器的分级结构、基本组成和分类
- 了解 RAM 和 ROM 存储器的工作原理
- 了解高速存储器技术
- 掌握内存储器扩展技术
- 掌握 Cache 的工作原理和地址映射

4.1　存储器概述

4.1.1　存储器的分级结构

电子计算机刚刚问世的时候，计算机中的存储器是不分内存储器和外存储器的，即存储器不分内存与外存。但随着计算机技术的发展，CPU 计算速度的越来越快，以及人们在使用计算机过程中需要存储的信息量也越来越大，使得人们希望存储器的容量越大越好，速度越快越好，成本越低越好。但这却是互相矛盾的三个方面。速度快的材质，其制造工艺必然精湛，用这种材料做成大容量的存储设备，成本必然要高，而用速度慢的材质做成的存储设备，其速度又很难和高速的 CPU 相匹配。人们为了解决这三个方面的矛盾，提出了多级存储器体系结构的构想，即一个计算机的存储器由高速缓冲存储器、内存储器和外存储器构成，如图 4—1 所示。

高速缓冲存储器简称“Cache”，它是计算机系统中的一个高速、小容量半导体存储器，主要用于和 CPU 的信息传递。其特点是存取速度非常快，能够满足现在高速的 CPU 的存取信息，但存储容量很小，所以成本不会很高。

内存储器简称“内存”，用来存放计算机运行期间的大量程序和数据。它主要用于和 Cache 的信息交换，高速缓冲存储器再与 CPU 打交道。目前，内存储器一般由 MOS 存储器组成，其特点是存储速度较快，容量较大。

外存储器简称“外存”。它是大容量存储器，主要由成本比较低的磁性材料构成，其特点是存储容量很多，但成本不高。通常用来存放系统程序和大量的用户文件。

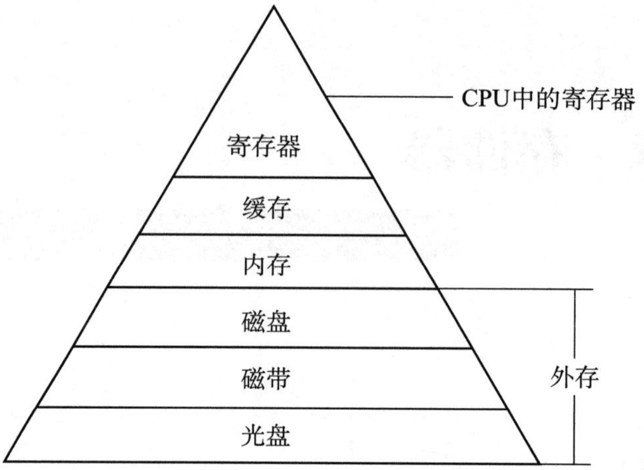

图 4—1　存储器的分级结构

上述三种类型的存储器形成了计算机的三级存储器管理结构，它们之间的关系如图 4—2 所示。

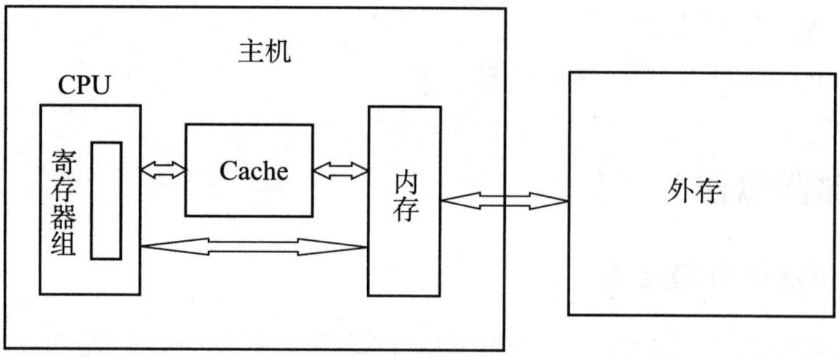

图 4—2　三级存储器之间的关系

用户在计算机中存放程序时，首先存放在外存中，当需要对程序进行运行时，系统把程序从外存调入到内存中，再通过高速缓存传送到 CPU。通过存储器分级结构，解决了存储器容量大、速度快、成本低三者的矛盾，现代的计算机系统基本都采用这样的存储层次结构。

4.1.2　存储器的基本构成

存储器的作用是用来存放信息。计算机中信息包括输入的原始数据、计算机程序、中间运行结果和最终运行结果。那么，这个可以帮助计算机存放所有信息的设备由什么构成的呢?

我们知道，在数字计算机中，任何信息都是用二进制数“0”、“1”的不同组合序列来表示的，因此，存储器要存放的全部信息无非是许许多多的二进制代码，从而，我们可以得出存储器的基本构成部件必然是能够存放一位二进制代码“0”或“1”的物理器件。我们把这种存储一位二进制代码、存储器的最小组成单位叫做“存储元”。由若干个存储元组成一个存储单元，然后再由许多存储单元组成一个存储器，如图 4—3 所示。因此，了解一种存储器，最先要了解的是它的存储元电路。

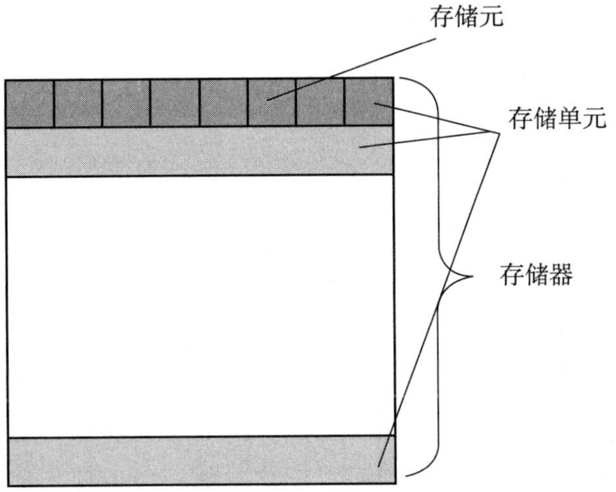

图 4—3　存储器基本组成

另外，对于存储器中存放的信息来说，不仅要能够存放，还要能够随时读取。那么怎样才能做到这一点呢?

这个问题就如同我们现实生活中一个学校的宿舍与学生的关系，学校的一个宿舍就好比是一个存储单元，每个宿舍中的床位就好比是一个存储元，而一个学生就好比是要存放的数据。下课后学生回到宿舍，就好像不同的数据存放到了不同的存储单元中，那么怎样才能在一个学校的那么多的宿舍中找到我们要找的一个学生呢？显然，我只有知道他的宿舍号码才可以。同理，信息存放到存储单元之后，还能做到随时读取，我们就必须给每一个存储单元编上号码。我们把这种号码叫做“单元地址”。有了这些单元地址，系统就可以根据这些地址来存放和读取信息。不同的是现实生活中编门牌号用的是十进制数，而在计算机中为存储单元编地址则必须用二进制数“0”、“1”。

十进制数只有十个数码，但宿舍的个数则比十个要大得多，因此现实生活中给宿舍编号时，采用多位十进制的组合来解决这个问题。例如：101、102、1105、1106 等。计算机中二进制的数码只有两个，而存储单元的个数却更多。例如：64K 的内存中就有65 536 个存储单元。因此，给存储器中的存储单元编地址时，肯定也是多位二进制的组合。根据存储单元的个数，采用不同位数的二进制编码。例如：有 16 个存储单元的一个存储器，它的单元地址必然是 0000 到 1111 的二进制编码；1K 的存储器，它的单元地址必然是 0000000000 到 1111111111 的二进制编码。

有了存储器单元地址，可以区分每个存储单元，但当系统得到一个二进制编码的存储地址时，系统是怎样找到这个地址对应的单元的呢？例如：一个 1K 的存储器，它的存储单元地址必然是从 0000000000 到 1111111111，那么 1000101011 这个地址对应的又是哪个存储单元呢？给出一个二进制代码，要在众多个存储单元地址中找到与之对应的单元，译码器有这样的功能。因此，可以推出，存储器的核心部件必然是存储单元和地址译码器。其构成原理图如图 4—4 所示。

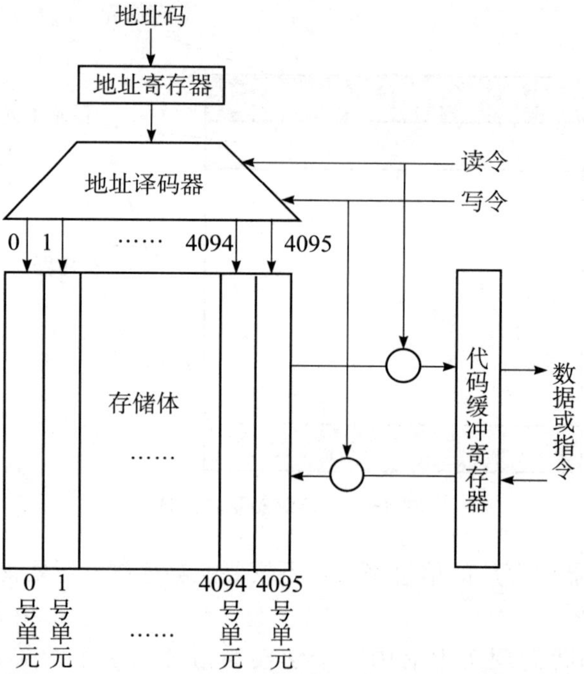

图 4—4　存储器构成原理图

图 4—4 中为了表示方便，其存储单元地址用十进制数给出，而地址寄存器的作用是暂时存放地址代码的，代码缓冲寄存器的作用是暂时存放读出或写入时的数据代码。

4.1.3　存储器的分类

目前，构成存储器的存储介质主要有半导体器件和磁性材料两种。半导体器件构成的存储器，速度比较快，常用来制作内存和高速缓存，而磁性材料构成的存储器速度相对比较慢，常用来制作外存。因为，在计算机中，真正与 CPU 打交道的存储器是高速缓存或内存，因此，我们这里主要介绍半导体存储器的分类情况，如图 4—5 所示。

- 半导体存储器
  - RAM
    - 双极型
    - MOS 型
      - 静态 RAM
      - 动态 RAM
  - ROM
    - MROM
    - PROM
    - EPROM
    - EEPROM

图 4—5　半导体存储器的分类

半导体存储器分为随机存储器（RAM）和只读存储器两种（ROM）。随机存储器是既能读出又能写入的存储器，又分为双极型和 MOS 型两类。双极型 RAM 工作效率高，但制造工艺复杂，功耗大，集成度低，主要用于高速工作的场合。MOS 型 RAM 又分静态 RAM 和动态 RAM 两种，制造工艺简单，成本低，功耗小，集成度高，工作效率比双极型 RAM 低。RAM 的优点是读写方便，使用灵活，但断电后 RAM 中的信息会丢失，所以它是易失型存储器。

只读存储器存储的内容是固定不变的，只能读出而不能写入。除非用特殊的设备，否则很难改变其中存储的信息，只读存储器又分为掩膜只读存储器（MROM）、一次编程只读存储器（PROM）、光可擦除只读存储器（EPROM）和电可擦除只读存储器（EEPROM）等几种，只读存储器最大的优点是具有不易失性，即使切断供电电源，ROM 中存储的信息也不会丢失。

4.2 随机存储器

4.2.1 SRAM 存储器

1. 基本存储元电路

SRAM 存储器基本存储元采用 6MOS 管的存储电路，如图 4—6 所示。

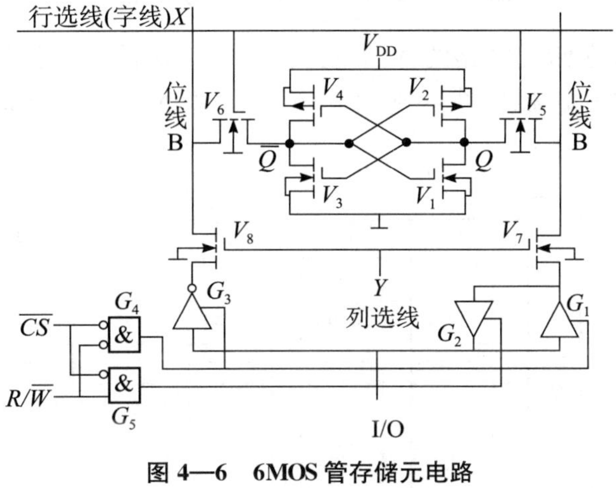

图 4—6　6MOS 管存储元电路

图中由 V_1～V_6 六个 MOS 管组成了基本的触发器电路，V_5、V_6 管犹如开关，受行地址选择信号的控制。若字线 X 被选通，则 V_5、V_6 管导通，若字线 X 没有被选通，则 V_5、V_6 管截止，整个存储元电路以 Q 点的状态来表示触发器的状态，即 Q 点为高电平，表示存储元电路存的是“1”；Q 点为低电平，表示存储元电路存的是“0”。

若 Q 点为高电平，则 V_3 管导通，牵制 $\overline{Q}$ 点为低电平，而 $\overline{Q}$ 点为低电平，又使得 V_1 管截止，Q 点电荷不流失，牵制 Q 点始终为高电平，Q、$\overline{Q}$ 两点的电位互相牵制使整个电路达到一个稳定状态。该电路有 Q 为高和 Q 为低两种稳定的状态。因此，可以用该电路存放一位二进制的值。

G_4、G_5 和三态门 G_1～G_3 构成读/写控制电路。当片选端 $\overline{CS}$ 有效，$R/\overline{W}$ 为高电平时，G_1、G_3 门截止，G_2 门导通，则 Q 点的值顺着 G_2 门输出到 I/O，此时是读状态；当片选端

$\overline{CS}$有效，$R\overline{W}$为低电平时，G_1、G_3门导通，G_2门截止，则 I/O 上值的两种不同状态顺着 G_1、G_3 输入到 Q 点，此时是写状态。

当然，以上论述的是一种理想状态，这种理想状态的前提是：当 V_1 管截止时，Q 点的电荷不流失，或 V_3 管截止时 $\bar{Q}$ 点的电荷不流失。但实际上，虽然 MOS 管的栅极电阻很高，却仍然会有少量电荷从栅极泄漏，时间一长，会改变电路的状态。因此，为了弥补从 V_1 或 V_3 管栅极上泄漏的电荷，外接电源通过负载管 V_2、V_4 补充电荷。

2. SRAM 存储器的构成

了解了存储元电路后，我们再来看如何利用这种电路构成存储器，为了作图方便，我们将上面的存储元电路做一个简化，如图 4—7 所示。

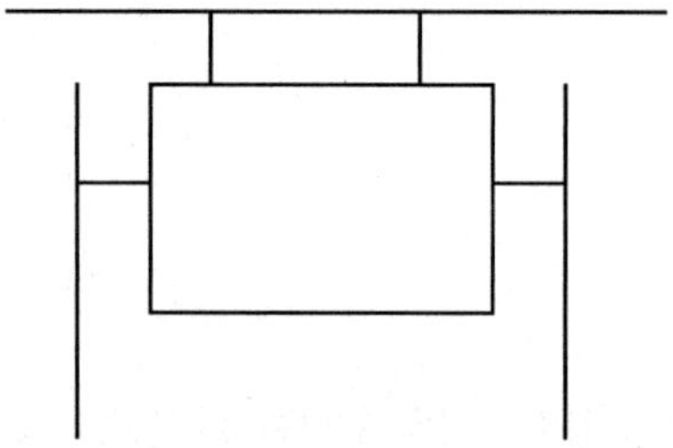

图 4—7　6MOS 管存储元的简化电路

我们把 6MOS 管存储元电路的存储电路当作一个黑匣子，仅仅画出其构成存储器时主要用的一根字线和两根位线，则用 6MOS 管存储元电路构成存储器的情况如图 4—8 所示。

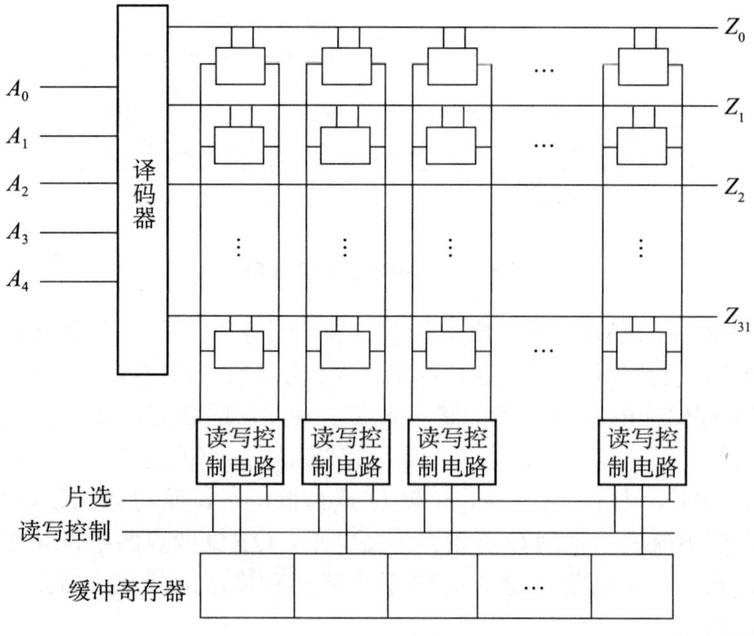

图 4—8　6MOS 管电路构成存储器示意图

图 4—8 所示为一个由 256 个 6MOS 管存储元电路、地址译码器、读写控制电路等采用单译码的形式构成的有 32 个字节的存储器。存储器中用于地址译码的译码器只有一个，存储元电路中仅 X 向字选择线有用。现在往该存储器中单元地址为 00001 的存储单元中写入二进制序列 10000101，其执行过程是：将写入数据 10000101 送到缓冲寄存器中，设置片选端和写控制有效，则缓冲寄存器中每一位的值通过 I/O 端写入，同时向地址译码器送上写入的单元地址 00001，地址译码器开通字线 Z_1，因为，所有的字线中只有 Z_1 选通，I/O 端的值只能写入这一行存储单元中，而其他存储单元的值不会发生改变。这样，我们就将一组数据写入到指定的存储单元中。

上例中存储器的存储单元很少，我们采用了单译码的形式。但现实中存储器的存储单元往往有很多，现在的存储器容量一般都达到 M 或者 G 的级别，如果我们仍然采用单译码的方式，则译码器右端的选择字线将会有很多，不利于存储器的集成，因此，现在的大容量存储器一般采用双译码的形式。双译码形式构成存储器时地址译码器有 X 向和 Y 向两个，存储元电路中的 X 向字选择线和 Y 向字选择线均有作用，行选择线的使用与单译码形式相同，当列选择线为低电平“0”时，V_7、V_8 均截止，封锁了存储元电路中位线与 I/O 端的通路，使存储元的数据不能读出，也不能被外信号改写。当列选线为高电平“1”时，V_7、V_8 导通，此时对存储元电路可以进行读/写操作。例如：一个容量为 4K 的存储器采用双译码形式构成时，其俯视面构成情况如图 4—9 所示。

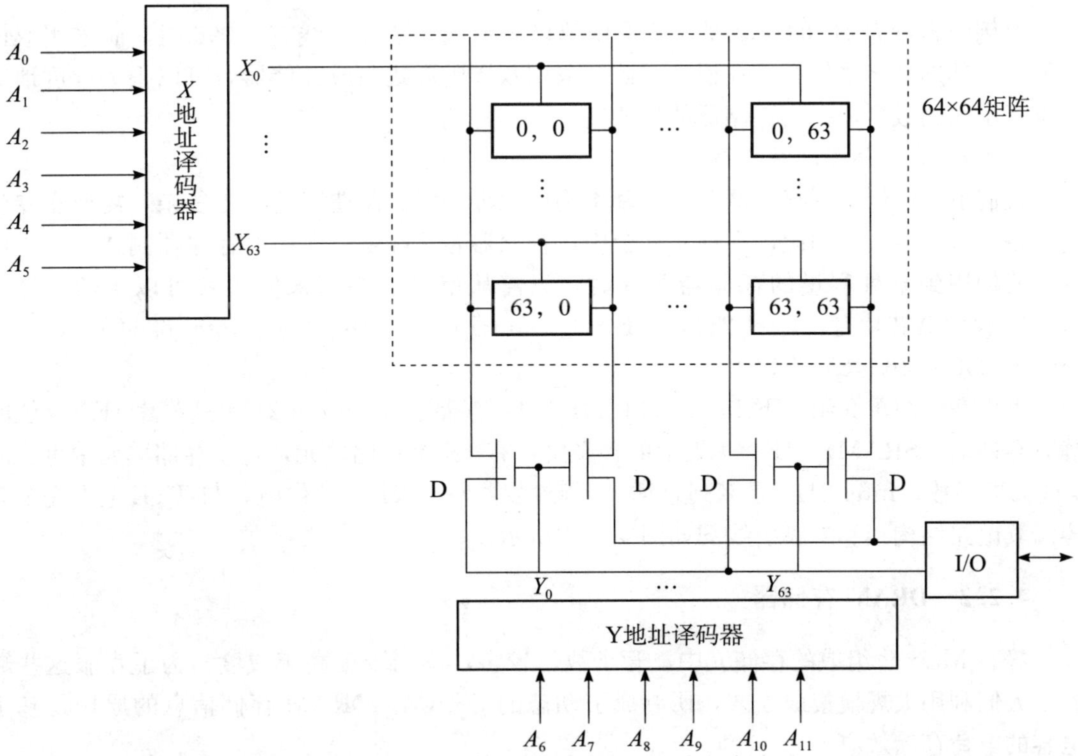

图 4—9 双译码存储器俯视面示意图

图 4—9 中一个内存地址找到的是存储器中的一个存储元，因而将几层都是这样的存储电路重叠在一起，并将几层的地址输入线并接在一起，则可以通过一个地址找到一个存储单元，如图 4—10 所示。

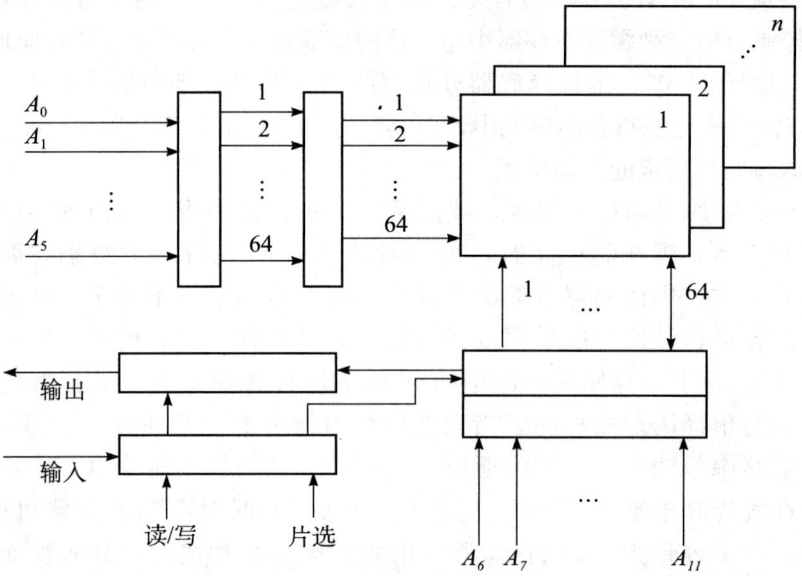

图 4—10　双译码存储器示意图

上例中容量为 4K 的存储器，若采用单译码形式，选择字线有 4 096 根，而采用双译码形式，其选择字线仅有 128 根。因此，采用双译码形式构成存储器，可以很大程度地减少选择字线的数目，提高存储器的集成度。

3. *SRAM 存储器芯片介绍*

我们虽然已经掌握存储器芯片的基本构成原理，但其制造工艺相当复杂，需要有专门的设备才可以生产。因此，在现实社会中，存储器芯片都是由专门的存储器制造厂商生产的，我们用到某种容量的存储器芯片时，只需从市场上买回来使用就可以了。常见的 SRAM 存储器芯片有：Intel 2114（1K×4）、Intel 6116（2K×8）、Intel 6264（8K×8）、Intel 62256（32K×8）等。

下面我们简单介绍一下 Intel 2114（1K×4）存储芯片。Intel 2114 是单片 1K×4 位的静态存储器（SRAM），1K×4 表示的含义是：有 1K 个存储单元，每个存储单元中可存放 4 位二进制数，Intel 2114 是双列直插 18 脚封装器件，采用 5V 供电，与 TTL 电平完全兼容。其电路结构图和外脚引线图如图 4—11 所示。

4.2.2　DRAM 存储器

静态 MOS 管组成的存储元中，管子数目较多，不利于提高集成度。为了克服这些缺点，人们利用大规模集成工艺，研制成了动态的 DRAM。DRAM 存储信息的原理是基于电容的电荷存储效应。

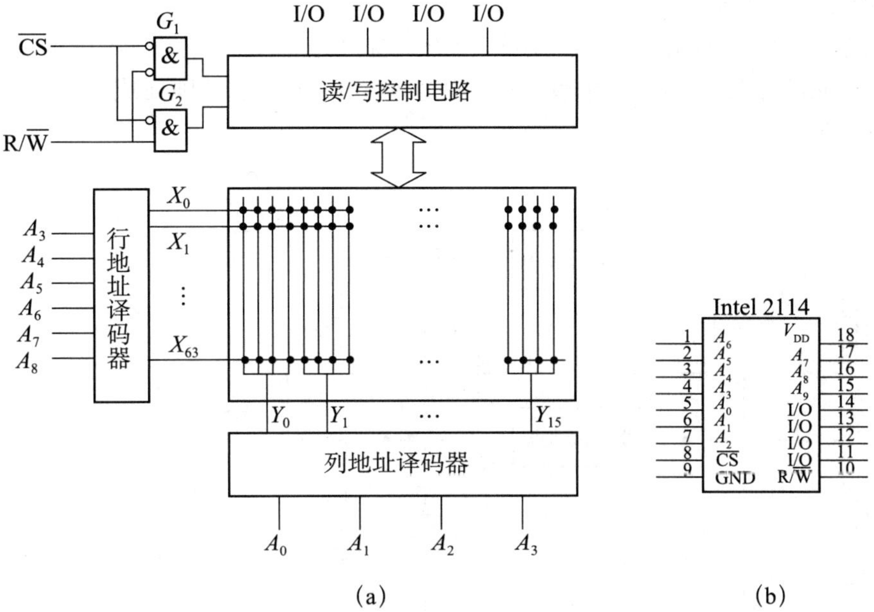

图 4—11　Intel 2114 电路结构图和管脚引线图

1. 基本存储元电路

DRAM 存储器基本存储元一般采用单 MOS 管存储元电路，如图 4—12 所示。

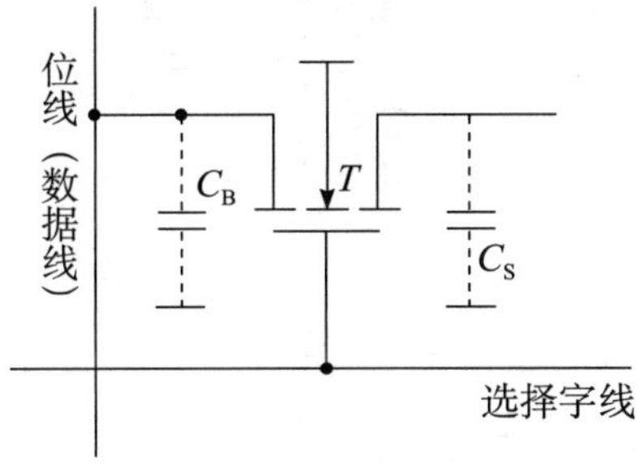

图 4—12　单管动态存储元电路

单管动态存储元电路仅由一个 MOS 管和一个电容 C_s 组成。

读出时，字线上的高电平使 MOS 管 T 导通。若 C_s 有电荷，经 T 管在数据线上产生电流，可视为读出“1”；若 C_s 无电荷，则数据线上无电流，可视为读出“0”。

写入时，字线为高电平使 MOS 管 T 导通，若数据线上为高电平，经 MOS 管 T 对 C_s 充电使其存“1”；若数据线为低电平，则 C_s 经 MOS 管 T 放电，使其无电荷而存“0”。

单管动态存储元电路构成存储器芯片时，由于元件数量少，因而集成度很高，但因读“1”和“0”时，位线上的电平差别很小，需要有高鉴别能力的读出放大器配合工作。同时，由于单管电路本身是破坏性读出以及电容电荷总是有泄漏，因此，用其构成的存储器电路必须具备再生能力和刷新电路。

构成动态存储器的存储元电路还有四管存储元电路和三管存储元电路，在这里不再一一介绍了。

2. DRAM 存储器的构成

下面我们以 DRAM 芯片 4116（16K×1 位）来了解 DRAM 存储器的构成。

4116 存储芯片共有 16K 个单管 MOS 基本单元电路，它们排列成 128×128 的矩阵，如图 4—13 所示。

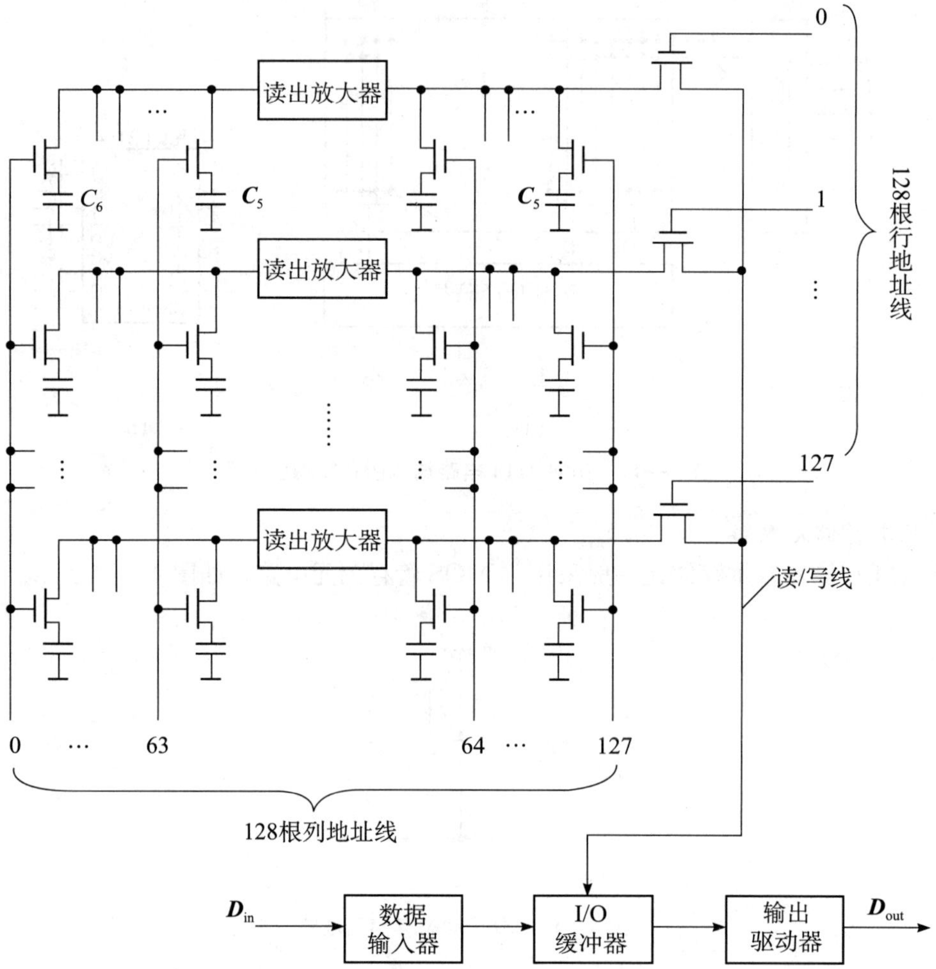

图 4—13　单管动态存储元电路

图 4—13 中有 128 根行地址线、128 根列地址线。128 根行地址线通过一个 MOS 管（行地址选择管）连接 128 个读出放大器，128 根列地址线分布在读出放大器的左、右两侧（左侧为 0～63 列，右侧为 64～127 列）。128 个行地址选择管的输出又互相并接在一起与 I/O 缓冲器相连，I/O 缓冲器的一端接输出驱动器，作为数据输出；另一端接输入器，作为数据输入。

读出时，分别输入行地址和列地址。列地址经译码后选中一列，使该列上所有的 MOS 管均导通，并分别将其电容 C_s 上的电荷反映到 128 个读出放大器的某一侧（第 0～63 行反映到读出放大器的左侧，第 64～127 行反映到读出放大器的右侧）。读出放大器实质上是个触发器，其左右两侧电平相反。此时，行地址经译码后选中某一行，该行的行地址选择管导通，即可将读出放大器右侧信号经读/写线、I/O 缓冲器输出至 D_{out} 端。例如：选中第 63 列、第 0 行的单管 MOS 电路，其 C_s 有电荷为“1”状态，则反映到第 0 列读出放大器的左侧为“1”，右侧为“0”，经列地址选择管输出至 D_{out} 为“0”，与原存信息反相。同理，第 0～63 列经读出放大器至输出线 D_{out} 的信息与原存信息均反相，而读出第 64～127 行时，因它们的电容 C_s 上的电荷均反映到读出放大器的右侧，故经列地址选择管输出至 D_{out} 的信息为同相。

写入时，分别输入行地址和列地址。列地址经译码后选中一列，行地址经译码后选中某一行，该行的行地址选择管导通，输入信息 D_{in} 通过数据输入器，经 I/O 缓冲器送至读/写线上，但只有被选中的行地址选择管导通，读/写线上的信息送至该行的读出放大器上，使读出放大器的右侧与输入信息同相，左侧与输入信息反相，读出放大器的信息便可写入到选中列的电容 Cs 中。例如：选中第 64 列、第 127 行，输入信息为“1”，则第 127 行地址选择管导通，将“1”信息送至第 127 行的读出放大器右侧。虽然第 64 列上的 128 个 MOS 管均导通，但唯有第 64 列、第 127 行的读出放大器右侧的信息“1”能对电容 C_s 充电，使其写入“1”。值得注意的是写入读出放大器左侧列的信息与输入信息都是反相的，而由读出过程分析又知，对读出放大器左侧列进行读操作时，读出的信息也是反相的，故最终结果是正确的。

3. DRAM 存储器芯片介绍

常见的 DRAM 存储器芯片有 Intel 2116、Intel 4116 等。值得注意的是，为了减少芯片封装的引脚数，常采用地址锁存技术来减少芯片中的地址引脚。Intel 2116 芯片的结构示意图和管脚图如图 4—14 所示。

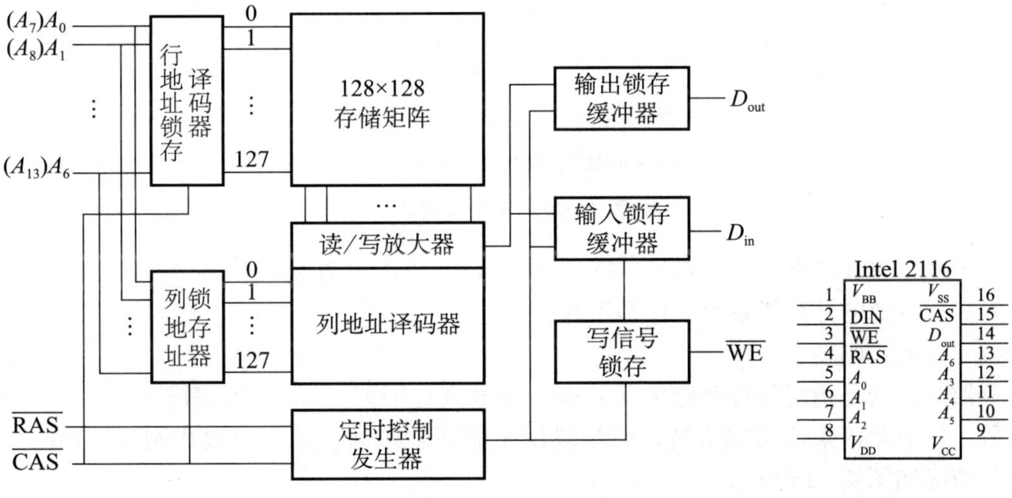

(a) Intel 2116芯片结构图　　　　(b) 管脚图

图 4—14　Intel 2116 芯片结构示意图和管脚图

图 4—14 说明：由于 DRAM 集成度高，多用于制作容量较大的存储器芯片。因为地址线较多，因此制作过程中不再是有多少地址信号就设置多少引脚输入，而是采用将地址分为行地址和列地址的方法输入，行地址和列地址共用一组地址信号引脚。当行选通信号有效时，在地址信号引脚上输入行地址；当列选通信号有效时，在地址信号引脚上输入列

地址。同时在存储器中设置两片锁存芯片，在不同的锁存芯片中分别记忆两次输入的地址。

4. DRAM 存储器芯片的刷新

DRAM 存储芯片由于是利用电容上的电荷来存放信息，而电容本身有漏电的情况，因此，动态 MOS 存储器必须要有刷新电路，为电容弥补泄漏的电荷。刷新的过程实质上是先将原存的信息读出，再由刷新放大器放大信息并重新写入的再生过程。由于存储单元被访问是随机的，有可能某些存储单元长期得不到访问，无读出也就无重写，其原电容上积累的电荷因放电而使所有信息消失。为此，必须采用定时刷新的方法。电容的漏电泄放时间是 2ms（毫秒），因此，一般的动态 MOS 存储器每隔 2ms 必须对动态 RAM 的全部基本单元电路作一次刷新，这个时间叫做“刷新周期”，或叫“再生周期”。在刷新周期内，由专用的刷新电路对基本单元电路进行刷新。

常用的刷新方式有三种：

（1）集中式刷新。

集中式刷新是在规定的一个刷新周期内，集中一段时间对全部存储单元进行刷新，此刻必须停止读/写操作。如 Intel 2116 动态 RAM 芯片内排列成 128×128 矩阵，读/写周期为 0.5μs，连续刷新 128 行需 64μs（占 128 个读/写周期），在刷新周期 2ms 内含 4 000 个读写周期，实际分配是前 3 782 个周期（1 936 ms）用于读/写操作或维持，后 128 个周期（64ms）用于刷新，如图 4—15 所示。

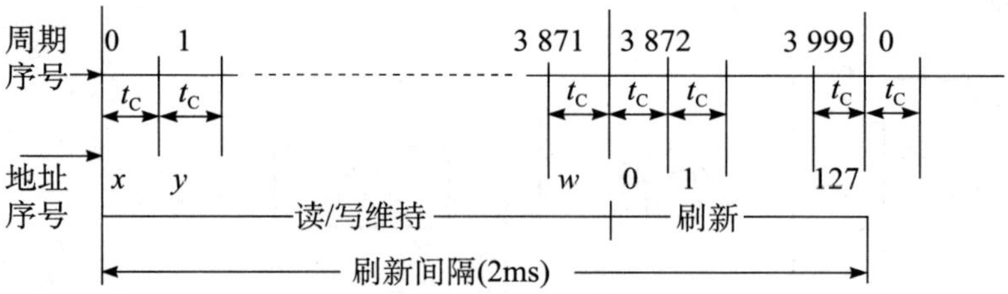

图 4—15　集中式刷新

这种刷新方式缺点在于出现了访存“死区”，其所占比例为 32/4 000×100％＝0.8％，显然对高速高效的计算机系统工作是不利的。

（2）分散式刷新。

分散式刷新是指对每行存储单元的刷新分散到每个读/写周期内完成。把存取周期分成两段，前半段用来读写或维持，后半段用来刷新。例如：采用分散式刷新。Intel 2116 的刷新情况如图 4—16 所示。

显然，这种刷新克服了集中刷新出现“死区”的缺点，但本来只需在 2ms 内进行一次刷新，现在却变成了 128μs 刷新一次，刷新的频率太快，功耗会增大。

（3）异步式刷新。

异步式刷新是集中式刷新和分散式刷新相结合的刷新方式，既克服出现“死区”，又充分利用最大刷新间隔为 2ms 的特点。例如：对 Intel 2116，可采取在 2ms 内对 128 行各刷新一遍，即每隔 15.625μs 刷新一行，而每行刷新的时间仍为读/写周期 0.5μs。这样，

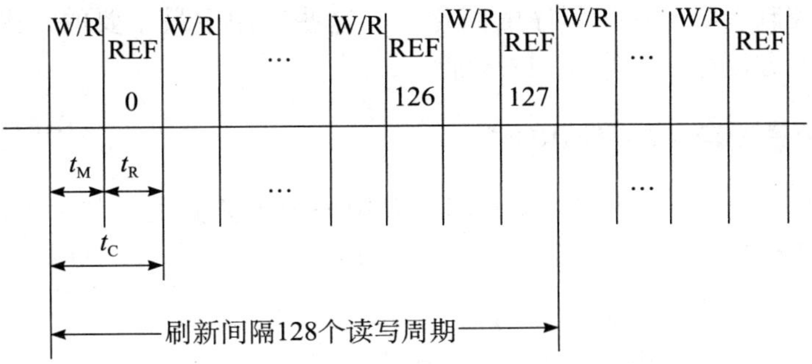

图 4—16　分散式刷新

刷新一行只停止一个读/写周期，即对每行来说，刷新时间仍为 2ms，而“死区”缩短为 0.5μs。而且，我们可以利用 CPU 对指令的译码阶段，即 CPU 不会访问内存的这段时间，安排动态 RAM 的刷新操作。这样，既不会出现集中刷新的“死区”问题，又解决了分散刷新独立占据 0.5μs 的读/写周期问题。因此，从根本上提高了整机的工作效率。其刷新情况如图 4—17 所示。

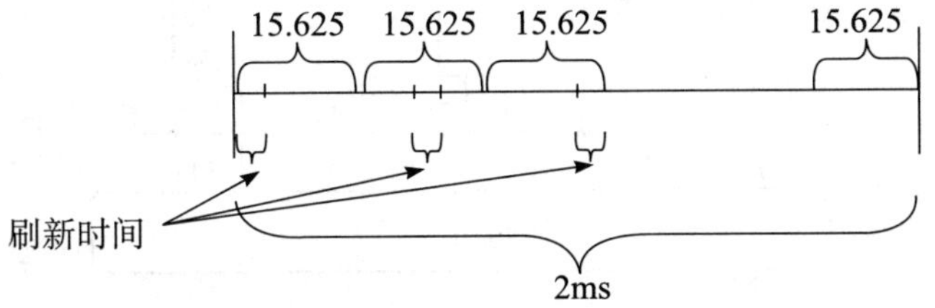

图 4—17　异步式刷新

4.2.3　DRAM 存储器与 SRAM 存储器的比较

目前，动态 RAM 的应用比静态 RAM 要广泛得多。其原因是：第一，在同样大小的芯片中，动态 RAM 的集成度远高于静态 RAM。如动态 RAM 的基本单元电路为一个 MOS 管，静态 RAM 的基本单元电路为 6 个 MOS 管；第二，动态 RAM 行、列地址按先后顺序输送，减少了芯片引脚，也减小了封装尺寸；第三，动态 RAM 的功耗仅为静态 RAM 的 1/6；第四，动态 RAM 的价格仅为静态 RAM 的 1/4。当然动态 RAM 也有缺点：第一，由于使用动态元件（电容），因此它的速度比静态 RAM 低；第二，动态 RAM 需要再生，故需配置再生电路，也需要消耗一部分功率。因此，动态 RAM 由于其高集成度和廉价性被广泛用作计算机中大容量的内存。而静态 RAM 由于其高速的读取速度和高昂的造价，主要用作计算机中小容量的高速缓冲存储器（Cache）。

4.3　只读存储器

只读存储器简称“ROM”，它的最大优点是具有不易失性。根据编程方式不同，ROM 通常分为 MROM、PROM、EPROM 和 EEPROM 等多种。ROM 在计算机系统中具有广泛的应用，如计算机初始引导和加载程序的固化、微程序控制器的设计、字符图形发生器的设计、控制系统中用户程序的固化等。这些应用中最主要的是固化程序和数据，以提高系统应用的方便性、可靠性和安全性。

4.3.1　掩膜只读存储器（MROM）

MROM是最早使用的一种只读存储器，采用掩膜工艺制成，其内容由厂方生产时写入，用户只能读出使用而不能改写，如图4—18所示。

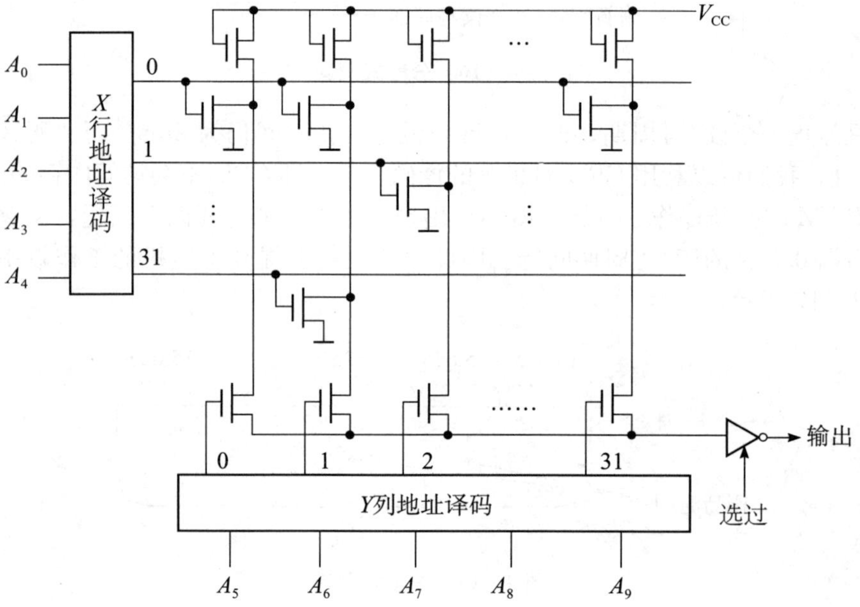

图4—18　掩膜ROM

厂商事先按照存“1”处跨接MOS管，存“0”处悬空的方法制造芯片。读数时，若行选择线与列选择线交叉处有MOS管，因其导通接地而使列线输出为低电平，经读出放大器反相为高电平，输出“1”；若行选择线与列选择线交叉处无MOS管，则该列线与电源V_{CC}相接，输出高电平，经读出放大器反相为“0”输出。芯片造成后，不可能再更改电路中的MOS管，因而，用户对芯片中的数据只能读出，不能改写。

4.3.2　一次编程只读存储器（PROM）

在MROM的使用过程中，人们发现这种芯片很不方便，人们更希望ROM芯片中的数据可根据自己的要求写入，因而设计了PROM。PROM是可以实现一次编程的只读存储器，其结构图如图4—19所示。

PROM的基本单元电路是由双极型电路和熔丝构成的。在这个电路中，基极由行选择线控制，发射极与列线之间形成一条镍铬合金薄膜制成的熔丝（可用光刻技术实现），集电极接电源V_{CC}。用户在使用前可按需要将信息存入行、列交叉的耦合元件内。若欲存“0”，则置耦合元件一个大电流，将熔丝烧掉；若欲存“1”，则耦合处不置大电流，熔丝不断。当被选中时，熔丝断掉处将读得“0”，熔丝未断处将读得“1”。当然，已断的熔丝

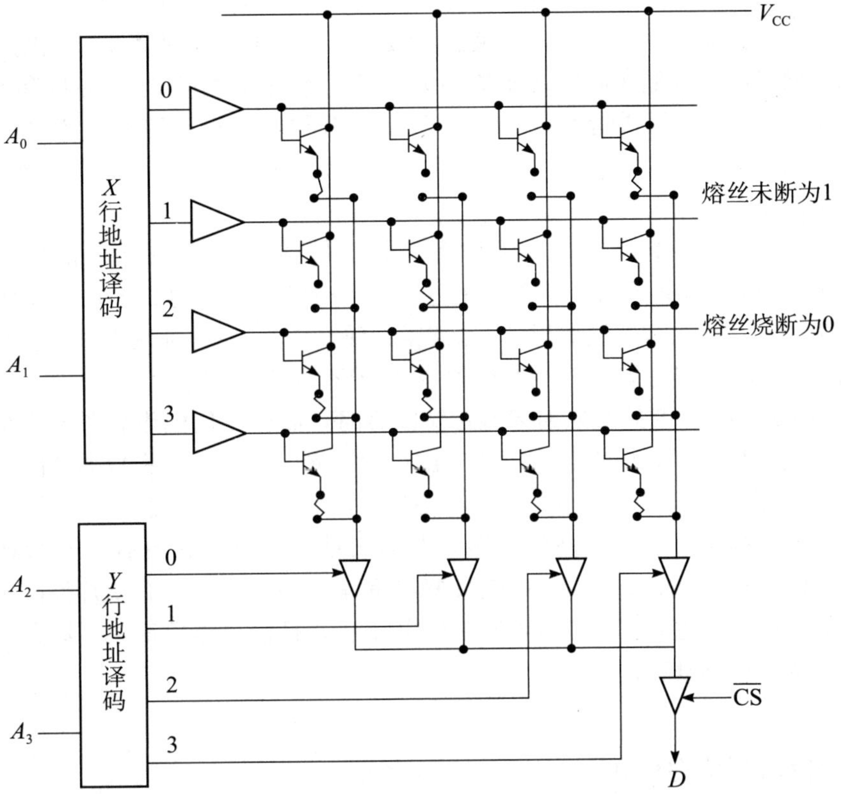

图 4—19 PROM

是无法再恢复的，故这种 ROM 往往只能实现一次编程，不得再修改。

4.3.3 多次编程只读存储器（EPROM，EEPROM）

PROM 存储器中的内容虽然由用户自己写入，但却只能写入一次，如果在写入过程中发生错误将无法修改，芯片只能报废。因此，人们又发明设计了可以由用户对所存信息作多次改写的可擦除多次编程只读存储器 EPROM 和 EEPROM。

构成可擦除多次编程只读存储器的存储元电路，如图 4—20 所示。

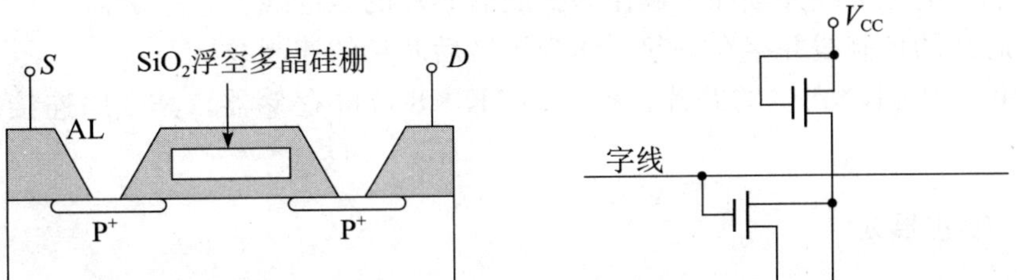

图 4—20 P 沟道 EPROM 结构示意图和基本存储元电路

P沟道EPROM结构示意图中有一个多晶硅做的浮空栅极，被绝缘体SiO_2包围，管子制造时，栅极上没有电荷，因此，源极和漏极之间不导电。这种管子按照图示基本存储元电路构成存储矩阵，存储矩阵的初始值均为“1”。当写入“0”时，在D和S极之间加上25V高压，D、S极之间瞬间击穿，有电子注入到浮空栅极；当高压电源去除后，因为浮空栅极被绝缘体包围，注入的电子无处泄漏，浮空栅极变负，形成导电沟道，从而使EPROM存储元导通，输出为“0”。

一旦用户需重新改变其状态时，可用紫外线照射，使浮动栅极电荷形成光电流释放，再按需要对不同位置的MOS管重新置于正电压，则得到新状态的ROM。这种存储芯片的改写方法有两种。一种用紫外线照射的方法擦除存储内容；另一种用电气方法擦除存储内容。我们把用紫外线照射擦除内容的存储器叫“EPROM”，把用电气方法擦除存储内容的存储器叫“EEPROM”。紫外线照射擦除存储内容时，需要专门的设备长时间的照射才能清除内容，因此，我们不必担心芯片中的数据在太阳光的照射下丢失数据的问题。

我们经常使用的闪存盘就是在EPROM和EEPROM工艺基础上产生的一种新型的、高速的、性价比更高、可靠性更高的可擦写非易失性存储器。它既有EPROM的价格便宜、集成度高的优点，又有EEPROM电可擦洗重写的特性。它具有整片擦除的特点。其擦除、重写的速度快，擦写时只需5V的工作电压，并且接口电路简单，因此，逐渐变成我们最为常用的一种移动存储器。

4.4 内存储器的扩展

目前，生产的单片存储芯片的容量是有限的，在字数和字长方面很难满足实际内存储器的需要，因此，必须将若干存储芯片连在一起组成足够容量的内存储器，这就叫“存储容量的扩展”。通常用位扩展、字扩展和字位同时扩展三种方法进行存储容量的扩展。

4.4.1 位扩展法

当存储芯片所能提供的数据位数不能满足存储器的字长要求时常用位扩展法进行扩展。位扩展法为：

（1）各芯片的数据线并行输出作为扩展后芯片的数据线。

（2）各芯片的地址线并接在一起作为扩展后芯片的地址线。

（3）各芯片的控制线并接在一起，作为扩展后芯片的控制线。

例如：将2片1K×4位的芯片，扩展为1K×8位的存储器，其线路连接如图4—21所示。

4.4.2 字扩展法

当存储芯片容量比较小，需扩大存储器存储容量时采用字扩展法进行扩展，即采用多片串联的方法扩大存储器容量。

字扩展法为：

（1）各芯片的数据线并接在一起作为扩展后芯片的数据线。

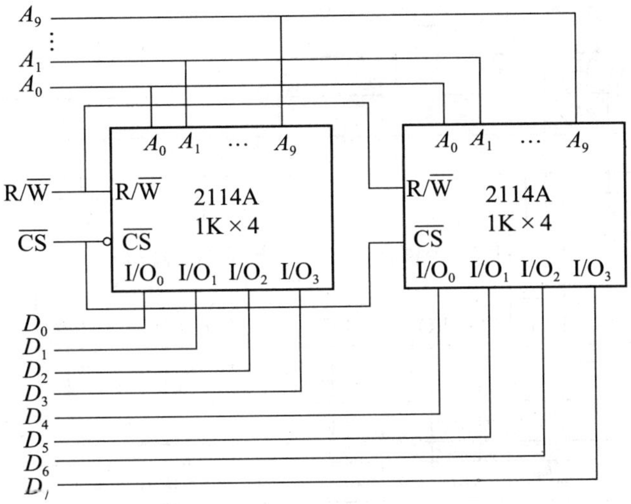

图 4—21　位扩展线路连接图

(2) 各芯片的控制线并接在一起，作为扩展后芯片的控制线。

(3) 各芯片的地址线并接在一起，作为扩展后芯片地址线的低位，扩展的地址线通过译码器产生片选信号，接各存储芯片的片选端，以选择芯片。

例如：将 2 片 1K×4 位的芯片，扩展为 2K×4 位的存储器，其线路连接如图 4—22 所示。

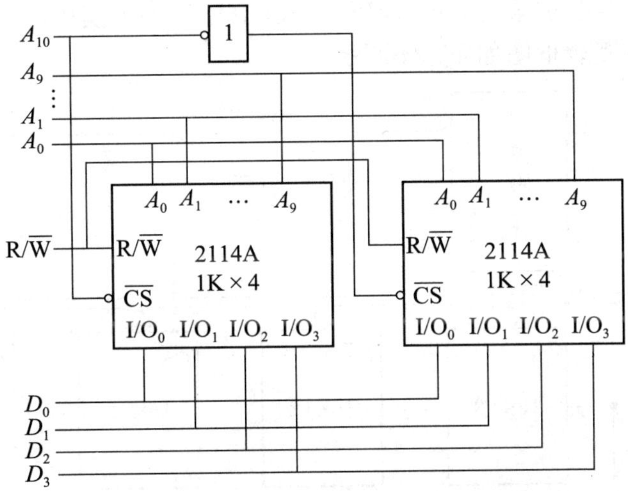

图 4—22　字扩展线路连接图

4.4.3　字位同时扩展法

字位同时扩展是指既要增加输出的位数，又要增加存储芯片的容量。当存储器的位线和字线都需要扩展时，一般是先进行位扩展，然后再进行字扩展。例如：将 4 片 1K×4 位的芯片，扩展为 2K×8 位的存储器，其线路连接如图 4—23 所示。

【例 4.1】 用 16K×8 位的 SRAM 芯片构成 64K×16 位的存储器，要求画出该存储器的组成逻辑框图。

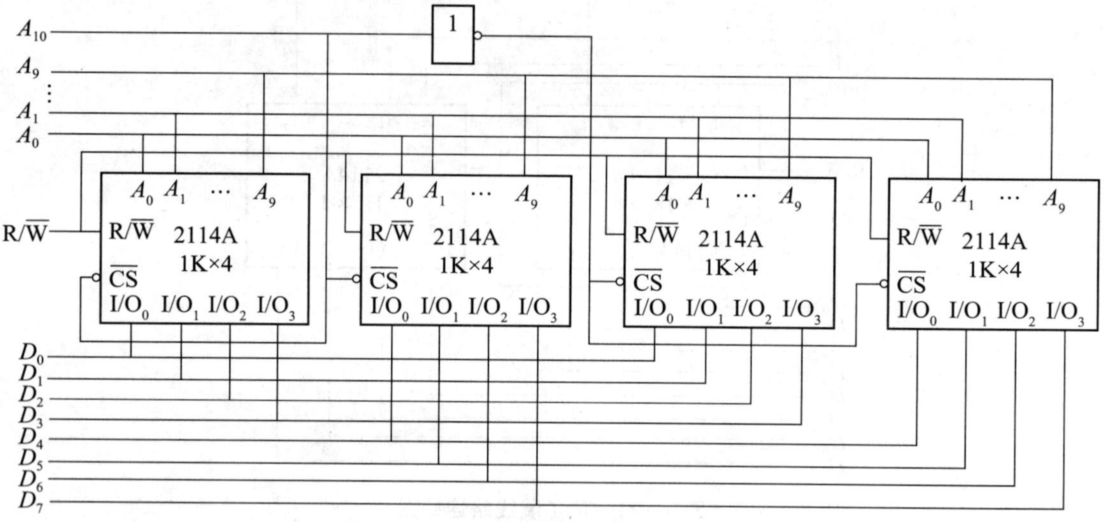

图 4—23 字位同时扩展线路连接图

解： 存储器容量为 64K×16 位，其地址线为 16 位（$A_{15}-A_0$），数据线也是 16 位（$D_{15}-D_0$）

SRAM 芯片容量为 16K×8 位，其地址线为 14 位，数据线为 8 位，因此组成存储器时须字位同时扩展。字扩展采用 2∶4 译码器，以 16K 为一个模块，共 4 个模块。位扩展采用两片串接。组成逻辑框图如 4—24 所示。

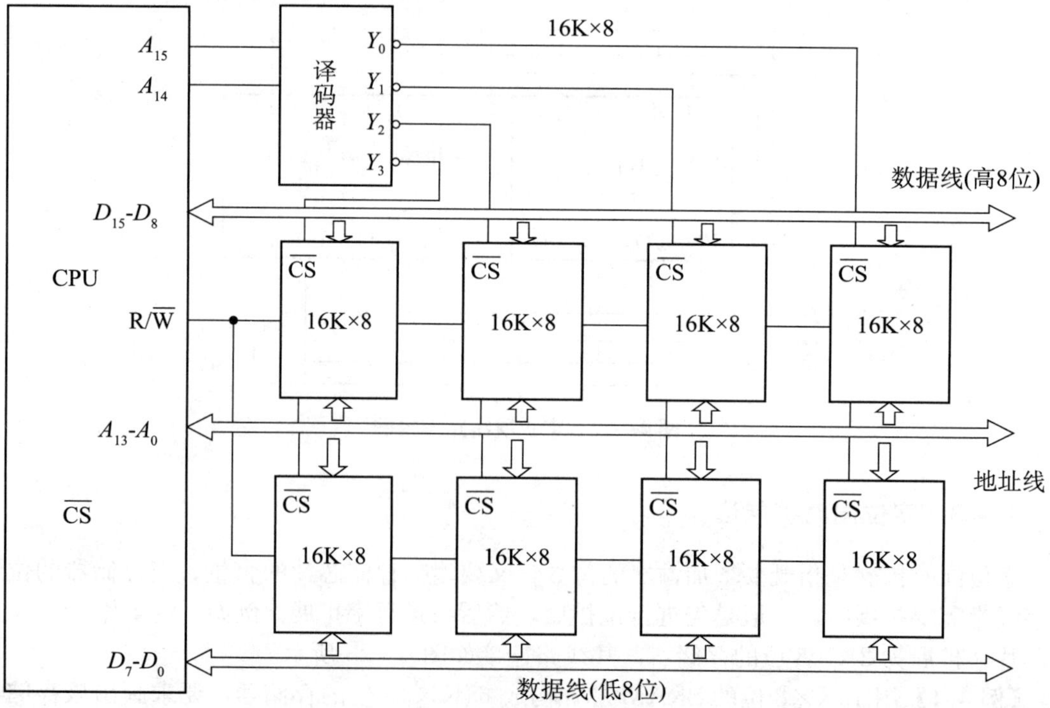

图 4—24 字位同时扩展逻辑框图

4.5　高速存储器技术

由于 CPU 和内存储器之间在速度上是不匹配的，这便成为限制高速计算机设计的主要问题。为了提高 CPU 和内存之间的数据传输率，除了内存采用更高速的技术来缩短读出时间或加大存储字长外，还可以采用并行存储技术和高速缓存技术。本节主要介绍双端口存储器、多体交叉存储器、相联存储器和高速缓冲存储器 Cache 技术。

4.5.1　双端口存储器

传统的单端口存储器，只有一套内存地址寄存器、地址译码器、内存数据寄存器和一套读写电路，在任一时刻只能接受来自一方的访问内存请求。而双端口存储器每个芯片有两组数据总线、地址总线和控制总线，形成两个访问端口，可以让两个 CPU 同时访问内存，或一个端口面向 CPU，另一个端口面向 I/O 处理系统。当两个独立的设备分享一个存储器时，如果存储器可以从两个不同的访问端口存储将会提高计算机系统的整机效率。

双端口存储器有两个访问端口，即两套内存地址寄存器、地址译码器、内存数据寄存器和两套读写电路，两个端口分别连接两套独立的总线（AB、DB 和 CB），如图 4—25 所示。双端口存储器可同时接受两个访问存储器请求，在一定程度上使存储器实现了并行。

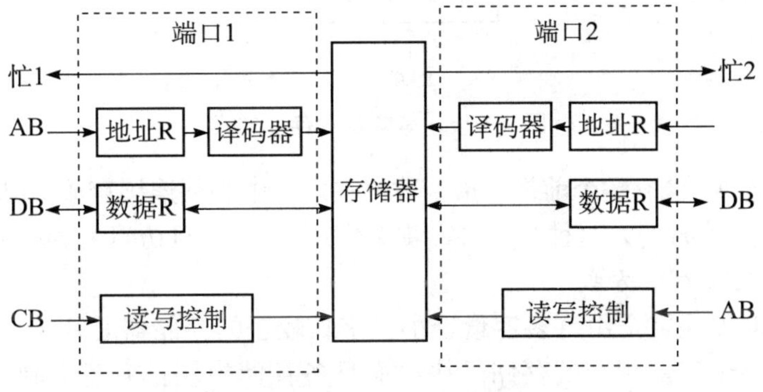

图 4—25　双端口存储器

为了避免双端口同时访问同一个存储单元而发生冲突，双端口控制逻辑控制存储器的两个端口操作彼此独立。当端口 2 执行操作时，一个“忙”状态信号提供给端口 1；同理，当端口 1 执行操作时，端口 2 得到一个“忙”状态信号。当存储器不“忙”时，两个端口都可以读和写，使用的控制信号与单端口的 RAM 相似。

4.5.2　多体交叉存储器

采用多体交叉存储的目的是为了解决 CPU 与存储器之间速度不匹配的问题。解决办法是同时取出 n 条指令。一般的存储器一次只能对其中一个存储单元进行读写操作，称为“单体单字的存储器”。

多体交叉存储器是按资源重复的思路并行设立多个存储模块，在一个存取周期内，多个存储模块同时存取多个字，以此提高整体速度。根据其组织方式的不同，多模块存储器又可分为单体多字和多体单字交叉两种存取方式。

1. 单体多字存取方式

在相同器件的条件下，要想提高存储器的内存数据传输率，只有设法提高存储器的字长才行。单体是指只有一套地址寄存器和地址译码器，多字是指有多个容量相同的存储模块（例如：有 N 个存储模块）。在一次读写周期中 N 个存储模块 M_0～M_{N-1}，对 N 个存储模块中地址相同的单元进行读写。若每个存储模块每次读出 W 位，那么 N 个存储模块就对同时读出 $N \times W$ 位。这 N 个字可同时或分时由数据总线送往 CPU，使 CPU 感觉到存储器的速度提高了 N 倍。所以称为“单体多字方式”，如图 4—26 所示。

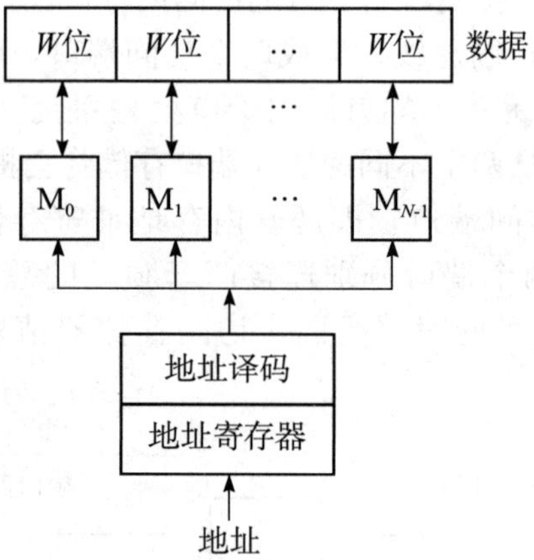

图 4—26　单体多字存取方式

显然，采用这种方法有一个前提：指令数据在内存中必须连续存放。但是遇到转移指令，或者操作数不能连续存放时，这种方法的效果就不明显了，而且访问多字时内存的冲突增大。

2. 多体单字交叉存取方式

大容量的存储器通常是由许多容量较小、字长较短的存储器芯片扩展而成。多体单字是指存储体内有多个容量相同的存储模块，而且各存储模块都有各自独立的地址寄存器、译码器和数据寄存器，各模块可独立进行工作。交叉存取是指各个模块的存储单元交叉编址且存取时间均匀分布在一个存取时间周期内。如图 4—27 所示，图中为 4 个存储模块的编址情况，是 4 个模块交叉。若有 N 个模块，就是 N 个模块 N 交叉编址。图中数字表示该单元的地址。

CPU 对多体并行存储的访问方式如下：

(1) 同时访问 M 个存储体，同时启动完全并行的工作，即同时读出 M 个字，在总线上分时地传送。

(2) 交叉访问 M 个存储体，分时启动，互相错开 $1/M$ 个存储周期，交叉地工作。

由于交叉编址，无论是 CPU 读取程序或是与外设进行数据传送，只要对内存单元进行顺序地存取操作，就能够使多个模块同时并行工作。可以由时序控制线路对各模块分时

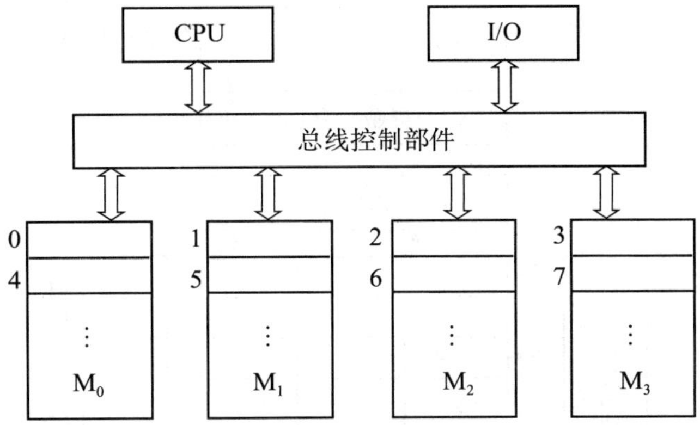

图 4—27 多体交叉存储器

启动、分时控制。例如：4 模块多体交叉存储器，在第 1 个存储周期（T）的开始时刻启动模块 M_0，在 $T/4$、$T/2$、$3T/4$ 时刻分别启动模块 M_1、M_2、M_3，经 T 后，4 个模块就进入并行工作状态，各模块存储周期互相重叠。与一个存储体相比较，数据传送的平均速度可提高 4 倍。整个内存的有效周期缩小到原来每个模块存储周期的 1/4。

4.5.3 相联存储器

前面介绍的存储器都是根据地址去寻找内容，但是有些应用场合却是在知道内容或某些内容的情况下，根据已知内容去寻找其所在的地址，或是根据一部分内容去寻找与之相关的其他内容。

相联存储器的基本原理是把存储单元所存内容的一部分作为检索项（即关键字），去检索该存储器，并将存储器中与该检索项符合的存储单元内容进行读出或写入。

相联存储器中，每个字由若干字段组成，每个字段描述了一个对象的一些属性（内容），如存储学生信息的相联存储器中，可以分为学号、姓名、性别、年龄、籍贯、专业、班级等字段。

相联存储器的基本操作有三种：读、写和检索（比较），检索只能按内容进行。

例如：在相联存储器中检索一名叫“李明”的学生，步骤如图 4—28 所示。

(1) 用屏蔽寄存器选择出“姓名”字段，同时将代码寄存器清“0”。

(2) 用比较电路将“李明”作为关键字，将它同存储体中学生记录的全部“姓名”内容进行“相等”比较。

(3) 找出姓名为“李明”的存储单元，并把其字符标志置“1”。

(4) 由字符标志控制译码选择电路，将相应内容读出。

在计算机系统中，相联存储器可以快速查找，主要用于虚拟存储器中存放分段表、页表和快表。在高速缓冲存储器中，相联存储器作为存放 Cache 的行地址使用。

4.5.4 高速缓冲存储器 Cache

1. Cache 的基本原理

高速缓冲存储器（Cache）是为了解决 CPU 和内存之间速度不匹配而采用的一项技

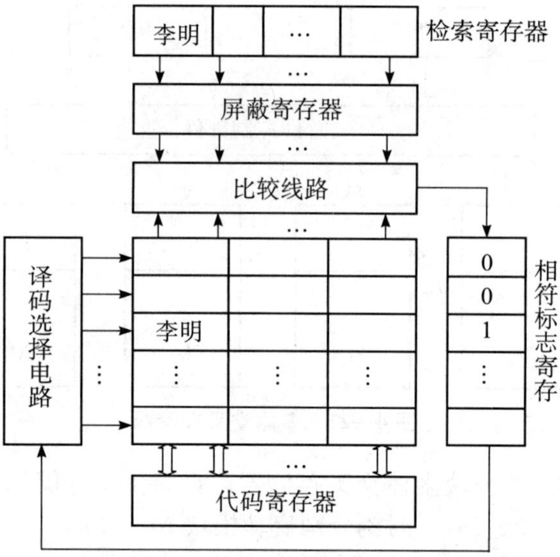

图 4—28 相联存储器

术。Cache 是介于是 CPU 与内存之间的小容量存储器，其存取速度比内存快，如图 4—29 所示。Cache 能高速地向 CPU 提供指令和数据，从而加快了程序执行的速度。Cache 可以作为内存的缓冲存储器，由高速的 SRAM 组成。Cache 的功能全部由硬件实现，因此，对程序员透明。随着半导体集成度的提高，Cache 已放入 CPU 中，其工作速度接近于 CPU，从而形成两级以上的 Cache 系统。

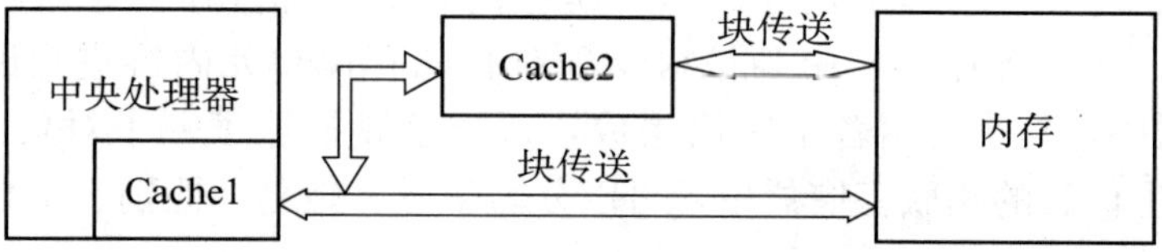

图 4—29 Cache 在存储系统中的位置

CPU 与 Cache 之间的数据交换是以字为单位，而 Cache 与内存之间的数据交换是以块为单位。一个块是由若干定长字组成的。当 CPU 读取内存中一个字时，便发送此字的内存地址到 Cache 和内存。此时 Cache 控制逻辑依据地址判断此字当前是否在 Cache 中。若在，此字立即传送给 CPU；若不在，则用内存读周期把此字从内存读出送到 CPU，与此同时，把含有这个字的整个数据块从内存读出送到 Cache 中。Cache 的读操作如图 4—30 所示。

2. Cache 的地址映射

Cache 的容量很小，它保存的内容只是内存内容的一个子集，且 Cache 与内存的数据交换是以块为单位。为了把内存块放到 Cache 中，必须应用某种方法把内存地址定位到 Cache 行中，称作“地址映射”。

地址映射方式有全相联式、直接式和组相联式三种，下面分别介绍。

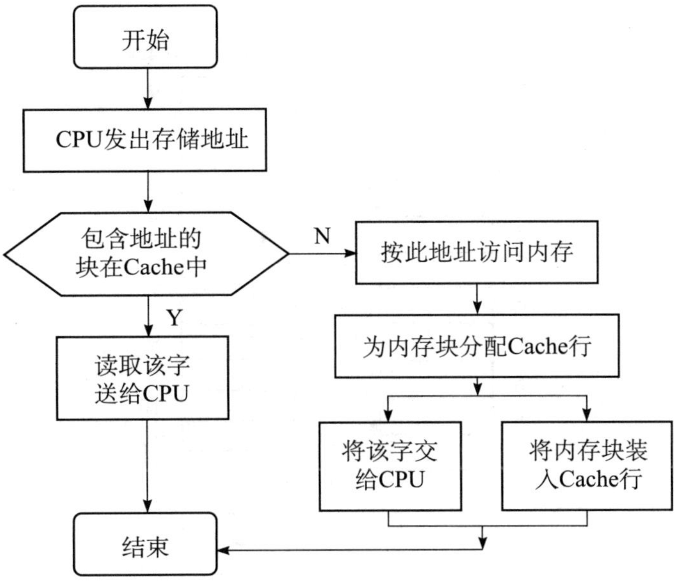

图 4—30　Cache 的读操作

（1）全相联式映射。

内存中一个块的地址与块的内容一起存于 Cache 的行中，其中块地址存于 Cache 行的标记部分中，如图 4—31 所示。

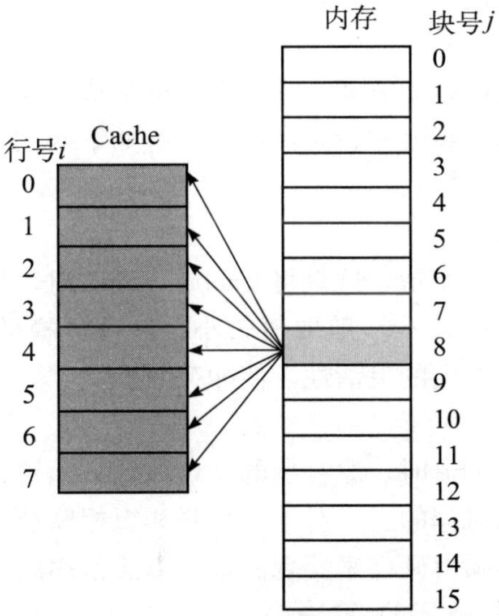

图 4—31　全相联映射方式

这种方法可使内存的一个块直接拷贝到 Cache 中的任意一行上，非常灵活。它的主要缺点是比较器电路难于设计和实现，因此，只适合于小容量 Cache 采用。

（2）直接式映射。

这也是一种多对一的映射关系，但一个内存块只能拷贝到 Cache 的一个特定行位置上去，如图 4—32 所示。

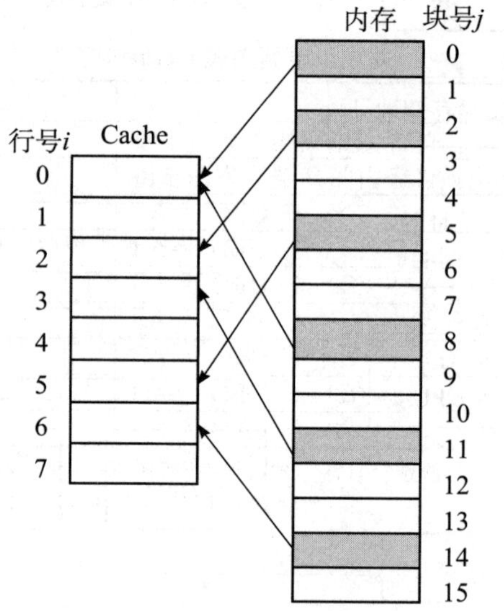

图 4—32 直接映射方式

Cache 的行号 i 和内存的块号 j 有如下函数关系：

$i=j \bmod m$ （m 为 Cache 中的总行数）

直接映射方式的优点是硬件简单，成本低。缺点是每个内存块只有一个固定的行位置可存放，容易产生冲突。因此，适合大容量 Cache 采用。

（3）组相联式映射。

这种方式是前两种方式的折中方案。它将 Cache 分成 u 组，每组 v 行，内存块存放到哪个组是固定的，至于存到该组哪一行是灵活的，有如下函数关系：

$m=u\times v$

组号 $q=j \bmod u$

组相联式映射如图 4—33 所示，这里将 Cache 分成 4 组，每组 2 行。

组相联式映射中的每组行数 v 一般取值较小，这种规模的 v 路比较器容易设计和实现。而块在组中的排放又有一定的灵活性，使冲突减少。

3. Cache 的替换算法

当新的一块数据装入 Cache 时，原存储的一块数据必须被替换掉。对于直接映射，某个特定的块只可能有一个相对应的行。对于全相联和组相联技术，需要一种替换算法。为了获得高速度，这种算法必须由硬件来实现。替换算法常用以下 4 种。

（1）最近最久没有使用（LRU）算法。

LRU 算法替换掉那些在 Cache 中驻留时间最长且未被引用的块。LRU 算法充分利用了内存中的历史信息，实现起来较方便，是一种使用最多的算法。

对于二路组相联，这种方法很容易实现，每行包含一个 Use 位。当某行被引用时，Use 位设置成“1”，这一组中另一行的 Use 位设置成“0”。当把一块读入到这一组中时，就会占用 Use 位为“0”的行。

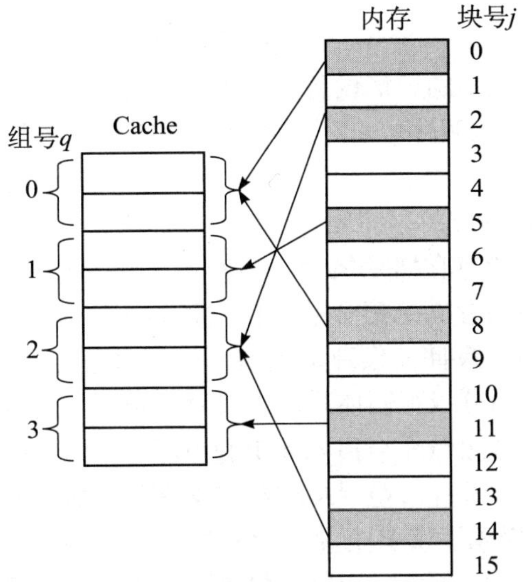

图 4—33　组相联映射方式

（2）先进先出（FIFO）算法。

FIFO 算法替换掉那些在 Cache 中停留时间最长的块。FIFO 用循环或环形缓冲技术很容易实现。这种算法实现较方便，但是最先进入的块很可能是现在经常要用到的块，可能被替换掉。

（3）最不经常使用（LFU）算法。

LFU 算法替换掉 Cache 中引用次数最少的块。LFU 算法将一段时间内被访问次数最少的那行数据换出。每行设置一个计数器。从"0"开始计数，每访问一次，被访问行的计数器增加"1"。当需要替换时，将计数值最小的行换出，同时将这些行的计数器都清零。这种算法将计数周期限定在对这些特定行两次替换之间的间隔时间内，不能严格反映近期访问情况。

（4）随机替换策略。

随机替换策略从特定的行位置中随机地选取一行换出，而与使用无关。在硬件上容易实现，且速度也比前两种策略快。缺点是降低了命中率和 Cache 工作效率，很少采用。

·本章小结·

存储器的作用是用来存放信息，计算机采用多级存储体系结构，即高速缓冲存储器 Cache、内存储器和外存储器。

广泛使用的 SRAM 和 DRAM 都是半导体读写存储器，前者速度快，后者集成度高。RAM 芯片体积小，可靠性高，断电后不能保存信息。

只读 ROM，只能读，不能写入，存入新信息需编程实现，断电后可保存信息。根据编程方式不同，ROM 通常分为 MROM、PROM、EPROM 和 EEPROM 等多种。

为了提高 CPU 和内存之间的数据传输率，除了内存采用更高速的技术来缩短读出时间或加大存储字长外，还可以采用并行存储技术和高速缓冲技术。本章介绍了双端口存储器、多体交叉存储器、相联存储器和高速缓冲存储器技术。

习　题

1. 存储器是计算机系统中的记忆设备，它主要用来（　　）。

A. 存放数据　　B. 存放程序　　C. 存放数据和程序　　D. 存放微程序

2. 存储单元是指（　　）。

A. 存放一个二进制信息位的存储元

B. 存放一个机器字的所有存储元集合

C. 存放一个字节的所有存储元集合

D. 存放两个字节的所有存储元集合

3. 计算机的存储器采用分级存储体系的主要目的是（　　）。

A. 便于读写数据　　B. 减小机箱体积

C. 便于系统升级　　D. 解决存储容量、价格和存取速度之间的矛盾

4. 和外存储器相比，内存储器的特点是（　　）。

A. 容量大，速度快，成本低　　B. 容量大，速度慢，成本高

C. 容量小，速度快，成本高　　D. 容量小，速度快，成本低

5. 某 DRAM 芯片，其存储容量为 512K×8 位，该芯片的地址线和数据线数目为(　　)。

A. 8，512　　B. 512，8　　C. 18，8　　D. 19，8

6. 内存储器和 CPU 之间增加 Cache 的目的是（　　）。

A. 解决 CPU 和内存之间的速度匹配问题

B. 扩大内存储器的容量

C. 扩大 CPU 中通用寄存器的数量

D. 既扩大内存容量又扩大 CPU 通用寄存器的数量

7. 在 Cache 的地址映射中，若内存中的任意一块均可映射到 Cache 内的任意一块的位置上，则这种方法称为（　　）。

A. 全相联式映射　　B. 直接式映射

C. 组相联式映射　　D. 混合式映射

8. 设有一个具有 24 位地址和 8 位字长的存储器，问：

(1) 该存储器能够存储多少字节的信息?

(2) 如果存储器由 4M×1 位的 RAM 芯片组成，需要多少片?

(3) 需要多少位作芯片选择?

9. 用 16K×1 位的 DRAM 芯片构成 64K×8 位的存储器，要求画出该存储器组成的逻辑框图。

10. 简述计算机的多级存储体系结构。

11. 试简要说明提高存储器速度的相关技术。

第 5 章　指令系统

【学习目标】

- 了解指令系统的基本概念和指令系统与软硬件的关系
- 了解指令的分类、CISC 和 RISC
- 掌握指令系统的格式
- 掌握操作数寻址方式

5.1　指令系统概述

5.1.1　指令系统与软硬件

指令系统是计算机系统中软件与硬件之间的分界面。指令系统与软硬件系统的关系如图 5—1 所示。就目前来看，无论多么复杂、功能多么强大的软件，凡是能够在机器上直接运行的目标程序都是由一系列机器指令组成的。一台计算机的指令系统设计得好坏与否，不仅直接关系着对软件设计的支持程度、计算机硬件系统的结构，也关系着计算机的功能和应用范围，是计算机设计中十分重要的问题。

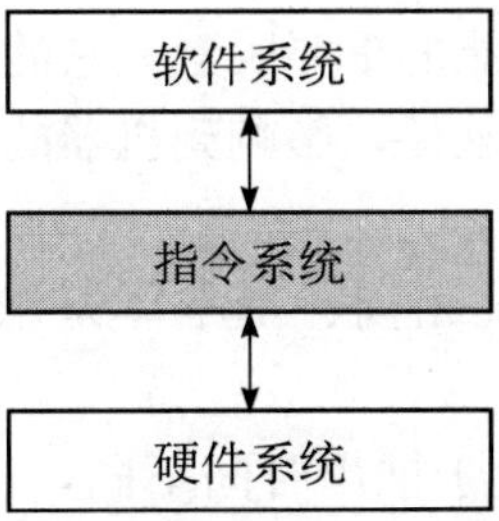

图 5—1　指令系统与软硬件的关系

在计算机系统的设计和使用过程中，硬件设计人员采用各种手段实现指令系统。事实上，计算机是能够高速运行的复杂的数字系统。计算机的硬件只能识别由“0”和“1”组成的二进制代码。人们为了控制计算机的运行，按照一定的格式将“0”和“1”组成的二进制数据编码，使得计算机能够识别它们，并按照这些格式规定的要求完成响应的动作。这些二进制数据就是计算机的指令。指令是计算机可以理解的“语言”，由于它们是由“0”和“1”组成的二进制数据，所以称为“机器语言”，这种语言与人们习惯的语言相差很大，因而不便于人类理解与使用。机器语言之间的相似性是由于所有计算机是由硬件组成的，而硬件技术的基本原理又是非常相似的，同时，所有的计算机都提供一些基本的操作系统。因此，所有计算机设计者有一个共向的目标，那就是：设计出一种语言，它能很容易地以最小的代价来实现硬件和编译器的最大功能。

对于软件设计人员而言，则使用这些指令编制各种各样的系统软件和应用软件，用这些软件来填补硬件的指令与人们习惯的使用方式之间的语义差距。因此，可以说，指令系统是软件设计人员与硬件设计人员之间的一个主要分界面，也是他们之间互相沟通的一座桥梁。在计算机系统的设计过程中，指令系统的设计是非常关键的，不但直接关系着对软件设计的支持程度，也关系着计算机硬件系统的结构以及计算机的功能和应用范围，它必须由软件设计人员和硬件设计人员共同完成。

5.1.2 基本概念

1. 指令

计算机要执行某种操作的命令称为指令。

从计算机组成的层次结构来说，计算机的指令有微指令、机器指令和宏指令之分。微指令是微程序级的命令，它属于硬件；宏指令是由若干条机器指令组成的软件指令，它属于软件；而机器指令则介于微指令与宏指令之间，通常简称为“指令”，每一条指令可完成一个独立的算术运算或逻辑运算操作。本章所讨论的指令是机器指令。

2. 指令系统

一台计算机中所有机器指令的集合，称为这台计算机的指令系统。

指令系统是计算机硬件的后台系统。一方面是程序员所能看到的机器的主要属性；另一方面表明计算机具有哪些最基本的硬件功能。也就是说指令系统既为软件设计者提供最底层的程序设计语言，也为硬件设计者提供最基本的设计依据。因此说，指令系统是软件和硬件的主要分界面。

指令系统是表征一台计算机性能的重要因素，它的格式与功能不但直接影响到机器的硬件结构，而且也直接影响到系统软件，影响到机器的适用范围。

3. 系列计算机

系列计算机是指基本指令系统相同、基本体系结构相同的一系列计算机，简称系列机。

系列机往往有多种型号，但由于推出时间不同，采用器件不同，它们在结构和性能上又有所差异。如：PDP-11系列、Pentium系列等。通常是新机种在性能和价格方面比旧机种优越。系列机解决了各机种的软件兼容问题，其必要条件是同一系列的各机种有共同的指令集，而且新推出的机种指令系统一定包含所有旧机种的全部指令，因此，旧机种上运行的各种软件可以不加任何修改便可在新机种上运行，大大减少了软件开发费用。

5.2 指令格式

一台计算机指令格式的选择和确定要涉及多方面的因素，如：指令长度、地址码结构以及操作码结构等，是一个很复杂的问题。它与计算机系统结构、数据表示方法、指令功能设计等密切相关。

计算机是通过指令来处理各种数据的，所以在设计指令时，一条指令必须包括以下信息：

(1) 操作码。说明指令所要完成的具体操作和功能。一台计算机可能有几十条至上百条指令，每一条指令都有一个相应的操作码，计算机通过识别该操作码来完成不同的操作。

(2) 操作数的地址。CPU 通过该地址从内存或外设取得所需的操作数。

(3) 操作结果的存储地址。把对操作数的处理所产生的结果保存在该地址中，以便再次使用。

(4) 下一条指令的地址。一般来说，当程序顺序执行时，下一条指令的地址由程序计数器 (PC) 指出，仅当改变程序的运行顺序（如转移、调用子程序）时，下条指令的地址才由指令给出。

从以上分析可知，一条指令实际上包括两种信息，即操作码和地址码。操作码用来表示该指令所要完成的操作（如加、减、乘、除、数据传送等），其长度取决于指令系统中的指令条数；地址码用来描述该指令的操作对象，或者直接给出操作数，或者指出操作数的存储器地址或寄存器地址（即寄存器名）。指令的基本格式如下：

操作码字段	地址码字段

5.2.1 操作码

设计计算机时，对指令系统的每一条指令都要规定一个操作码。

指令的操作码 OP 表示该指令应进行什么性质的操作，如进行加法、减法、乘法、除法、取数、存数等。不同的指令用操作码字段的不同编码来表示，每一种编码代表一种指令。例如：操作码 001 可以规定为加法操作；操作码 010 可以规定为减法操作；而操作码 110 可以规定为取数操作等。CPU 中的专门电路用来解释每个操作码，因此机器能执行操作码所表示的操作。

组成操作码字段的位数一般取决于计算机指令系统的规模。较大的指令系统就需要较多的位数来表示每条特定的指令。例如：一个指令系统只有 8 条指令，则有 3 位操作码就够了 ($2^3=8$)。如果有 32 条指令，那么就需要 5 位操作码 ($2^5=32$)。一般来说，一个包含 n 位长度的操作码最多能够表示 2^n 条不同的指令。

对于一个机器的指令系统，其指令字中操作码字段和地址码字段长度通常是固定的。在单片机中，由于指令字较短，为了充分利用指令字长度，指令字的操作码字段和地址码字段是不固定的，即不同类型的指令有不同的划分，以便尽可能用较短的指令字长来表示越来越多的操作种类，并在越来越大的存储空间中寻址。

5.2.2 地址码

地址码用于指定操作数和存放运算结果的地址，通常称为“操作数”。操作数可以是一个直接的数或者是一个数据所在的地址，它以空格与操作码分开。根据指令功能的不同，操作数可以有 1、2、3 个或者没有，操作数之间以逗号分开。各种不同操作数的指令格式如下所示。

（1）零地址指令。

格式：

OP

格式中 OP 是操作码，指令中只有操作码，而没有操作数。这类指令有两种可能：第一种情况是有些指令不涉及操作数或使用某个约定的操作数。因此，在指令中只有操作码，而没有操作数。例如：停机指令、空操作指令等。第二种情况是所需的操作数是默认的。例如：在堆栈数据结构及堆栈存储结构的计算机中，所需的操作数地址默认在堆栈中，故堆栈指令也是无操作数的。

（2）一地址指令。

格式：

OP	D

格式中 OP 是操作码，D 是操作数，指令中只有一个操作数。这类指令也有两种可能：第一种情况是某些指令本身就只需要一个操作数，这个操作数在指令中体现出来。例如：INC、DEC 等指令。第二种情况是指令本身需要两个操作数，指令里面给出一个，另外一个是默认的操作数。例如：乘法、除法指令，这种指令是以运算器中累加器 AC 中的数据作为被操作数，指令字的地址码字段所指明的数为操作数，操作结果又放回累加器 AC 中，而累加器中原来的数被冲掉。

（3）二地址指令。

格式：

OP	D1	D2

功能：（D1）OP（D2）⟶D1

格式中有两个地址码 D1 和 D2，分别指明操作数在内存中或运算器中通用寄存器的地址，其中地址 D1 兼做存放操作结果的地址。

（4）三地址指令。

格式：

OP	D1	D2	D3

功能：（D1）OP（D2）⟶D3

格式中 D1 为被操作数地址，也称为“源操作数地址”；D2 为操作数地址，也称为“终点操作数地址”；D3 为存放操作结果的地址。

同样，D1、D2、D3 可以是内存中的单元地址，也可以是通用寄存器的地址。

说明：以上所述的几种指令格式只是一般情况，并非所有的计算机都具有。零地址、一地址和二地址指令具有指令短，执行速度快，硬件实现简单等特点，多为结构较简单，字长较短的小型、微型机所采用；而三地址和多地址指令具有功能强，便于编程等特点，但是占用存储空间大、执行速度较慢，多为字长较长的大中型机所采用。

5.3　操作数寻址

5.3.1　操作数类型和存储方式

1. 操作数的类型

机器指令可完成对操作数的操作。通常操作数有 4 种类型。

(1) 数值：数值类型可以是整型和浮点型；整型变量可以是无符号型或有符号型；数据长度可以是字节、字或者双字数据。浮点型可以是单精度数据或双精度数据。

(2) 字符：字符类型是一种非数值类型，通常用 ASCII 码（7 个二进制位）表示，数据长度为一个字节，未使用的最高位填“0”。

(3) 地址：地址是指存储器地址，根据计算机存储管理的分段或分页管理方法，地址由段/页内偏移量组成，而段/页地址则由专门的寄存器存放。指令中只需表示偏移量即可，该偏移量是一个无符号单字整型。

(4) 逻辑数据：逻辑数据的值只有“0”和“1”，用一个二进制位表示即可。逻辑数据和数值数据在形式上无任何差异，都是一串 0/1 代码，靠机器指令的操作码来决定数据的类型。数据长度与整型的数据长度一致。

所有机器指令支持的数据类型，都称为“数据表示”，它需要硬件支持来进行识别和运算。

2. 操作数的存储方式

从指令角度讲，指令的操作数可以存储在指令、寄存器、堆栈和存储器中。而操作数的位数可以是字节、字、双字等。

对指令而言，可以存放数据的长度是固定的。操作码已经确定了数据的类型。

对寄存器而言，可以存放数据的长度是固定的，一般与机器字长一致。当操作数长度小于寄存器长度时，操作数总是存放在寄存器的低端。处理部件根据操作码中数据类型的标识从寄存器中取相应长度的数据去处理。

对存储器而言，一次访问存储单元取得的位数一般与计算机机器字长是相同的，目的是使 CPU 能够一次访问到操作数的全部。现代计算机的存储器大多是以字节为单位编址的，即每个存储单元地址对应一个字节的数据空间。存储器硬件特性决定了一次访问存储器所能取得的数据肯定是在连续的地址中，因此，当操作数长度大于一个字节时，操作数就必须存放在指定地址开始的相邻的多个字节（操作数长度对应字节数）的存储器空间中。按照操作数的高字节和低字节在存储器中的存储次序，可分为大端和小端两种数据存储方式，将最低字节存储在指定存储器空间中最小地址位置的存储方法称为“小端方式”；将最低字节存储在指定存储器空间中最大地址位置的存储方法称为“大端方式”。

5.3.2 操作数的寻址方式

操作数寻址方式是根据指令中给出的地址码字段寻找有效操作数地址的方式。一般情况下，由于指令长度的限制，指令中的地址码不会很长，而内存的容量却可能越来越大。因此，地址码只能直接访问内存的一个部分，而无法访问整个内存空间。就是在字长很长的大型机中，即使指令中能够有足够的位数来作为访问整个内存空间的地址，为了灵活方便地编制程序，也需要对地址进行必要的变换。我们把指令中地址码字段给出的地址称为“形式地址（用字母 A 表示）”，这个地址有可能不能直接用来访问内存。形式地址经过某种运算而得到的能够直接访问内存的地址称为“有效地址（用字母 EA 表示）”。从形式地址生成操作数有效地址的各种方式称为“寻址方式”，即：

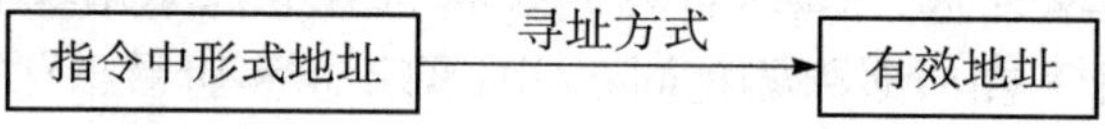

每个计算机的指令系统都有自己的一套数据寻址方式，不同计算机的寻址方式并不完全统一，下面介绍计算机常用的几种基本操作数寻址方式。

1. 立即寻址

立即寻址是一种特殊的寻址方式，指令中没有给出操作数地址，而是给出操作数本身，也就是说数据就包含在指令中，只要取出指令，也就取出了可以立即使用的操作数，这样的数称为“立即数”，其指令格式如下：

OP	立即数

这种方式的特点是：在取指令时，操作码和操作数被同时取出，不必再次访问内存，从而提高了指令的执行速度。但是，因为操作数是指令的一部分，不能被修改，而且立即数的大小受到指令长度的限制，所以这种寻址方式灵活性最差。

2. 直接寻址

指令中地址码字段给出的地址 A 就是操作数的有效地址，即形式地址等于有效地址：EA=A。其寻址过程如图 5—2 所示。操作数 S 与地址码 A 的关系为：

S=（A）

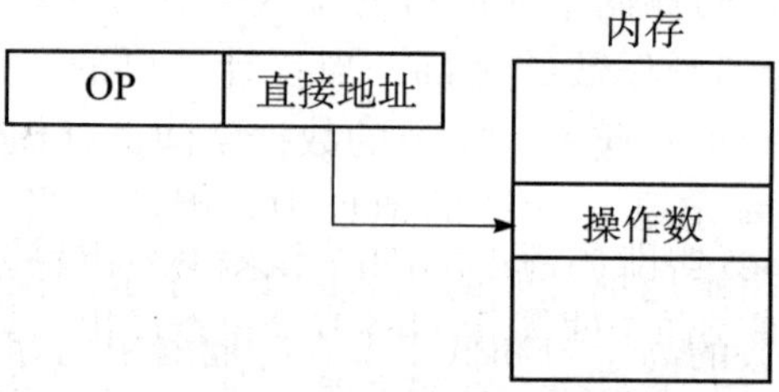

图 5—2 直接寻址过程

这种寻址方式不需作任何寻址运算，简单直观，也便于硬件实现，但地址空间受到指令中地址码字段位数的限制。

3. 间接寻址

间接寻址方式中指令中给出的地址 A 不是操作数的有效地址，而是存放操作数地址的内存单元的地址，简称“操作数地址的地址”。间接寻址中，指令的地址码字段先从内存中取出操作数的有效地址，即 EA=（A），然后再按此有效地址从内存中读出操作数，如图 5—3 所示。操作数 S 与地址码 A 的关系为：

S=（(A)）

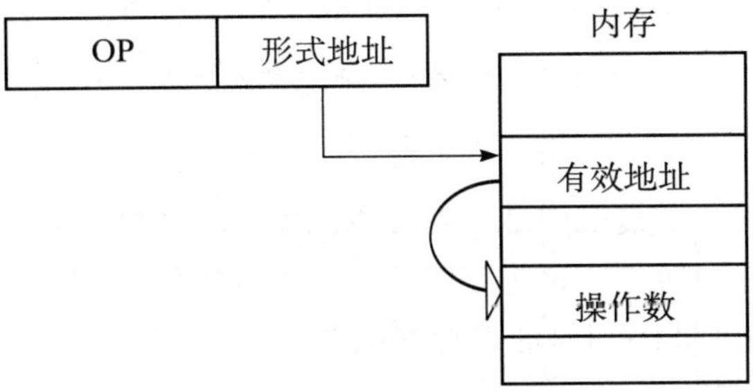

图 5—3　间接寻址过程

但是，间接寻址在取值之后至少需要两次访问内存才能取出操作数，降低了取操作数的速度，影响了指令执行速度，现在很少使用。

4. 寄存器寻址

寄存器寻址指令的地址码部分给出某一个通用寄存器的编号 R_i，这个指定的寄存器中存放着操作数。其寻址过程如图 5—4 所示，图中 IR 表示指令寄存器，它的内容是从内存中取出的指令。操作数 S 与寄存器 R_i 的关系为：

S=（R_i）

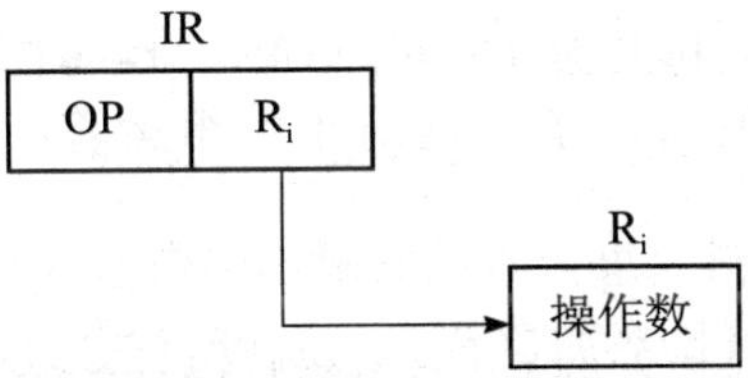

图 5—4　寄存器寻址过程

这种方式可以缩短指令长度，提高指令的执行速度，几乎所有的计算机都使用寄存器寻址方式。

5. 寄存器间接寻址

为了克服间接寻址中访问次数多的缺点，可采用寄存器间接寻址，即指令中的地址码给出某一通用寄存器的编号，在被指定的寄存器中存放操作数的有效地址，而操作数地址字段则存放在内存单元中。其寻址过程如图 5—5 所示。操作数 S 与寄存器 R_i 的关系为：

S=（(R_i)）

这种寻址方式的指令较短，并且在取出指令后只需一次访问内存便可得到操作数有效地址，因此，指令执行速度较间接寻址方式快，是一种使用广泛的寻址方式。

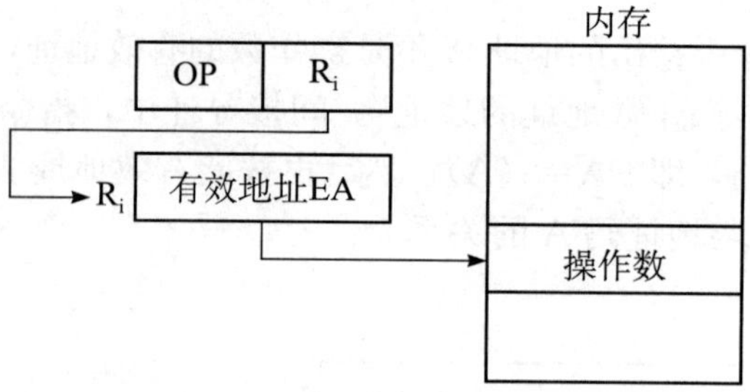

图 5—5　寄存器间接寻址过程

6. 变址寻址

变址寻址就是把 CPU 中某个变址寄存器 R_x 的内容与指令中给出的形式地址 A 相加，形成操作数有效地址，即 EA=（R_x）+ A。R_x 的内容称为“变址值”。其寻址过程如图 5—6 所示。操作数 S 与地址码和变址寄存器的关系为：

$$S=((R_x)+A)$$

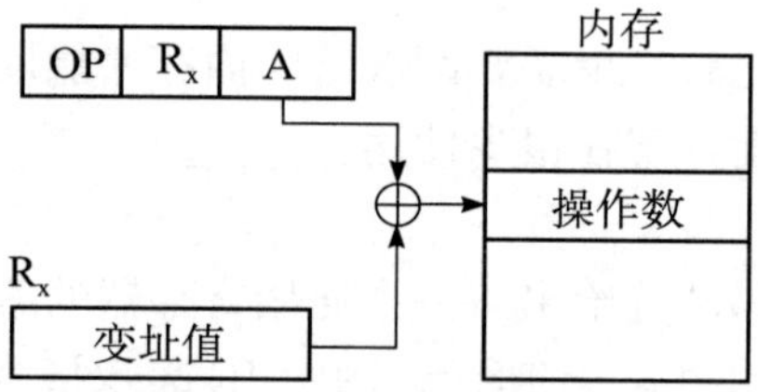

图 5—6　变址寻址过程

变址寻址是一种被广泛采用的寻址方式。最典型的用法是将指令中的形式地址作为基准地址，而将变址寄存器的内容作为修改量。在遇到需要频繁修改地址时，无须修改指令，只要修改变址值就可以了，这对于数组运算、字符串操作等成批数据处理是很有用的。

7. 基址寻址

基址寻址是将 CPU 中基址寄存器 R_b 的内容与指令中给出的位移量 D 相加，形成操作数有效地址，即 EA=（R_b）+D。基址寄存器的内容称为“基址值”。指令的地址码字段是一个位移量，位移量可正、可负，如图 5—7 所示。操作数 S 与基址寄存器和地址码的关系为：

$$S=((R_b)\pm D)$$

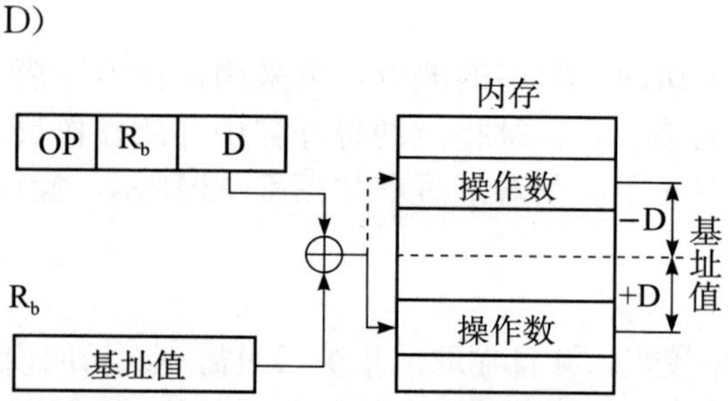

图 5—7　基址寻址过程

基址寻址原是大型计算机采用的一种技术，用来将用户的逻辑地址（用户编程时使用的地址）转化成内存的物理地址（程序在内存中的实际地址）。

8. 相对寻址

相对寻址是基址寻址的一种变通，它由程序计数器 PC 提供基准地址，由指令中的地址码字段作为位移量 D，两者相加后得到操作数的有效地址。即 EA＝（PC）±D。位移量指出的是操作数和现行指令之间的相对位置，如图 5—8 所示。

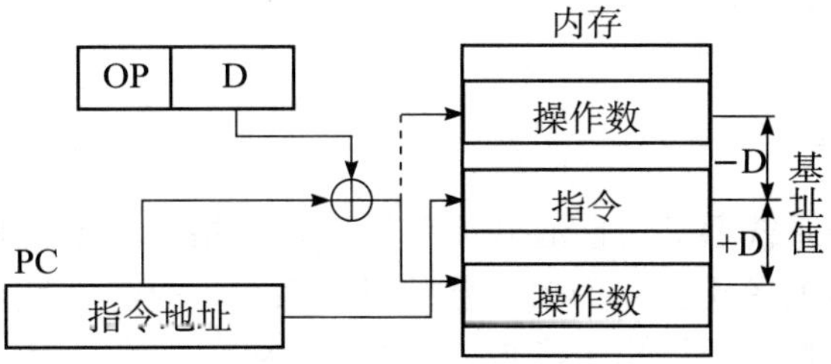

图 5—8　相对寻址过程

【例 5.1】 指令格式结构如下所示，分析指令格式及寻址方式特点。

15　　10		7　　4	3　　0
OP		源寄存器	变址寄存器
位移量（16 位）			

解：（1）二地址指令，用于访问存储器。

（2）操作码字段可指定 64 种操作。

（3）一个操作数在源寄存器（共 16 个），另一个操作数在存储器，由变址寻址获得有效地址。

【例 5.2】 一种二地址指令的结构如下所示：

6 位		4 位	1 位	1 位	16 位
OP		通用寄存器	I	X	位移量 D

其中 I 为间接寻址标志位，X 为寻址模式字段，D 为位移量字段，通过 I，X，D 的组合，可构成如表 5—1 所示的寻址方式。

表 5—1

寻址方式	I	X	有效地址 E	说明
1	0	00	E=D	
2	0	01	E=（PC）±D	PC 为程序计数器
3	0	10	E=（R_2）±D	R_2 为变址寄存器
4	0	11	E=（R_3）	R 为通用寄存器
5	1	00	E=（D）	
6	1	01	E=（(PC）±D)	
7	1	10	E=（(R_2）±D)	
8	1	11	E=（R_1）±D	R_1 为基址寄存器

请写出表 5—1 中寻址方式的名称。

解： 1. 直接寻址　　2. 相对寻址
3. 变址寻址　　4. 寄存器间接寻址
5. 间接寻址　　6. 先相对后间接寻址
7. 先变址后间接寻址　　8. 基址寻址

5.4　典型指令系统

5.4.1　指令的分类

一台计算机的指令系统通常可能有几十条至上百条指令。不同机器的指令系统是各不相同的。从指令的功能上考虑，一个较完善的指令系统，应包括数据传送指令、算术运算指令、逻辑运算指令、程序控制指令和输入/输出指令等类型。

1. 数据传送指令

数据传送指令主要包括取数指令、存数指令、传送指令、成组传送指令、字节交换指令、清累加器指令及堆栈操作指令等，这类指令主要用来实现内存和寄存器之间，或寄存器和寄存器之间的数据传送。例如：通用寄存器 R_i 中的数存入内存；通用寄存器 R_i 中的数送到另一个通用寄存器 Ri；从内存中取数至通用寄存器 R_i；累加寄存器清零或内存单元清零等。

2. 算术运算指令

这类指令包括二进制定点加、减、乘、除指令，浮点加、减、乘、除指令，求反、求补指令，算术移位指令，调整指令等。有些机器还有十进制算术运算指令。这类指令主要用于定点或浮点的算术运算，有些大型机中有向量运算指令，直接对整个向量或矩阵进行求和、求积、转置等运算操作。

3. 逻辑运算指令

这类指令包括逻辑或、逻辑与、按位加、逻辑移位等指令，主要用于无符号数的位操作、代码的转换、判断及运算。

移位指令用来对寄存器的内容实现左移、右移或循环移位。左移时，若寄存器的数看做算术数，符号位不动，其他位左移，低位补零；右移时，则高位补零，这种移位称"算术移位"。移位时，若寄存器的数为逻辑数，则左移或右移时，所有位一起移位，这种移位称"逻辑移位"。

4. 程序控制指令

计算机在执行程序时，通常情况下按指令计数器的现行地址顺序取指令，但有时会遇到特殊情况。例如：机器执行到某条指令时，出现了几种不同结果，这时机器必须执行一条转移指令，根据不同结果进行转移，从而改变程序原来执行的顺序，这种转移指令称为"条件转移指令"。转移条件有进位标志（C)、结果为零标志（Z)、结果为负标志（N)、结果溢出标志（V）和结果奇偶标志（P）等。

除各种条件转移指令外，还有无条件转移指令、转子程序指令、返回主程序指令、中断返回指令等。

转移指令的转移地址一般采用直接寻址和相对寻址方式来确定，若采用直接寻址方式，则称为“绝对转移”，转移地址由指令地址码部分直接给出；若采用相对寻址方式，则称为“相对转移”，转移地址为当前指令地址（PC的值）和指令地址部分给出的位移量相加之和。

5. 输入/输出指令

输入/输出指令主要用来启动外围设备，检查测试外围设备的工作状态，并实现外部设备和CPU/内存之间，或外围设备与外围设备之间的信息传送。

各种不同机器的输入/输出指令差别很大。例如：有的机器指令系统中含有输入/输出指令，而有的机器指令系统中没有设置输入/输出指令，这是因为各个外部设备的寄存器和存储器单元统一编址，CPU可以和访问内存一样地去访问外部设备。换句话说，可以使用取数、存数指令来代替输入/输出指令。

6. 堆栈操作指令

堆栈操作指令通常有两条。一条是进栈指令；另一条是退栈指令。

进栈指令执行两个动作：一是将数据从CPU压入堆栈栈顶；二是修改堆栈指示器。

退栈指令也执行两个动作：一是修改堆栈指示器；二是从栈顶取出数据到CPU。这两条指令是成对出现的，因而在程序的中断嵌套、子程序调用嵌套过程中十分有用和方便。

7. 字符串处理指令

字符串处理指令是一种非数值处理指令，一般包括字符串传送、字符串转换（把一种编码的字符串转换成另一种编码的字符串）、字符串比较、字符串查找（查找字符串中某一子串）、字符串抽取（提取某一子串）、字符串替换（把某一字符串用另一字符串替换）等。这类指令在文字编辑中对大量字符串进行处理。

8. 特权指令

特权指令是指具有特殊权限的指令。由于指令的权限最大，若使用不当，会破坏系统和其他用户信息。因此，这类指令只用于操作系统或其他系统软件，一般不直接提供给用户使用。

在多用户、多任务的计算机系统中特权指令必不可少。它主要用于系统资源的分配和管理，包括改变系统工作方式，检测用户的访问权限，修改虚拟存储器管理的段表、页表，完成任务的创建和切换等。

9. 其他指令

除以上各类指令外，还有状态寄存器置位、复位指令，测试指令，停机指令，以及其他一些特殊控制用的指令。

5.4.2 CISC和RISC

随着VLSI技术的迅速发展，计算机的硬件成本不断下降，软件成本不断上升。为此，人们在设计指令系统时增加了越来越多功能强大的复杂命令，以便使机器指令的功能接近高级语言语句的功能，给软件提供较好的支持。目前，许多计算机的指令系统可包含几百条指令，十多种寻址方式，这对简化汇编语言设计，提高高级语言的执行效率是有利的。我们称这些计算机为“复杂指令系统计算机”，简称CISC（Complex Instruction Set Computer）。

但是，复杂的指令系统使得计算机的结构也越来越复杂，这不但增加了计算机的研制周期和成本，而且难以保证其正确性，有时还可能降低系统的性能。实践证明，各种指令的使用频率相当悬殊，在如此庞大的指令系统中，只有算术逻辑运算、数据传送、转移与程序调用等几十条基本指令才是经常使用的。对 CISC 机进行的测试表明，最常使用的是一些最简单最基本的指令，仅占指令总数的 20%，但在程序中出现的频率却占 80%以上，而需要大量硬件支持的复杂指令的利用率却很低，造成了硬件资源的大量浪费。为解决这些问题，20 世纪 70 年代末，人们提出了便于 VLSI 实现的精简指令集计算机——RISC (Reduced Instruction Set Computer)。

精简指令集计算机的着眼点不是简单地放在简化指令系统上，而是通过简化指令使计算机的结构更加简单合理，从而提高机器的性能。RISC 指令系统的主要特点是：

(1) 指令数目较少，一般都选用使用频度最高的一些简单指令。

(2) 指令长度固定，指令格式种类少，寻址方式种类少。

(3) 大多数指令可在一个机器周期内完成。

(4) 通用寄存器数量多，只有存数/取数指令访问存储器，而其余指令均在寄存器之间进行操作。

采用 RISC 技术后，由于指令系统简单，CPU 的控制逻辑大大简化，芯片上可设置更多的通用寄存器，指令系统也可以采用速度较快的硬连线逻辑来实现，且更适合于采用指令流水技术，这些都可以使指令的执行速度进一步提高。指令数量少，固然使编译工作量加大，但由于指令系统中的指令都是精选的，编译时间少，反过来对编译程序的优化又是有利的。

CISC 和 RISC 技术都在发展，两者都各有自己的优点和缺点。但是 RISC 技术作为一种新的设计思想，无疑对计算机的发展产生了重大影响。

5.4.3 指令系统举例

1. Pentium 指令系统

(1) 指令格式。

Pentium 采用可变长指令格式，最短的指令只有一个字节，最长的指令可有十几个字节。其指令由以下两个部分组成：

1) 前缀。

它位于指令操作码前，各类前缀的字节数如下：

前缀类型	指令前缀	段前缀	操作数长度前缀	地址长度前缀
字节数	0 或 1	0 或 1	0 或 1	0 或 1

前缀不是每条指令必须有的，如果有的话，各种前缀也都是可选的。

①指令前缀。指令前缀由 LOCK 前缀和重复操作前缀组成。LOCK 前缀在多机环境下规定是否对共享的存储器以独占方式使用；重复操作前缀表示重复操作的类型，有 REP、REPZ、REPE、REPNZ 和 REPNE 几种。

②段前缀。如果有段前缀，则指令采用段前缀指定的段寄存器，而不用该指令默认值规定的段寄存器。

③操作数长度前缀。如果有该前缀，操作数长度将采用它规定的操作数长度处理，而不用该指令默认值规定的操作数长度，以便操作数在 16 位和 32 位之间进行切换。

④地址长度前缀。如果有该前缀，地址长度将采用它规定的地址长度而不用该指令默认值规定的地址长度，以便处理器用 16 位或 32 位地址来寻址存储器。

指令各部分的长度和含义如图 5—9 所示。

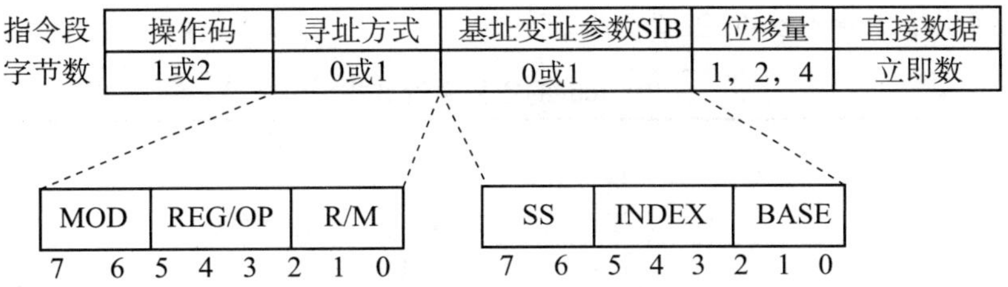

图 5—9　Pentium 指令格式

2）指令

①操作码。1～2 字节，操作码除了指定指令的操作外，还有以下信息，数据是字节还是全字长；数据传送的方向，即寻址方式字节中 Reg 字段指定的寄存器是源也是目标；指令中如果有立即数，是否对它进行符号扩展。

②寻址方式。由 MOD、REG/OP 和 R/M 三个段组成，由 MOD 和 R/M 联合指定 8 种寄存器寻址和 24 种变址寻址方式，REG/OP 指定某个寄存器为操作数或作为操作码的扩展用。

③基址变址参数 SIB。由 SS（2 位）、INDEX、BASE 三部分组成。SS 指定比例系数（变址寻址方式时，变址寄存器内容要乘以该系数）；INDEX 指定变址寄存器；BASE 指定基址寄存器。

④位移量。指令中如果有位移量，可以是 1、2 或 4 个字节。

⑤直接数据。指令中如果有立即数，可以是 1、2 或 4 字节。

（2）寻址方式。

1）Pentium 物理地址的形成。

Pentium 物理地址按图 5—10 所示方法形成。Pentium 的逻辑地址包括段和偏移量，段号经过段表直接得到该段的首地址，再和有效地址（即段内偏移）相加形成一维的线性地址。如果采用页式存储管理，线性地址再转化为实际的物理地址。后一个步骤与指令系统无关，由存储管理程序实现，对程序员来讲是透明的，因此，下面讨论的寻址方式仅涉及线性地址的产生。

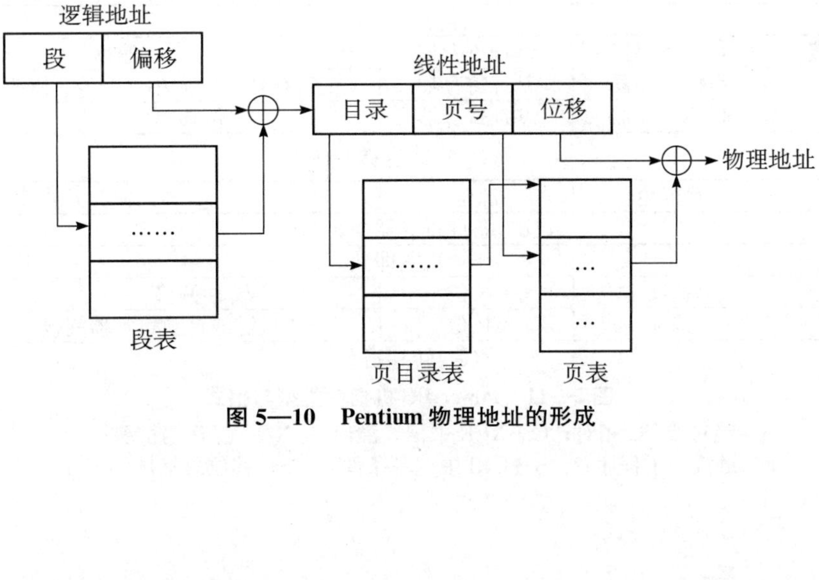

图 5—10　Pentium 物理地址的形成

2）Pentium 的寻址方式。

表 5—2 列出了 Pentium 的主要寻址方式。

表 5—2　　Pentium 的主要寻址方式

寻 址 方 式	说　　明
立即寻址	指令直接给出操作数
寄存器寻址	指定的寄存器 R 的内容为操作数
位移	LA=（SR）＋ A
基址寻址	LA=（SR）＋（B）
基址加位移	LA=（SR）＋（B）＋ A
比例变址加位移	LA=（SR）＋（I）× S ＋ A
基址加变址加位移	LA=（SR）＋（B）＋（I）＋ A
基址加比例变址加位移	LA=（SR）＋（B）＋（I）× S ＋ A
相对寻址	LA=（PC）＋ A

注：LA—线性地址；（X）—X 的内容；SR—段寄存器；PC—程序计数器；
R—寄存器；A—指令中给定地址段的位移量；B—基址寄存器；
I—变址寄存器；S—比例系数。

2. Power PC 指令系统

Power PC 机是 32 位字长的计算机，共有 64 条指令。它的指令类型与格式如图 5—11 所示。

6 位	5 位	5 位	16 位				
算术	目标寄存器	源寄存器	源寄存器	O	加、减等		R
与、或等	源寄存器	源寄存器	有符号立即值				
逻辑	源寄存器	目标寄存器	源寄存器	与、或、异或等			R
与、或等	源寄存器	目标寄存器	无符号立即值				
旋转	源寄存器	目标寄存器	移位总量	屏蔽开始	屏蔽结束		R
旋转或移位	源寄存器	目标寄存器	源寄存器	移位类型或屏蔽			R
旋转	源寄存器	目标寄存器	移位总量	屏蔽	XO	S	R
旋转	源寄存器	目标寄存器	源寄存器	屏蔽	XO		R
移位	源寄存器	目标寄存器	移位总量	移位类型或屏蔽		S	R

（a）整数、逻辑、移位/旋转指令

浮点单/双精度	目标寄存器	源寄存器	源寄存器	源寄存器	Fadd 等	R

（b）浮点运算指令

Ld/st 间接	目标寄存器	基址寄存器	偏移		
Ld/st 间接	目标寄存器	基址寄存器	变址寄存器	大小、符号、修改	/
Ld/st 间接	目标寄存器	基址寄存器	偏移		XO

（c）取数/存数指令

CR	目标位	源位	源位	与、或、异或等	/

（d）条件寄存器逻辑指令

转移	长立即数			A	L
条件转移	选项	CR 位	转移偏移	A	L
条件转移	选项	CR 位	通过链或计数寄存器间接		L

（e）转移指令

图 5—11　Power PC 机指令类型与格式

A—绝对或 PC 相对；O—XER 中记录溢出；　XO—操作码扩展；
L—链接到子程序；　R—CRI 中记录条件；　S—移位总量域的部分

Power PC机有如下五种指令类型：

（1）整数算术、逻辑、移位/旋转（循环移位）指令。

（2）浮点算术指令。

（3）取数/存数指令。

（4）条件寄存器指令。

（5）转移指令。

所有的指令都是32位长，并有规整的格式。指令的前6位（网点表示）指定操作码部分。在某些情况下在其他部分有此操作码的扩展，用于指定操作的细节（也用网点表示）。

所有的取数/存数、算术、逻辑指令，在操作码之后是两个5位的寄存器字段，这表示可以使用32位通用寄存器。

转移指令包括了一个链接（L）位，它表示此指令之后的那条指令的有效地址是否放入链接寄存器。两种转移指令格式还包含一个（A）位，它指示寻址方式是绝对寻址还是PC相对寻址。对于条件转移指令，CR位字段指定条件寄存器中被测试的位，选项字段指向转移发生的条件（如：无条件转移；计数＝0转移；计数≠0转移；条件是真转移；条件是假转移；等等）。

进行计算的大多数指令（算术、逻辑、浮点算术）都包含一个（R）位，它指示运算结果是否记录在条件寄存器中。这个特征对于转移预测处理是很有用的。

浮点指令有三个源寄存器字段。多数情况下只使用两个源寄存器，少数指令涉及两个源寄存器内容相乘，然后再加上或减去第三个源寄存器内容。这种复合指令经常用在矩阵运算中，使得一部分内部积用“乘—加”来实现。

·本章小结·

指令系统是计算机系统中软件与硬件之间的分界面。一台计算机的指令系统设计得好坏与否，不仅直接关系着对软件设计的支持程度、计算机硬件系统的结构，也关系着计算机的功能和应用范围，是计算机设计中一个十分重要的问题。

指令是计算机要执行某种操作的命令。指令系统是一台计算机中所有机器指令的集合，称为这台计算机的“指令系统”。基本指令系统相同、基本体系结构相同的一系列计算机称为“系列计算机”。

一条指令实际上由操作码和地址码字段组成。操作码用来表示该指令所要完成的操作，其长度取决于指令系统中的指令条数；地址码用来描述该指令的操作对象，或者直接给出操作数或者指出操作数的存储器地址或寄存器地址。指令的操作数可以是数值、字符、地址和逻辑数据，操作数可采用零地址、一地址、二地址和三地址方式。

操作数寻址方式是根据指令中给出的地址码字段寻找有效操作数地址的方式。操作数可以存储在指令、寄存器、堆栈和存储器中。操作数寻址方式有立即寻址、直接寻址、间接寻址、寄存器寻址、寄存器间接寻址、变址寻址、基址寻址和相对寻址等多种。

一台计算机的指令系统通常有几十条至上百条指令，不同机器的指令系统是各不相同的。从指令的功能上考虑，一个较完善的指令系统，应包括数据传送指令、算术运算指令、逻辑运算指令、程序控制指令和输入/输出指令等类型。

目前，许多计算机的指令系统可包含几百条指令，十多种寻址方式，称这些计算机为“复杂指令系统计算机”，简称 CISC。但是，复杂的指令系统使得计算机的结构也越来越复杂，这不但增加了计算机的研制周期和成本，而且难以保证其正确性，有时还可能降低系统的性能。为解决这一问题，20 世纪 70 年代末，人们提出了精简指令集计算机——RISC。

习　题

1. 指令系统中采用不同寻址方式的目的主要是（　　）。

A. 实现存储程序和程序控制

B. 缩短指令长度，扩大寻址空间，提高编程灵活性

C. 可直接访问外存

D. 提供扩展操作码的可能性并降低指令译码难度

2. 对某个寄存器中操作数的寻址方式称为（　　）寻址。

A. 直接　　B. 间接

C. 寄存器　　D. 寄存器间接

3. 下列寻址方式中取得操作数速度最快的是（　　），速度最慢的是（　　），不需要访存的寻址方式是（　　）。

A. 直接寻址　　B. 立即寻址

C. 间接寻址　　D. 寄存器寻址

4. 指令格式结构如下所示，分析指令格式及寻址方式特点。

15　　10		9　　5	4　　0
OP		目标寄存器	源寄存器

5. 一种单地址指令的结构如下所示：

OP	I	X	位移量 D

其中 I 为间接寻址标志位，X 为寻址模式字段，D 为位移量字段。通过 I，X，D 组成该指令的操作数的有效地址为 E。设 R 为变址寄存器，R_1 为基址寄存器，PC 为程序计数器，请给出表 5—4 所示的寻址方式名称。

表 5—4

寻址方式名称	I	X	有效地址 E
1	0	00	E=D
2	0	01	E=（PC）±D
3	0	10	E=（R）±D
4	0	11	E=（R_1）±D
5	1	00	E=（D）
6	1	11	E=（（R_1）±D）

6. 请简要说明 RISC 指令系统的特点。

第 6 章　控制器

【学习目标】

- 了解控制器在计算机系统中的作用
- 理解机器指令的执行过程以及机器指令和控制信号的关系
- 掌握微程序控制器的原理和设计方法
- 掌握硬布线控制器的原理和设计方法

6.1　控制器的基本组成和功能

6.1.1　计算机与计算器

计算机和计算器都是可以进行数值计算的电子产品，在基本组成方面，它们都有很多相似之处。例如：它们都有相应的输入/输出设备以及用于数值处理加工的运算设备等。不过，虽然它们都可以进行数值的计算，但它们运算的过程却截然不同。使用计算器计算时，每次进行怎样的计算、什么数值参与计算，都是由人实时来输入的。例如：计算 5＋3－4 的过程中，参加计算的数值和计算方式都需要人按照执行顺序一次次的从输入键上键入。而计算机在计算的时候，参加计算的数值和计算方式不再是人实时的输入，而是先将整个计算过程用计算机能够识别的机器代码编写为程序，并将程序存放到计算机的存储设备中，然后由计算机根据程序要求一次将整个计算过程执行完毕，中间不需要人的参与。

通过比较计算机和计算器的执行过程可知，它们的主要区别在于：计算器计算过程由人实时参与来完成，而计算机计算过程的控制则由计算机根据事先存放在存储器中的程序来完成的。这也正是当年冯·诺依曼提出的“存储程序”思想，这种思想的提出使得计算机从一种必须由人实时参与控制的计算工具变成了机器本身可以根据提前输入的程序自行安排执行过程的自动化设备。而且，随着存入计算机中的程序功能逐渐强大，计算机本身的功能也随之强大。经过几十年的发展，计算机已经发展到能在各个领域有所作为的智能化工具。

6.1.2 控制器的功能

从上述计算器和计算机的比较，我们可以得出这样的结论：整个计算机的工作过程其实就是先将程序存放在计算机中再执行程序的过程，即是反复重复“取指令、执行指令”的过程。通过第5章的学习，我们知道构成程序的实质就是指令系统的指令。而要让计算机能够识别指令并按照指令意图来操作，就必须提前对每条指令做怎样的工作作出规定。这些规定按照某种形式存放在计算机中，当计算机拿到一条指令后，某种设备就分析指令并取出其相应的规定来控制计算机进行工作。这种能够分析指令并按照指令意图发出相应的规定，控制计算机进行操作的部件就是控制器。

而计算机工作的过程，是指令或者数据在计算机中进行传递或者数据在运算器中进行某种运算的过程。因此，控制器在计算机中的作用就是从存放在存储器中的人们预先编写好的程序中，依次取出指令并分析指令，然后，在相应的指令时间向计算机中的各个部件发出控制信号，正确建立数据通路，指挥运算器、内存和外设等部件协调动作，从而完成计算机重复取指令和执行指令的过程。

根据以上控制器在计算机中的作用，我们可以总结出控制器必须要具备几个功能：

（1）控制器要能够接受识别指令，根据不同的指令发出不同的控制信号。

（2）控制器要能够控制计算机自动地去执行下一条指令。

（3）控制器要能够控制计算机有秩序地执行指令，即只有在上一条指令执行完后，计算机才能去执行下一条指令。

6.1.3 控制器的组成

我们可以根据控制器的功能推出控制器的基本组成结构。

首先，控制器要能够接受识别指令，而指令在计算机中都是以二进制序列的形式出现的。为了准确识别，当指令从存储器中取出来以后，控制器首先要能够将指令暂时存放，以便分析指令。因此，控制器中肯定有存放指令的指令寄存器。暂存指令后，存储器还要进一步分辨这是一条怎样的指令，以便发出相应的控制信号。能将若干个二进制序列区别对待的是译码器。因此，控制器的基本组成中必然有翻译指令的指令译码器。

其次，控制器要能够控制计算机自动工作，即当一条指令执行完毕后，计算机能够自动取出下一条指令继续执行。要自动取出下一条指令，首先应该知道下一条指令存放在什么位置。而我们知道指令都是存放在存储器中的，不同的指令其存储地址是不一样的，而且指令的执行大多数都是顺序执行的，因此，下一条指令存放地址一般应该是上一条指令的地址加“1”，这种要求刚好符合计数器的功能。所以，控制器的组成中肯定有计数器部件，其作用是提供下一条指令在内存中的地址。我们称其为“程序计数器”。

最后，控制器要能够控制计算机有秩序的执行指令，即只有在上一条指令执行完后，计算机才能去执行下一条指令。那么怎样才能有秩序呢？关键是时间，只有明确规定出每条指令运行所需要的时间，计算机才能有秩序地一条一条执行指令。因此，必须给计算机中各指令建立时间标志。时间标志是通过时序信号来体现的。所以，控制器中必定有用来控制时间的时序系统，即脉冲发生器或者时序发生器。

综上所述，我们可推断出控制器的基本结构由程序计数器（PC）、指令寄存器（IR）、指令译码器、控制信号产生部件、时序发生器等部件组成。其基本结构图与整机的关系如图 6—1 所示。

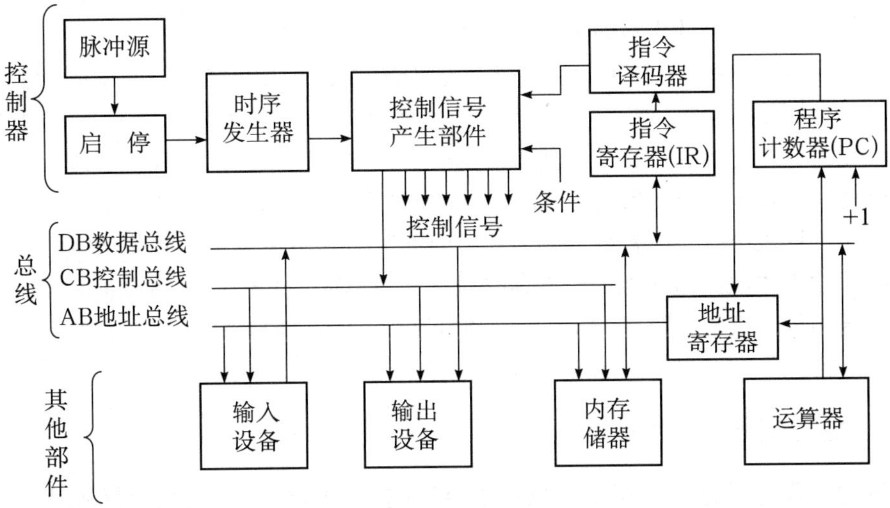

图 6—1　控制器的基本结构与其在整机中的作用

图 6—1 中控制信号产生部件的作用是产生控制信号序列，送到各个部件的控制门触发器或锁存器，去打开或关闭某些特定的门电路，使数据信息按事先规定好的路径，从一个功能部件，传送到另一个功能部件，实现对数据的加工、处理。

图 6—1 中时序发生器的作用是产生一组时序信号及一系列脉冲与电位，送到控制信号产生部件，对各种控制信号进行定时控制。

控制器的基本组成部件中，控制信号产生部件和时序发生器的作用非常重要，只有这两个部件正常工作，计算机才能有秩序的按照指令要求完成各种工作。任何一台计算机控制器的设计都是围绕这两个部件的作用来进行的。

了解了控制器的功能和基本组成后，我们结合图 6—1，将一段程序在计算机中执行的过程给大家做一个简单介绍（程序计数器中存放的是程序的首地址）。

首先，取指令。控制器的脉冲源发出启动信号，控制信号产生部件发出取指令的控制信号，在程序计数器和地址寄存器之间建立数据通路，使得程序计数器中程序的起始地址传送到地址寄存器中。地址寄存器接受到地址后通过地址总线传输到内存，在内存中译码找到第一条指令，将指令通过数据总线传送到指令寄存器并进行指令的译码识别。同时将程序计数器的值加“1”，为下次取指令做好准备。

其次，执行指令。控制信号产生部件根据所得到的指令信息，在该指令的运行时间内发出相应的控制信号，控制计算按照该指令意图进行相应的操作。直到该指令的运行时间完毕。该指令执行完毕后，重复相同的过程，直到整个程序执行结束。

6.2 指令周期

在日常生活中，我们常说在学校的生活要比在家的生活有秩序，主要是因为在学校我们学习、休息都有一个严格的作息时间控制，比如：8：00～8：45 上课，8：45～8：55 休息，8：55～9：40 上课，9：40～10：00 休息等，学校中的每个人都严格按照时间控制表中的时间进行工作，从而使得学校生活很有秩序。这也就意味着只有将时间划分为不同的时间段，每个时间段里进行规定的工作，才能使我们的生活井然有序。当然，我们在现实生活中划分时间段是以时间的基本单位分钟为基础的，45 分钟划为一段用来上课，10 分钟划为一段用来休息。而在计算机系统中，各部件的“作息时间”概念不再是用分钟来表述，而是利用脉冲源发出的脉冲来体现，同样为了使指令的执行井然有序，我们需要将脉冲划分为一个一个时间段，以便为每个指令提供定时信号。我们把脉冲划分出的时间段称为“周期”。一般来说，指令的执行过程中，有指令周期、CPU 周期、时钟周期三种概念。

6.2.1 指令周期的相关概念

计算机的工作过程是“取指令、执行指令”的重复执行。我们把计算机从内存中取出一条指令到执行完这条指令所需的全部时间叫做“指令周期”。由于各种指令的操作功能不同，因此，各种指令的指令周期是不相同的。复杂指令需要的指令周期肯定比简单指令的指令周期要长一些。

在每一个指令周期内，机器完成的工作都可以按功能分解为几个确定的任务。如：取指令、取操作数、运算、写回结果等，因此，我们往往把一个指令周期划分为若干个 CPU 周期，每个 CPU 周期完成一个确定的任务。CPU 周期也称为“机器周期”。

由于 CPU 内部的操作速度较快，而 CPU 访问一次内存所花的时间较长，所以在一条指令的指令周期内，机器完成的工作分解出的几个确定任务中，有关访存的任务所花的时间最长，因此，通常以内存的存取周期为基础来规定 CPU 周期的长度，一个指令周期包含的机器周期个数与指令所要求的访存的次数有关。

一条指令的取指阶段需要一个 CPU 周期，而一条指令的执行阶段可能需要一个 CPU 周期，也可能需要多个 CPU 周期，主要取决于指令执行的过程中访存的次数。但再简单的一条指令，其指令周期中至少包含有两个 CPU 周期。一个是取指周期，另一个是执行周期；不同的 CPU 周期，计算机所需的数据通路和数据的流向各不相同。例如：在计算机中，指令和数据都是以二进制形式存放的，而计算机就是根据机器周期的不同来正确区别接收到的是指令还是数据。取指周期取到的必然是指令，而执行周期取到的自然是数据。

在一个机器周期中，每个功能确定任务的执行过程又可以分解为诸如“传送指令地址、将指令从内存传送到指令寄存器、传送操作数地址、将操作数从内存传送至运算部件、将运算结果传送到内存”等这样的基本操作，这些基本操作我们称为“微操作”。每个微操作所需的控制信号和数据通路不尽相同。为了精细地控制微操作的执行，我们将一个机器周期划分为若干个时钟周期，通常称为“节拍脉冲”或“T 周期”，它是处理操作的最基本单位。

一个指令周期至少包含两个 CPU 周期，而一个 CPU 周期中又包含有若干个 T 周期。图 6—2 给出了指令周期、CPU 周期、时钟周期三者之间的关系。

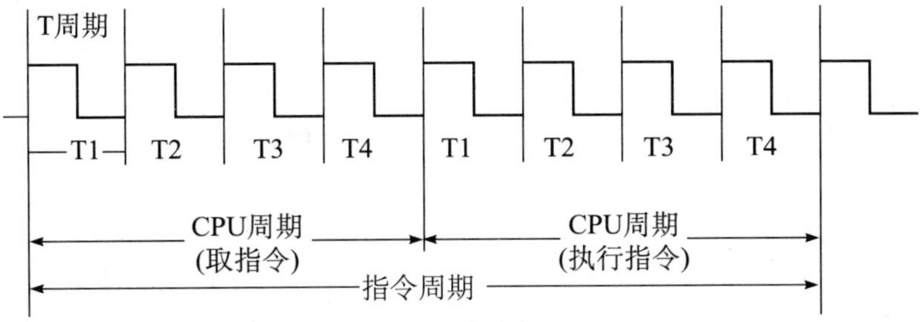

图 6—2　指令周期、CPU 周期和时钟周期

通过前面的学习，我们知道一条指令的执行其实就是若干个微操作的执行。因此，只有将每条指令包含几个微操作以及每个微操作需要怎样的数据通路和控制信号弄清楚，我们才能制造出可以控制计算机按照指令意图进行工作的控制器。也就是说，只有我们事先将设计好的微操作控制信号以某种形式存放在控制器中，控制器才能在各个微操作的 T 周期中发出相应的微操作控制信号，控制计算机按照指令要求进行工作。因此，本章的重点以及难点就是设计每条指令的各个 T 周期中每个微操作的控制信号。

6.2.2　指令周期的确定

不同的指令具有不同的指令周期：下面是四类典型的指令及指令周期。

（1）非访内指令。

这类指令不访问内存，即不从内存中取操作数。它一般需要两个 CPU 周期，即取指令周期和执行周期。

第一个 CPU 周期为取指令周期，要完成三件事：

1）从内存中取出指令。

2）指令指针加“1”，为取下一条指令做准备。

3）对指令操作码进行译码识别，以确定执行哪一些微操作

第二个 CPU 周期为执行周期，根据对指令操作码进行的译码结果，向有关部件发出操作控制信号。

（2）直接访内指令。

这类指令要直接访问内存，即从内存中取操作数。它一般需要三个 CPU 周期，第一个 CPU 周期取出指令；第二个 CPU 周期将操作数地址送往地址寄存器并完成地址译码过程；第三个 CPU 周期取出操作数并进行运算。

（3）间接访内指令。

间接访内指令需要四个 CPU 周期。第一个 CPU 周期取出指令；第二个 CPU 周期将操作数地址送往地址寄存器并完成地址译码过程，得到操作数地址；第三个 CPU 周期根据第二个 CPU 周期得到的操作数地址再次进行地址译码过程；第四个 CPU 周期取出操作

数并进行运算。

（4）程序控制指令。

这类指令的主要功能是改变指令执行的顺序，如：跳转指令。其指令周期也由两个 CPU 周期组成。第一个 CPU 周期取出指令；第二个 CPU 周期则是根据指令内容向程序计数器发送目标地址，使得下一条指令不再是本条指令的下一条指令，实现指令地址的跳转。

显然，任何一条指令的第一个 CPU 周期都是取指令周期。

控制信号的产生在控制器中有两种方法，一种是微程序设计方法；另一种是硬布线设计方法。

6.2.3 控制器的控制方式

不同指令其指令周期所包含的 CPU 周期的数目不同，同一条指令不同机器周期中需要完成的微操作的个数及难易程度也不同。即不同机器周期内的 T 周期的个数和时间长度也不相同。而控制器中每个微操作的控制信号必须根据这些时序来设计。怎样确定这些时序的方法叫做“控制器的控制方式”。常见的控制方式有：同步控制方式、异步控制方式和联合控制方式。

（1）同步控制方式。

所谓同步控制方式是指对机器的所有指令采用统一的时序信号，每个指令周期采用相同数目的机器周期，每个机器周期采用相同数目的节拍脉冲来形成每条指令的控制操作序列。采用本方式，必须选取指令周期最长、最复杂的指令的执行时间作为统一的时间时序标准。这种控制方式时序关系简单，但对简单的执行时间少的指令将造成大量的时间浪费，因而运行速度慢。

（2）异步控制方式。

异步控制方式是指每条指令、每个微操作需要多少时间就占用多少时间，而不采用统一的周期和节拍，时间上的衔接通过应答通信方式实现。这种控制方式没有固定的周期和节拍，完全按照不同的需要来安排时序，没有时间上的浪费，机器效率比较高，但时序控制比较复杂。

（3）联合控制方式。

实际上，现代计算机中几乎不存在单纯采用同步或异步的控制方式，大多数采用联合控制方式，即采用同步控制方式和异步控制方式两者相结合方式。通常的做法是在功能部件内部采用同步方式或以同步方式为主的控制方式，在功能部件之间采用异步方式。

6.3 控制器的设计

控制器的作用是根据所得指令在该指令的不同 T 周期中发出相应的控制信号，因此，控制器的设计实质也就是设计出每条指令在各自 T 周期中的控制信号，控制信号的设计有两种方法。一种是微程序设计方法；另一种是硬布线设计方法。

6.3.1 微程序控制器

1. 微程序控制的基本思想

微程序控制的基本思想是仿照通常的解题程序的方法，把所有的控制命令信号汇集在一起编码成所谓的微指令，再由微指令组成微程序，存放在一个只读存储器中。系统运行时，一条条地读出这些微指令，产生执行部件所需要的各种控制信号，从而驱动执行部件进行所规定的操作。

2. 微程序控制的基本概念

一台计算机可划分为两大部分——控制部件和执行部件。控制器就是控制部件，而运算器、存储器、外围设备是执行部件。两者之间的联系是：控制部件通过控制线向执行部件发出各种控制命令。通常这种控制命令称为“微命令”，如图 6—3 所示。而执行部件接受微命令所进行的操作，称为“微操作”。

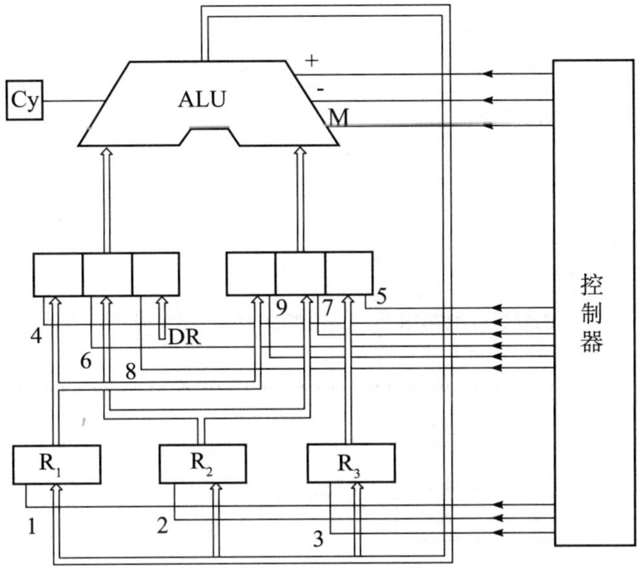

图 6—3 计算机中的控制线示意图

在系统的一个机器周期内，一组实现一定操作功能的微命令的组合，构成了一条微指令。微指令除给出微命令信息外，还应给出测试判别信息。指令中一旦出现此信息，执行这条微指令时需要对系统的有关标志进行测试，从而实现控制算法流程图中出现的条件分支。微指令中还应该包含下一个微指令的地址字段，该字段将指明 ROM 中下一条微指令的地址。图 6—3 中，所有的控制信号均标注在各子系统的侧面，共有 26 个，因此，微命令字段长 26 位。加上测试判别字段和下址字段的 6 位，微指令长度共计 32 位。其中，当某位控制信号为“1”时，该控制信号有效；为“0”时，该控制信号无效。微指令格式如图 6—4 所示。

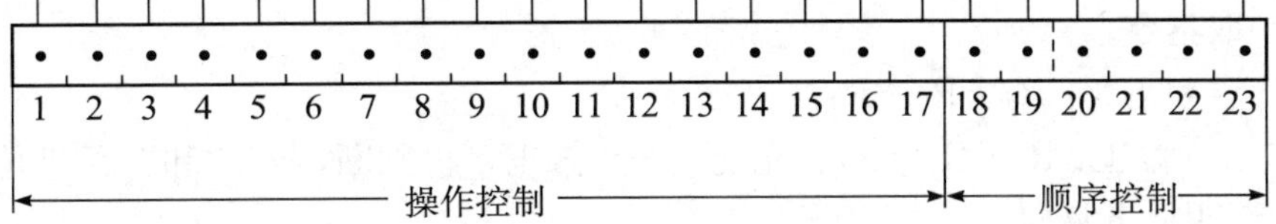

图 6—4 微指令基本格式

有两点需要注意：第一，一条微指令的有效持续时间是系统的一个基本周期。它表示从 ROM 中读出微指令与执行这条微指令的时间总和。当从 ROM 中读出下一条微指令后，当前的这条微指令即失效；第二，一条微指令中包含若干个微命令。它们分头并行地控制执行部件进行相应的微操作。

实现一条机器指令功能的许多条微指令组成的序列叫做“微程序”。一条机器指令对应着一个微程序。计算机系统中有多少条指令，就应该有多少个微程序，所有的微程序的集合就是计算机系统的控制信号。专门用来存放所有指令微程序的只读存储器叫做“控制存储器”。从控制存储器中读出一条微指令，并执行这条微指令所需要的时间称为“一个微指令周期”，简称“微周期”。

3. 微程序设计举例

采用图 6—3 所示运算器完成“BCD 码加法运算”指令。设：两加数 a，b 均已存入寄存器 R_1 和 R_2 中，R_3 存放修正值 6。

(1) 分析微程序流程。

该 BCD 码加法指令的微程序流程如图 6—5 所示。

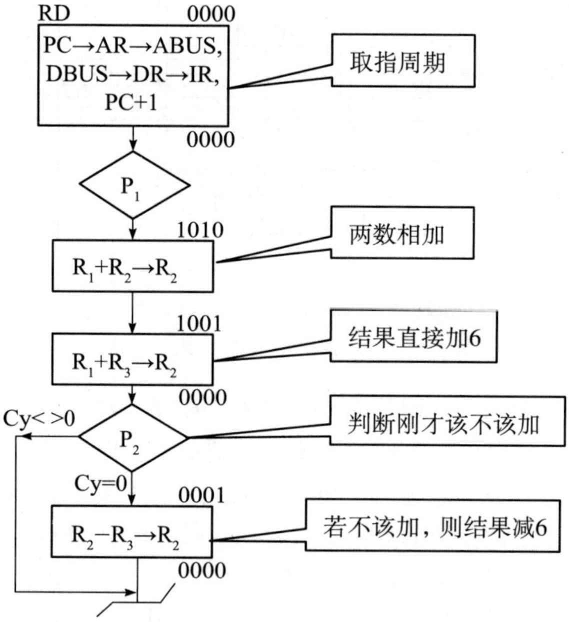

图 6—5　BCD 码加法指令的微程序流程

BCD 码加法：当“和”＞9 或 Cy＝1，⇒＋6 修正

共需四条微指令：

◇ 取指令。

◇ 求和指令：$R_1+R_2 \rightarrow R_2$。

◇ ＋6 修正：$R_2+R_3 \rightarrow R_2$。先统一＋6 修正，再判断，若“和”无进位，说明结果不需修正，则－6 恢复。

◇ －6 恢复指令：$R_2-R_3 \rightarrow R_2$。

后继微指令转移：

测试字段P=00：顺序控制字段内容 μAR 为后继微指令地址；

P=01：按 Cy 修改后继微指令地址，（μAR+/Cy）按指令操作码转入微程序；

P=10：后继微指令地址即机器指令的操作码；

根据指令流程推出四个微操作的微命令如下：

第一个 CPU 周期的二进制编码

000 000 000 000 11111	10	0000

第二个 CPU 周期的二进制编码

010 100 100 100 00000	00	1001

第三个 CPU 周期的二进制编码

010 001 001 100 00000	01	0000

第四个 CPU 周期的二进制编码是：

010 001 001 001 00000	00	0000

（2）执行“BCD 码加法运算”指令。

从控存中逐条取出微指令并执行。

1）从控存 0000 单元取出一条微指令（取指令微指令），执行这条微指令。

· 发出微命令：RD’，LDDR’，LDIR’，LDAR’，PC+1；完成取机器指令操作。

· 微指令 P 字段为 10，表示后继微指令地址为指令的操作码。

取出的机器指令为“BCD 码加法运算”指令，指令操作码为 1010。

∴ 下一条微指令地址为 1010。

2）从控存 1010 单元取出一条微指令（求和微指令），执行这条微指令。逐条解释执行 BCD 码加法指令。

· 发出微命令：LDR2’，R_1→X，R_2→Y，+；完成（R_1）+（R_2）→R_2 操作。

· 微指令顺序地址字段为 1001，P 字段为 00。

∴ 下一条微指令地址为 1001。

3）从控存 1001 单元取出一条微指令（+6 修正微指令），执行这条微指令。

· 发出微命令：LDR2’，R_2→X，R_3→Y，+；完成（R_2）+（R_3）→R_2 操作。

· 微指令顺序地址字段为 0000，P 字段为 01，测试 Cy 值，按 Cy 修改下条微指令地址。

Cy=0：μAR+/Cy=0000+1=0001

Cy+1：μAR+/Cy=0000+0=0000

本条指令执行完，取下一条机器指令。

4）若 Cy=0，从控存 0001 单元取出一条微指令（−6 修正微指令），执行这条微指令。

· 发出微命令：LDR2’，R_2→X，R_3→Y，−；完成（R_2）−（R_3）→R_2 操作。

· 微指令顺序地址字段为 0000，P 字段为 00。

∴ 下一条微指令地址为 0000。

本条指令执行完，取下一条机器指令。

4. 微程序控制器的组成

微程序控制器由控制存储器、微地址寄存器、微命令寄存器和地址转移逻辑几部分组成。微地址寄存器和微命令寄存器二者的总长度即为一条微指令的长度，二者合在一起称为“微指令寄存器”，如图 6—6 所示。

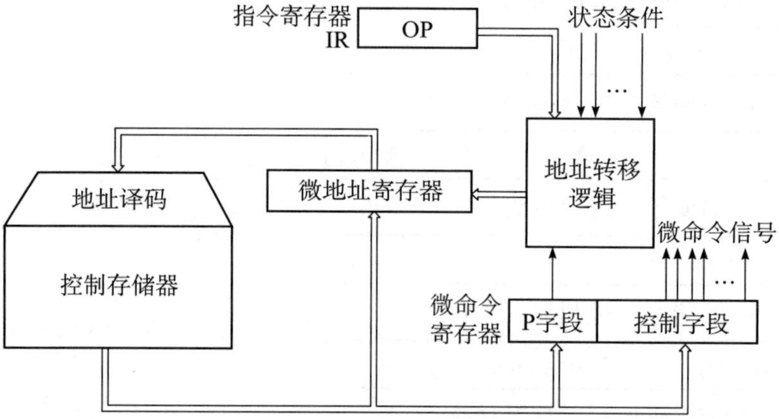

图 6—6　微程序控制器的组成

其中各部件的作用如下：

(1) 控制存储器 (ROM)。

ROM 中存放微程序，即全部的微指令。ROM 的容量取决于微指令的总数。假如：控制器需要 128 条微指令，则微地址寄存器长度为 7 位。ROM 的字长取决于微指令长度。如果微指令为 32 位，则 ROM 的字长就是 32 位。实际应用中 ROM 可采用 EPROM 或 E-2PROM、EAROM，用户写入和修改微程序比较方便。

(2) 微命令寄存器。

微命令寄存器的作用是暂存由控制存储器中读出的当前微指令中控制字段与测试判别字段信息。它可由 8D 寄存器组成。

(3) 微地址寄存器。

微地址寄存器的作用是暂存由控制存储器读出的当前微指令的下址字段信息。它可由带 RD、SD 强置端的 D 触发器组成。其中，时钟端和 D 端配合用做 ROM 的读出写入，用 SD 进行下址修改。

(4) 地址转移逻辑。

微指令由 ROM 读出后直接给出下一条微指令的地址，这个地址存放在微地址寄存器中。当微程序出现分支时通过地址转移逻辑去修改微地址寄存器内容，并按修改好的微地址读出下一条微指令。地址转移逻辑是一个组合逻辑电路，其输入是当前微指令的判别测试字段 Pi、执行部件反馈的“状态条件”及时间因素 T4。

5. 微程序控制器的设计步骤

(1) 设计指令的操作码，确定指令长度是固定的还是可变长的，确定机器周期、节拍与主频，确定机器周期是固定的还是可变长的。

（2）选择合适的控制方式和控制时序。

（3）根据 CPU 的结构图，写出每条指令的操作流程图并分解成微操作序列，确定每一条指令所需的机器周期以及每一周期所完成的操作。

（4）对微操作流程图安排时序，排出微操作时间表。

（5）根据微命令格式推出每个微操作的控制信号。

6. 微程序设计技术

通过前面所述，我们认识到微程序设计的关键是如何确定微指令的结构（包括微指令编码和微地址形成方法）。微指令设计追求的目标是：第一，有利于缩短微指令字的长度；第二，有利于减小控制存储器的容量；第三，有利于提高微程序的执行速度；第四，有利于对微指令的修改；第五，有利于提高微程序设计的灵活性。

（1）微指令编码。

1）直接表示法——微指令操作控制字段中的每一位代表一个微命令。其微指令结构如图 6—7（a）所示。这种方法的优点是：简单直观，其输出可直接用于控制；缺点是：微指令字较长，因而使控制存储器容量较大。

2）编码表示法——把一组相斥性的微命令信号组成一个小组（即一个字段），然后，通过小组（字段）译码器产生操作控制信号。其微指令结构如图 6—7（b）所示。这种方法的优点是：可以用较少的二进制信息位表示较多的微命令信号，使微指令字长大大缩短；缺点是：由于增加了译码延时，微程序的执行速度略有减慢。

3）混合表示法——把直接表示法与编码表示法混合使用，以便综合考虑微指令字长、灵活性和执行微程序速度等方面的要求。其微指令结构如图 6—7（c）所示。

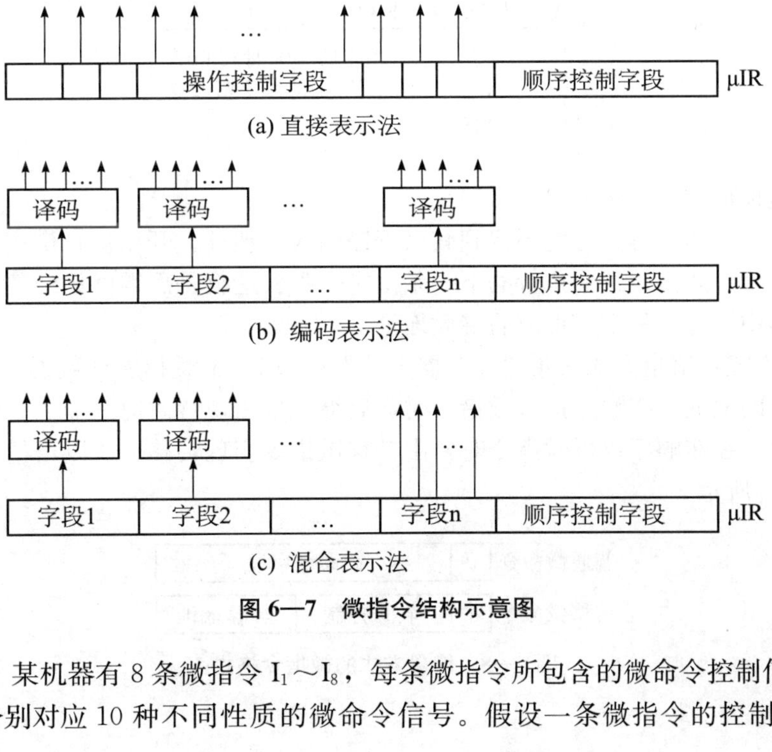

图 6—7　微指令结构示意图

【例 6. 1】某机器有 8 条微指令 $I_1 \sim I_8$，每条微指令所包含的微命令控制信号如表 6—1 所示。a～j 分别对应 10 种不同性质的微命令信号。假设一条微指令的控制字段为 8 位，请安排微指令的控制字段格式。

表 6—1　　　　微指令所含微命令控制信号表

微指令	微命令信号									
	a	b	c	d	e	f	g	h	i	j
I_1	√	√	√	√	√					
I_2	√			√		√	√			
I_3			√						√	
I_4				√						
I_5			√		√		√		√	
I_6	√							√		√
I_7			√	√				√		
I_8	√	√						√		

解：分析表格：(e，f，h) 和 (b，i，j) 对于任何一条微指令都是相斥性微操作，即不可能在同一个 CPU 周期中同时发生这些操作，因此，可分别组成两个小组或两个字段，然后，进行译码产生这 6 个微命令信号。剩下的 a，c，d，g 四个微命令信号可进行直接控制。其整个微指令控制字段组成如下：

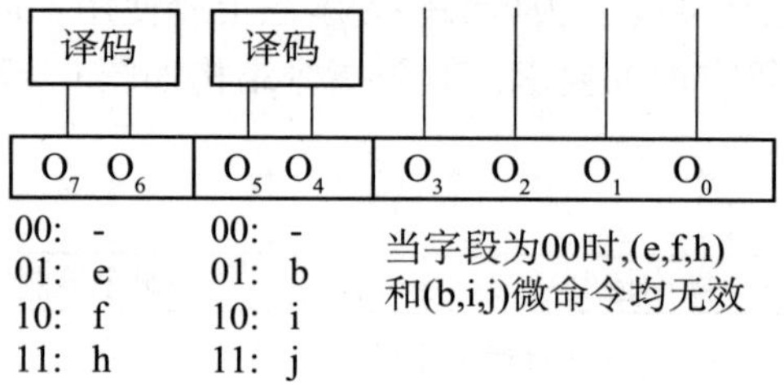

（2）微地址形成的方法。

一条机器指令的执行，首先要找到其微程序的入口地址，开始执行微程序。但当执行完一条位指令后，如何找到要执行的下一条微指令呢？这就是后继微地址的形成问题，在微程序控制器中，有三种方式形成后继微地址。

1）增量方式：增量方式又叫“计数器方式”，是用一个微程序计数器（μPC）来产生下一条微指令的地址。在顺序执行微指令时，后继地址由现行微地址加上一个增量来产生（通常加“1”）；在非顺序执行微指令时，由转移微指令实现转移。所以增量方式的微指令格式如图 6—8 所示。

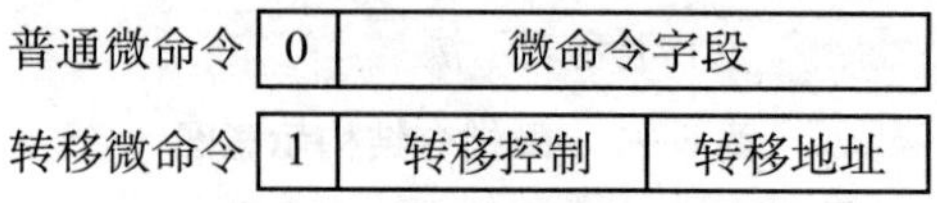

图 6—8　增量方式的微指令格式

转移微指令的顺序控制字段分为两部分：转移控制字段和转移地址字段。当转移条件满足时，把转移地址字段的内容作为下一个微地址；当转移条件不满足时，则把微程序计数器的内容作为下一个微地址。通常把微地址寄存器改为微程序计数器。

增量方式的优点是简单、编制微程序容易；缺点是在微程序中会出现大量的转移微指令（约占 25%），另外又要区分普通微指令和转移微指令，使得微程序控制电路复杂化。

2）断定方式：断定方式又称为“下址字段法”，在微程序控制器中不设置微程序计数器（μPC），而是在微指令格式中设置一个下址字段，用于指明下一条要执行的微指令的地址。同时通过转移控制字段进行条件测试，并根据测试结果对下址进行修改，形成转移微地址。1 个测试位能产生 2 个分支，2 个位测试位能产生 4 个分支，n 个测试位能产生 2n 个分支。所以断定方式的微指令格式如图 6—9 所示。

微命令字段	转移控制	下址字段

图 6—9　断定方式微指令格式

3）增量和断定结合方式：增量方式与断定方式的结合，既在微程序控制器中设置微程序计数器，又在每条微指令中设置顺序控制字段。顺序控制字段又分为两部分：转移控制字段和转移地址字段。当转移条件满足时，由转移地址字段的内容形成下一个微地址，若无转移要求，则直接根据微程序计数器的内容取出下一条微指令。所以增量和断定结合方式的微指令格式如图 6—10 所示。

微命令字段	转移控制字段 BCF	转移地址字段 BAF

图 6—10　增量和断定结合方式微指令格式

（3）微指令格式。

微指令编码方式是决定微指令格式的主要因素。一般微指令的格式大致分为两类：水平型微指令和垂直型微指令。

1）水平型微指令是指一次能定义并执行多个微命令的微指令。操作控制字段采用直接控制法、字段编码法生成的微指令一般属于水平型微指令。

水平型微指令并行操作能力强、执行机器指令的速度快；但微程序设计复杂。用水平型微指令编写的微程序具有微指令字长而微程序短的特点，面向控制逻辑描述。

2）垂直型微指令是指一次只能定义并执行一个微命令的微指令。操作控制字段采用最短编码法生成的微指令属于垂直型微指令。

垂直型微指令并行操作能力差、执行机器指令的速度慢；但微程序设计简单。用垂直型微指令编写的微程序，具有微指令字短而微程序长的特点，面向控制算法描述。

6.3.2　硬布线控制器

1. 硬布线控制器的基本思想

硬布线控制器是早期设计计算机的一种方法。这种方法将控制部件看作产生专门固定时序控制信号的逻辑电路，产生各种控制信号。而此逻辑电路以使用最少元件和取得最高操作速度为设计目标。一旦控制部件构成后，除非重新设计和物理上对它重新布线，否则要想增加新的控制功能是不可能的。这种逻辑电路是一种由门电路和触发器构成的复杂树形网络，故称之为“硬布线控制器”。

硬布线控制器是计算机中最复杂的逻辑部件之一。当执行不同的机器指令时，通过激活一系列彼此很不相同的控制信号来实现对指令的解释，其结果使得控制器往往很少有明确的结构而变得杂乱无章。这种结构上的缺陷使得硬布线控制器的设计和调试过程非常复杂且代价很大。因此，硬布线控制器被微程序控制器所取代。但是随着第四代机器及 VLSI 技术的发展，其逻辑设计思想又得到了重视。

硬布线控制器主要由组合逻辑网络、指令寄存器、指令译码器、节拍电位/节拍脉冲发生器等部分组成，硬布线控制器的结构方框图如图 6—11 所示。其中组合逻辑网络产生计算机所需的全部操作命令，是硬布线控制器的核心。

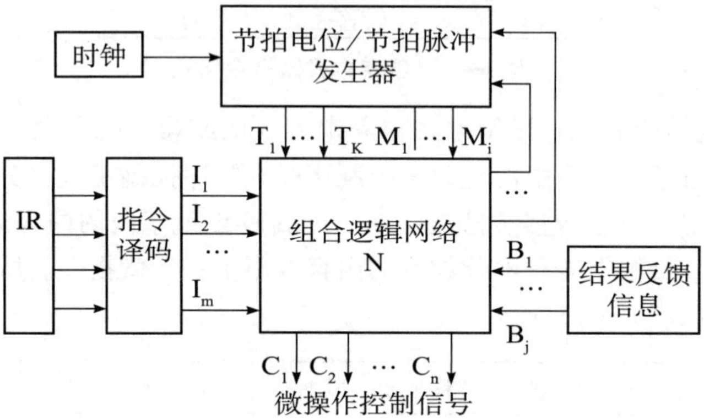

图 6—11　硬布线控制器结构方案图

组合逻辑网络的输入信号来源有三个：

(1) 来自指令操作码译码器的输出 $I_1 \sim I_m$，译码器每根输出线表示一条指令，译码器的输出反映出当前正在执行的指令。

(2) 来自执行部件的反馈信息 $B_1 \sim B_j$。

(3) 来自时序产生器的时序信号，包括节拍电位信号 $M_1 \sim M_i$ 和节拍脉冲信号 $T_1 \sim T_k$。其中节拍电位信号就是机器周期（CPU 周期）信号，节拍脉冲信号是时钟周期信号。

组合逻辑网络 N 的输出信号就是微操作控制信号 $C_1 \sim C_n$，用来对执行部件进行控制。另有一些信号则根据条件变量来改变时序发生器的计数顺序，以便跳过某些状态，从而可以缩短指令周期。

硬布线控制器的基本原理，归纳起来可叙述为：某一微操作控制信号 C 是指令操作码译码器输出 I_m、时序信号（节拍电位 M_i，节拍脉冲 T_k）和状态条件信号 B_j 的逻辑函数，其数学描述为：

$$C = f(I_m, M_i, T_k, B_j)$$

控制信号 C 是用门电路、触发器等许多器件采用布尔代数方法来设计实现的。当机器加电工作时，某一操作控制信号 C 在某条特定指令和状态条件下，在某一操作的特定节拍电位和节拍脉冲时间间隔中起作用，从而激活这条控制信号线，对执行部件实施控制。显然，从指令流程图出发，就可以一个不漏地确定在指令周期中各个时刻必须激活的所有操作控制信号。例如：对引起一次内存读操作的控制信号 C_3 来说，当节拍电位 $M_1=1$，取指令时被激活；而节拍电位 $M_4=1$，三条指令（LDA，ADD，AND）取操作数时也被激活，此时指令译码器的 LDA，ADD，AND 输出均为“1”。因此，C_3 的逻辑表达式可由下式确定：

$$C_3=M_1+M_4\ (LDA+ADD+AND)$$

一般来说，还要考虑节拍脉冲和状态条件的约束，所以每一控制信号 C 可以由以下形式的布尔代数表达式来确定：

$$C_n=\sum\ (M_i * T_k * B_j * \sum I_m)$$

与微程序控制相比，硬布线控制的速度较快。其原因是微程序控制中每条微指令都要从控存中读取一次，影响了速度，而硬布线控制主要取决于电路延迟。因此，近年来在某些超高速新型计算机结构中，又选用了硬布线控制器或与微程序控制器混合使用。

2. 硬布线控制器逻辑设计中的注意事项

（1）采用适宜指令格式，合理分配指令操作码。

（2）确定机器周期、节拍与主频。

（3）确定机器周期数及一周期内的操作。

（4）进行指令综合。综合所有指令的每一个操作命令，写出逻辑表达式，并进行化简。

（5）明确组合逻辑电路。将简化后的逻辑表达式用组合逻辑电路来实现。操作命令的控制信号先用逻辑表达式列出，进行化简，再考虑各种条件的约束，合理选用逻辑门电路、触发器等器件，采用组合逻辑电路的设计方法产生控制信号。

总之，控制信号的设计与实现，技巧性较强，目前，已有一些专门的开发系统或工具供逻辑设计使用，但是对全局的考虑主要依靠设计人员的智慧和经验实现。

3. 硬布线控制器设计举例

设计某模型机的控制器，设该机指令系统仅为五条指令，采用硬布线控制器。

指令如下：

◇ CLA	清零指令	指令功能：0→AC；
◇ ADD AC，M	加法指令	指令功能：(AC) ＋ (M) →AC；
◇ STA M	存数指令	指令功能：(AC) →M；
◇ JMP m	跳转指令	指令功能：m→PC；
◇ NOP	空指令	指令功能：延时。

（1）分析指令，列出所有指令的操作流程，如图 6—12 所示。

（2）对执行流程进行时序划分（分配周期和脉冲）。一般一个微操作分配一个时钟周期，读写内存分配两个内存，如图 6—13 所示。

（3）总结综合所有微操作如表 6—2 所示。

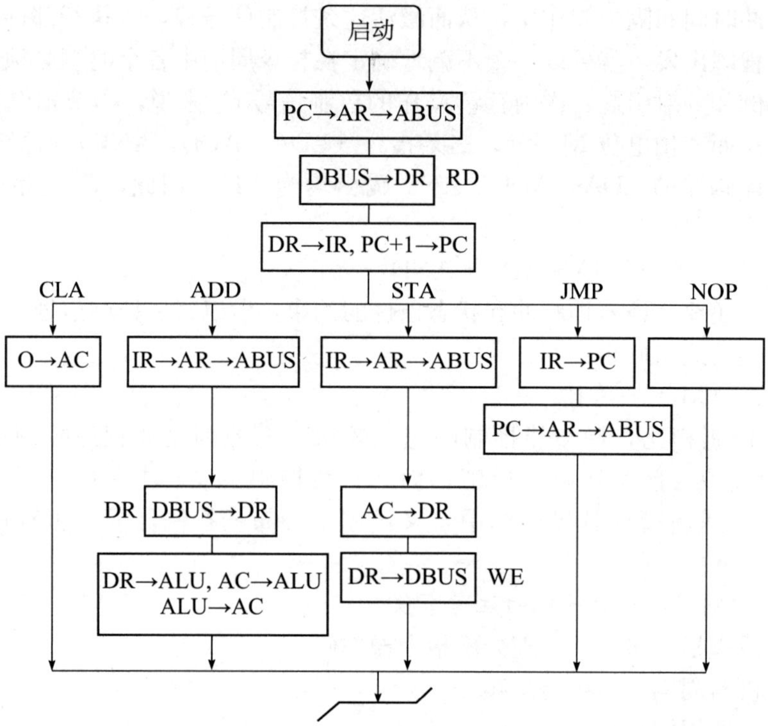

图 6—12　硬布线控制器结构方框图

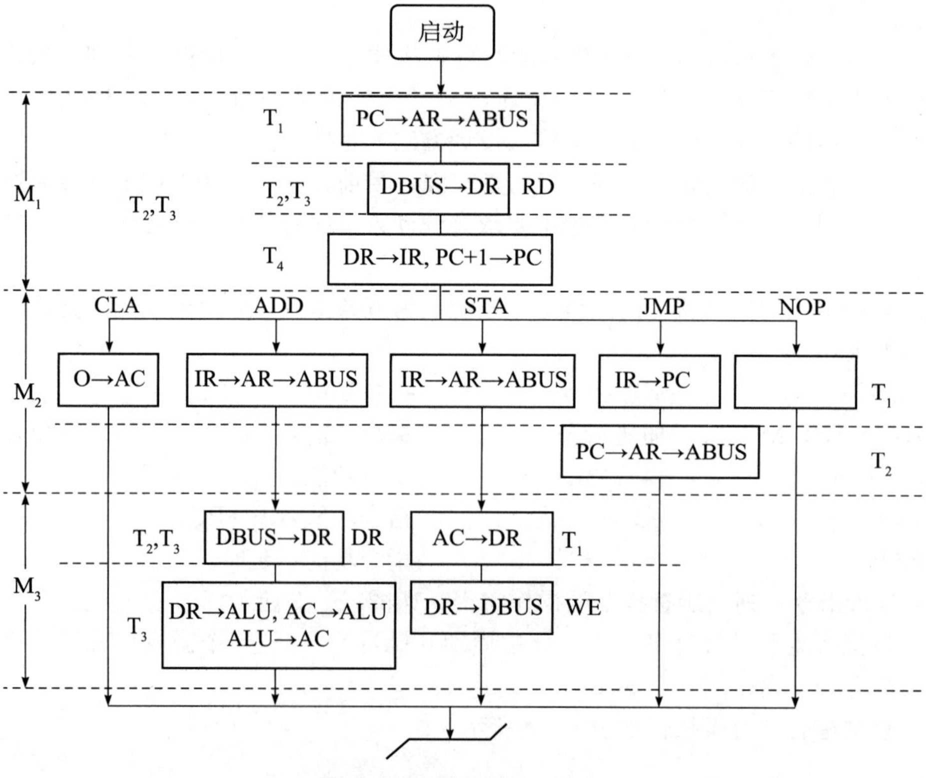

图 6—13　周期划分示意图

表 6—2　　微操作指令表

C_0	PC→AR→ABUS	C_6	DR→DBUS
C_1	PC+1→PC	C_7	DBUS→DR
C_2	IR→PC	C_8	AC→DR
C_3	IR→AR→ABUS	C_9	AC→ALU
C_4	DR→IR	C_{10}	ALU→AC
C_5	DR→ALU	C_{11}	0→AC

（4）列出各微操作的逻辑函数表达式。

◇ C_0：PC→AR→ABUS = $M_1 T_1 + M_2 T_2$

◇ C_1：PC+1→PC = $M_1 T_4$

◇ C_2：IR→PC = $M_2 T_1$ JMP

◇ C_3：IR→AR→ABUS = $M_2 T_1$ (Add + STA)

◇ C_4：DR→IR = $M_1 T_4$

◇ C_5：DR→ALU = $M_3 T_3$ Add

◇ C_6：DR→DBUS = $M_3 T_2 T_3$ STA

◇ C_7：DBUS→DR = $M_1 T_2 T_3 + M_3 T_1 T_2$ Add

◇ C_8：AC→DR = $M_3 T_1$ STA

◇ C_9：AC→ALU = $M_3 T_3$ Add

◇ C_{10}：ALU→AC = $M_3 T_3$ Add

◇ C_{11}：0→AC = $M_2 T_1$ CLA

4. 硬布线控制器与微程序控制器的比较

硬布线控制器与微程序控制器相比，除在操作控制信号的形成上有较大的区别外，其他方面没有本质的区别。对于实现相同的一条指令，不管是采用硬布线控制还是采用微程序控制，都可以采用多种逻辑设计方案，导致了各种不同的控制器在具体实现方法和手段上的区别，性能上的差异。

硬布线控制与微程序控制的主要区别归纳为如下几个方面：

（1）实现方式。

微程序控制器的控制功能是在存放微程序的存储器和存放当前正在执行的微指令的寄存器的直接控制下实现的；而硬布线控制的功能则由逻辑门组合实现。微程序控制器的电路比较规整，各条指令信号的差别集中在控制存储器内容上。

因此，无论是增加或修改指令都只需要增加或修改控制存储器内容即可。若控制存储器是 ROM，则要更换芯片。在设计阶段可以先用 RAM 或 EPROM 来实现，验证正确后或成批生产时，再用 ROM 代替。硬布线控制器的控制信号先用逻辑式列出，经化简后用电路来实现。因此，显得零乱复杂，当需要修改指令或增加指令时就必须重新设计电路，非常麻烦而且有时甚至无法改变。因此，微操作控制取代了硬布线控制并得到了广泛应用，尤其是指令复杂的计算机，一般都采用微程序来实现控制功能。

（2）性能方面。

在同样的半导体工艺条件下，微程序控制的速度比硬布线控制的速度低，因为执行每条微程序指令都要从控制存储器中读取，影响了速度；而硬布线控制逻辑主要取决于电路延时，因而在超高速机器中，对影响速度的关键部分，如核心部件CPU，往往采用硬布线逻辑实现。近年来，在一些新型计算机系统中，例如：RISC（精简指令系统计算机）中，一般都选用硬布线逻辑电路。

6.4 CPU的组成和功能

微型机将运算器和控制器做在一个芯片上，这个芯片被称为“中央处理器”，通常简称“CPU”（Central Processing Unit），也叫做“微处理器”。CPU是微型机的核心，是信息加工处理的中心部件，主要完成各种算术及逻辑运算，并控制计算机各部件协调地工作。

6.4.1 CPU的基本组成

CPU的基本组成部分包括：一个作为CPU控制中心的程序控制单元；一个或几个执行基本算术逻辑动作的计算部件，称为“算术逻辑单元”（ALU）；一组称为“寄存器”的高速存储单元。

第一，程序控制单元是CPU的核心，当一条指令进入CPU后，它分析检查该指令的内容，确定指令要求完成的动作以及指令的有关参数。例如：如果是一条加法指令，指明被加数在内存的某个地方。程序控制单元要指挥内存把数据送到CPU来。当计算所需要的数据准备好后，算术逻辑部件就可以执行指令所要求的计算。计算完成后，程序控制单元还要按照指令要求把计算结果存入数据寄存器，或者存入内存储器中。

第二，CPU里必须包含算术逻辑单元，用来完成算术运算和逻辑运算。许多CPU中还设置了两个运算单元。一个用来执行整数运算和逻辑运算；另一个用于浮点数计算。浮点数计算是CPU比较复杂的一部分。早期的计算机中需要用专门的程序，即软件方法实现浮点数计算。完成一次浮点数加法要执行许多指令，浮点数乘除法的指令更多，因而计算时间很长。后来，Intel公司为Intel 8088、Intel 8086芯片设计制造了配套的专用浮点计算芯片，称为“协处理器”或“浮点处理器”。这种芯片可以安装在微型机里，与CPU连接。当CPU发现要执行的是浮点数指令时，就把工作递交给协处理器完成。

第三，CPU另一个重要部分是一组寄存器。其中包括一个指令寄存器，用于存放从内存中取出、当前执行的指令。若干个控制寄存器是CPU在工作过程中要用到的；若干个数据寄存器是提供给程序控制单元和算术逻辑部件在计算过程中临时存放数据用的。通常，一个数据寄存器能够存放的二进制数据位数与CPU的字长是相等的。通用数据寄存器个数对于CPU的性能有很大影响。目前的CPU一般设置十几个到几十个数据寄存器，有些CPU，如采用RISC技术制造的CPU，设置了包含更多寄存器的寄存器组。

运算器由算术逻辑单元（ALU）、累加寄存器、数据缓冲寄存器和状态条件寄存器组成。而控制器由程序计数器、指令寄存器、指令译码器、时序产生器和操作控制器组成。因此，在CPU中至少要有六类寄存器，它们是：指令寄存器（IR）、程序计数器（PC）、地址寄存器（AR）、数据缓冲寄存器（DR）、累加寄存器（AC）和状态条件寄存器（PSW）。

（1）数据缓冲寄存器（DR）。

数据缓冲寄存器用来暂时存放由内存储器读出的一条指令或一个数据字；反之，当向内存存入一条指令或一个数据字时，也暂时将它们存放在数据缓冲寄存器中。

（2）指令寄存器（IR）。

指令寄存器用来保存当前正在执行的一条指令。当执行一条指令时，先把它从内存取到数据缓冲寄存器中，然后再传送至指令寄存器。

（3）程序计数器（PC）。

为了保证程序能够连续地执行下去，CPU 必须具有某些手段来确定下一条指令的地址，而程序计数器正是起到这种作用，所以通常又称为“指令计数器”。PC 中始终存放下一条指令的地址。

（4）地址寄存器（AR）。

地址寄存器用来保存当前 CPU 所访问的内存单元的地址。由于在内存和 CPU 之间存在着操作速度上的差别，所以必须使用地址寄存器来保持地址信息，直到内存的读/写操作完成为止。

（5）累加寄存器（AC）。

累加寄存器暂时存放 ALU 运算的结果信息。显然，运算器中至少要有一个累加寄存器。

目前，CPU 中的累加寄存器，多达 16 个或 32 个，甚至更多。当使用多个累加器时，就变成通用寄存器堆结构，其中任何一个可存放源操作数，也可存放结果操作数。在这种情况下，需要在指令格式中对寄存器号加以编址。

（6）状态条件寄存器（PSW）。

状态条件寄存器保存由算术指令和逻辑指令运行或测试的结果所建立的各种条件码组成，如运算结果进位标志（C）、运算结果溢出标志（V）、运算结果为零标志（Z）、运算结果为负标志（N）等。这些标志位通常分别由 1 位触发器保存。

除此之外，状态条件寄存器还保存中断和系统工作状态等信息，以便使 CPU 和系统能及时了解机器运行状态和程序运行状态。因此，状态条件寄存器是一个由各种状态条件标志拼凑而成的寄存器。

6.4.2　CPU 的功能

CPU 是微型计算机的核心部件，是控制计算机系统按照用户所给程序进行数据运算的部件，因此，CPU 应该具有的四方面基本功能：

（1）指令控制。

程序的顺序控制称为“指令控制”。程序是一个指令序列，这些指令的相互顺序不能任意颠倒，必须严格按程序规定的顺序进行。

（2）操作控制。

一条指令的功能往往是由若干个操作信号的组合来实现的。因此，CPU 管理并产生由内存取出的每条指令的操作信号，并把各种操作信号送往相应的部件，从而控制这些部件按指令的要求进行动作。

（3）时间控制。

对各种操作实施时间上的定时称为“时间控制”。在计算机中，各种指令的操作信号以及一条指令的整个执行过程都受到时间的严格定时，此外，指令的执行过程需要时间控制。

（4）数据加工。

数据加工就是对数据进行算术运算和逻辑运算处理。

6.4.3 CPU 的性能指标

CPU 性能的高低直接决定了一个微型机系统的档次，CPU 性能主要是由以下几个主要因素决定：

（1）主频。

主频是 CPU 的时钟频率，简单地说也就是 CPU 的工作频率。例如：我们常说的 P4（奔四）1.8GHz，这个 1.8GHz（1 800MHz）就是 CPU 的主频。一般说来，一个时钟周期完成的指令数是固定的，所以主频越高，CPU 的速度也就越快。主频=外频×倍频。

此外，需要说明的是，AMD 的 Athlon XP 系列处理器其主频为 PR（Performance Rating）值标称，例如：Athlon XP 1700＋和 1800＋。举例来说，实际运行频率为 1.53GHz 的 Athlon XP 标称为 1800＋，而且在系统开机的自检画面、Windows 系统的系统属性以及 WCPUID 等检测软件中也都是这样显示的。

（2）外频。

外频即 CPU 的外部时钟频率。主板及 CPU 标准外频主要有 66MHz、100MHz、133MHz 几种。此外，主板可调的外频越多、越高越好。特别是对于超频者比较有用。

（3）倍频。

倍频则是指 CPU 外频与主频相差的倍数。例如：Athlon XP 2000＋的 CPU，其外频为 133MHz，所以，其倍频为 12.5 倍。

（4）接口。

接口指 CPU 和主板连接的接口。主要有两类，一类是卡式接口，称为“SLOT”。卡式接口的 CPU 像我们经常用的各种扩展卡，如显卡、声卡等一样是竖立插到主板上的，当然主板上必须有对应 SLOT 插槽，目前，这种接口的 CPU 已被淘汰；另一类是主流的针脚式接口，称为“Socket”。Socket 接口的 CPU 有数百个针脚，因为针脚数目不同而分为 Socket370、Socket478、Socket462 和 Socket423 等。

（5）缓存。

缓存是指可以进行高速数据交换的存储器。它先于内存与 CPU 交换数据，因此，速度极快，所以又被称为“高速缓存”。与处理器相关的缓存一般分为两种：一种是 L1 缓存，也称“内部缓存”；另一种是 L2 缓存，也称“外部缓存”。例如：Pentium4“Willamette”内核产品采用了 423 针脚架构，具备 400MHz 的前端总线，拥有 256KB 全速二级缓存，8KB 一级追踪缓存，SSE2 指令集。

内部缓存（L1 Cache）：也就是我们经常说的一级高速缓存。在 CPU 里面内置的高速缓存可以提高 CPU 的运行效率，内置的 L1 高速缓存的容量和结构对 CPU 的性能影响较大，L1 缓存越大，CPU 工作时与存取速度较慢的 L2 缓存和内存间交换数据的次数越少，相对电脑的运算速度可以提高。不过，高速缓冲存储器均由静态 RAM 组成，结构较复杂，在 CPU 管芯面积不能太大的情况下，L1 级高速缓存的容量不可能做得太大，L1 缓存的容量单位一般为 KB。

外部缓存（L2 Cache）：CPU 外部的高速缓存。外部缓存成本昂贵，所以 Pentium 4 Willamette 核心的外部缓存为 256K，但同样核心的赛扬 4 代只有 128K。

（6）多媒体指令集。

为了提高计算机在多媒体、3D 图形方面的应用能力，许多处理器指令集应运而生。其中最著名的三种便是 Intel 的 MMX、SSE/SSE2 和 AMD 的 3D NOW！指令集。理论上这些指令对目前流行的图像处理、浮点运算、3D 运算、视频处理、音频处理等诸多多媒体应用起到全面强化的作用。

（7）制造工艺。

早期的处理器都是使用 0.5μm 工艺制造出来的。随着 CPU 频率的增加，原有的工艺已无法满足产品的要求，这样便出现了 0.35μm 以及 0.25μm 工艺。制作工艺越精细意味着单位体积内集成的电子元件越多，而现在采用 0.18μm 和 0.13μm 制造的处理器产品是市场上的主流，例如：Northwood 核心 P4 采用了 0.13μm 生产工艺。

（8）电压（Vcore）。

CPU 的工作电压指的是 CPU 正常工作时所需的电压，与制作工艺及集成的晶体管数相关。正常工作的电压越低，功耗越低，发热减少。CPU 的发展方向，也是在保证性能的基础上，不断降低正常工作所需要的电压。例如：老核心 Athlon XP 的工作电压为 1.75V，而新核心 Athlon XP 的工作电压为 1.65V。

（9）封装形式。

所谓 CPU 封装是 CPU 生产过程中的最后一道工序，封装是采用特定的材料将 CPU 芯片或 CPU 模块固化在其中以防损坏的保护措施。一般经过封装的 CPU 才能交付用户使用。CPU 的封装方式取决于 CPU 安装形式和器件集成设计，从大的分类来看，通常采用 Socket 插座进行安装的 CPU 使用 PGA（栅格阵列）方式封装；而采用 Slot x 槽安装的 CPU 则全部采用 SEC（单边接插盒）形式的封装。现在还有 PLGA（Plastic Land Grid Array）、OLGA（Organic Land Grid Array）等封装技术。由于市场竞争日益激烈，目前 CPU 封装技术的发展方向以节约成本为主。

（10）整数单元和浮点单元。

ALU——运算逻辑单元，这就是我们所说的“整数”单元。数学运算加、减、乘、除以及逻辑运算“OR、AND、ASL、ROL”等指令都在逻辑运算单元中执行。在多数的软件程序中，这些运算占了程序代码的绝大多数。

而浮点运算单元 FPU（Floating Point Unit）主要负责浮点运算和高精度整数运算。有些 FPU 还具有向量运算的功能，另外一些则有专门的向量处理单元。

整数处理能力是 CPU 运算速度最重要的体现，但浮点运算能力是关系到 CPU 的多媒体、3D 图形处理能力的一个重要指标，所以，对于现代 CPU 而言浮点单元运算能力的强弱更能显示 CPU 性能的高低。

6.5 流水线技术

6.5.1 并行处理技术

计算机设计所追求的目标之一是提高运算速度，因此，并行处理技术便成为计算机发展的主流。

早期的计算机基于冯·诺伊曼的体系结构，采用的是串行处理。主要特征是：计算机的各个操作只能串行地完成，即任一时刻只能进行一个操作。而并行处理则使得以上各个操作能同时进行，从而大大提高了计算机的速度。

广义来说，并行有两种含义：一是同时性，指两个以上事件在同一时刻发生；二是并发性，指两个以上事件在同一时间间隔内发生。计算机的并行处理技术可贯穿于信息加工的各个步骤和阶段。概括起来主要有三种形式：时间并行、空间并行、时间并行加空间并行。

（1）时间并行。

时间并行是指时间重叠，在并行性概念中引入时间因素，让多个处理过程在时间上相互错开，重叠地使用同一套硬件设备的各个部分，以加快硬件周转而赢得速度。

时间并行的实现方式就是采用流水处理部件。这是一种非常经济而实用的并行技术，能保证计算机系统具有较高的性能价格比。目前的高性能微型机几乎无一例外地使用了流水技术。

（2）空间并行。

空间并行是指资源重复，在并行性概念中引入空间因素，以“数量取胜”为原则来大幅度提高计算机的处理速度。大规模和超大规格集成电路的迅速发展为空间并行技术带来了巨大生机，因而成为目前实现并行处理的一个主要途径。空间并行技术主要体现在多处理器系统和多计算机系统。而且，在单处理器系统中也得到了广泛应用。

（3）时间加空间并行。

时间加空间并行是指时间重叠和资源重复的综合应用，既采用时间并行又采用空间并行。例加：奔腾 CPU 采用了超标量流水技术，在一个机器周期中同时执行两条指令，因而，既具有时间并行性，又具有空间并行性。显然，第三种并行技术带来的高速效益是最好的。

6.5.2 流水线技术

1. 流水线基本工作原理

指令流水类似于工厂的装配线。装配线利用了产品在装配的不同阶段其装配过程不同这一特点，使不同产品处在不同的装配段上，即每个装配段同时对不同产品进行加工，这样可大大提高装配效率。将这种装配生产线的思想用到指令的执行上，就引出了指令流水的概念。

计算机执行程序是按顺序的方式进行的，即程序中各条机器指令是按顺序串行执行的。如按四个周期完成一条指令来考虑，其执行过程如下：

取指令 1→计算地址 1→取操作数 1→存计算结果 1→取指令 2→计算地址 2→……

其中 1 表示第 1 条指令，2 表示第 2 条指令。在某些计算机中，CPU 分成指令部件 I 和执行部件 E，指令部件完成取指和指令译码等操作，执行部件完成运算和保存结果等操作。如按指令部件和执行部件顺序操作来考虑可将程序的执行过程表示成：

I_1	E_1	I_2	E_2	…

可以看出，程序是按指令的顺序执行完一条再执行下一条。顺序执行的优点是控制简单，但是机器各部分的利用率不高。例如：指令部件 I 工作时，执行部件 E 基本空闲；而执行部件 E 工作时，指令部件 I 基本空闲。假如我们把两条指令或若干条指令在时间上重叠起来进行，如图 6—14 所示，将大幅提高程序的执行速度。

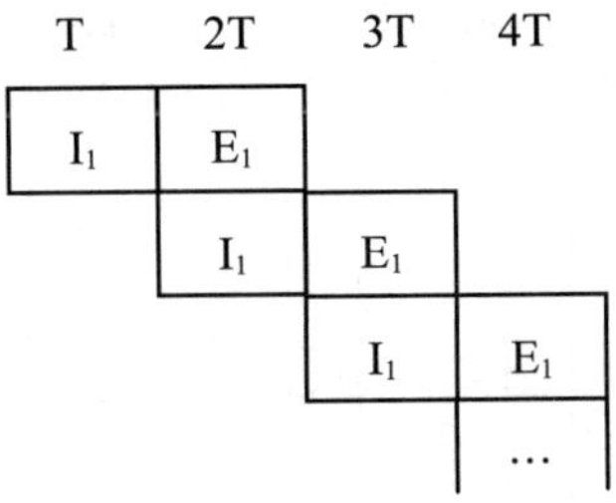

图 6—14 两条指令重叠执行

从图 6—14 可以看到，当指令部件 I_1 完成对第一条指令的操作后，交给执行部件 E_1 去继续处理，同时进行第二条指令的取指操作。假如每个部件完成操作所需的时间为 T，那么尽管每条指令的执行时间为 2T，但当第一条指令处理完后，每隔 T 时间就能得到一条指令的处理结果，相当于把处理速度提高 50%。

在图 6—15 中将一条指令分成 4 段，若每段所需时间为 T，那么一条指令的执行时间为 4T。但当第一条指令处理完后每隔 T 时间就能得到一条指令的处理结果，平均速度相当于原来的 4 倍，其过程相当于现代工业生产装配线上的流水作业，因此，把这种处理机称为“流水线处理机”。

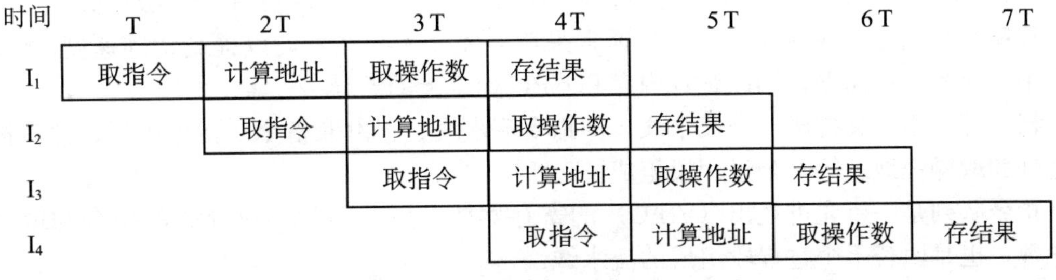

图 6—15 多条指令重叠执行

在程序开始执行时，由于流水线未装满，有的功能部件没有工作，速度较低。例如图 6—15 所示，在开始 3T 时间内得不到指令的处理结果，因此，只有在流水线装满的稳定状态下，才能保证最高处理速率。当将一条指令的执行过程分成 4 段，每段有各自的功能部件执行时，每个功能部件的执行时间是不可能完全相等的。例如：从存储器取指或取数的时间与运算时间可能就不一样，而在流水线装满的情况下，各个功能部件同时都在工作，为了保证完成指定的操作，T 值应取 4 段中最长的时间，此时有些功能段便会长时间处于等待状态，而达不到所有功能段全面忙碌的要求，影响流水线作用的发挥。为了解决这一问题可以将几个时间较短的功能段合并成一个功能段或将时间较长的功能段分成几段等，其最终目的是使各段所需的时间相差不大。

以上讨论的是指令执行流水线，经常采用的还有运算操作流水线。例如：执行浮点加减法运算，可以分成对阶、尾数加减、结果规格化和舍入及溢出处理四段，每一段设置有专门的逻辑电路完成指定操作，并将其输出保存在锁存器中，作为下一段的输入，如图 6—16 所示。当浮点加法对阶运算完成后，将结果送入锁存器，然后就可进行下一条浮点指令的阶码运算，实现流水线操作。又如执行浮点乘除法运算，与浮点加运算相似，可分成阶码运算、尾数乘除、结果规格化和舍入及溢出处理四级流水线。

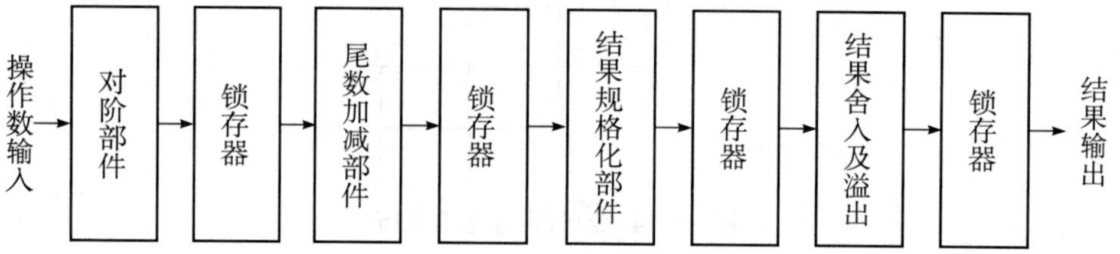

图 6—16　运算操作流水线

由于流水线相邻两段在执行不同的指令（或操作），因此，无论是指令流水线或运算操作流水线，在相邻两段之间必须设置锁存器或寄存器，以保证在一个周期内流水线的输入信号不变。当流水线各段工作饱满时，能发挥最大作用。在上例中，假如：浮点运算部件没有足够的数据来源，那么流水线中的某些段、甚至全部将处于空闲状态，这样就不能充分发挥流水线的作用。

2. 流水计算机系统的组成

现代流水计算机的系统组成原理如图 6—17 所示。其中 CPU 按流水线方式组织。通常由三部分组成：指令部件、指令队列和执行部件。这三个功能部件可以组成一个三级流水线。

程序和数据存储在内存中，内存通常采用多体交叉存储器，以提高访问速度。Cache 是一个高速缓冲存储器，用以弥补内存和 CPU 速度上的差异。

指令部件本身又构成一个流水线，即指令流水线。它由取指令、指令译码、计算操作数地址和取操作地址等几个过程段组成。

指令队列是一个先进先出（FIFO）的寄存器栈，用于存放经过译码的指令和取来的操作数，也是由若干个过程段组成的流水线。

执行部件可以具有多个算术逻辑运算部件，这些部件本身又用流水线方式构成。

由图可见，当执行部件正在执行第 I 条指令时，指令队列中存放着第 I＋1，I＋2，…，I＋k 条指令，而与此同时，指令部件正在取第 I＋k＋1 条指令。

执行段的速度匹配问题，通常采用并行的运算部件及部件流水线的工作方式来解决，一般采用的方法包括：

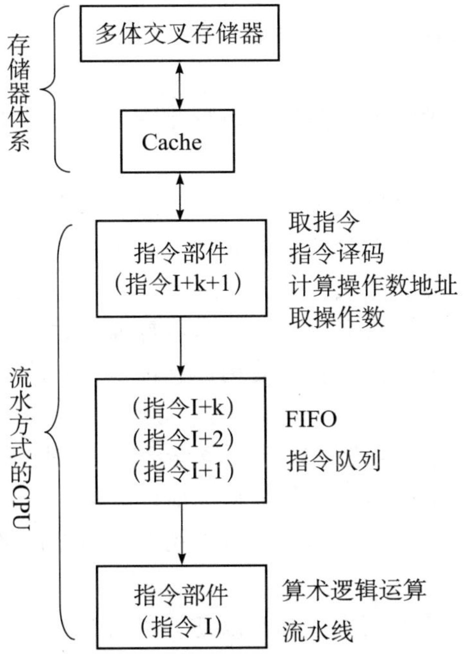

图 6—17　流水计算机系统组成

(1) 将执行部件分为定点执行部件和浮点执行部件两个可并行执行的部分，分别处理定点运算指令和浮点运算指令。

(2) 在浮点执行部件中，又有浮点加法部件和浮点乘/除部件，它们也可以同时执行不同的指令。

(3) 浮点运算部件都以流水线方式工作。

6.5.3　流水线中的主要问题

要使流水线具有良好的性能，必须使流水线畅通，不发生断流。但由于流水过程中会出现以下三种相关冲突，可能导致流水线的断流，所以，必须合理解决。

1. 资源相关

资源相关是指多条指令进入流水线后在同一机器时钟周期内争用同一个功能部件所发生的冲突。假定一条指令流水线由五段组成，由图 6—18 可以看出，在时钟 3T 时，I_1 取操作数，I_3 取指令，二者同时访问内存，这两条指令即发生争用存储器资源的相关冲突。

时间	T	2T	3T	4T	5T	6T	7T
I_1	取指令	计算地址	取操作数	存结果			
I_2		取指令	计算地址	取操作数	存结果		
I_3			取指令	计算地址	取操作数	存结果	
I_4				取指令	计算地址	取操作数	存结果

图 6—18　资源相关冲突

解决资源相关冲突的办法：一是，第 I_3 条指令停顿一拍后再启动；二是，增设一个存储器，将指令和数据分别放在两个存储器中。

2. 数据相关

在一个程序中，如果必须等前一条指令执行完毕后，才能执行后一条指令，那么这两条指令就是数据相关的。

在流水计算机中，指令的处理是重叠进行的，前一条指令还没有结束，第二、三条指令就陆续地开始工作。由于多条指令的重叠处理，当后继指令所需的操作数，刚好是前一指令的运算结果时，便发生数据相关冲突。

解决数据相关冲突的办法：在流水 CPU 的运算器中设置若干运算结果缓冲寄存器，暂时保留运算结果，以便于后继指令直接使用，这称为“向前”或“定向传送技术”。

3. 控制相关

控制相关冲突是由转移指令引起的。当执行转移指令时，依据转移条件的产生结果，可能为顺序取下条指令；也可能转移到新的目标地址取指令，从而使流水线发生断流。

为了减小转移指令对流水线性能的影响，常用以下两种转移处理技术：

（1）延迟转移法。

由编译程序重排指令序列来实现。基本思想是“先执行再转移”，即发生转移取时并不排空指令流水线，而是让紧跟在转移指令 I_b 之后已进入流水线的少数几条指令继续完成。如果这些指令是与 I_b 结果无关的有用指令，那么，延迟损失时间片正好得到了有效的利用。

（2）转移预测法。

用硬件方法来实现，依据指令过去的行为来预测将来的行为。通过使用转移取和顺序取两路指令预取队列器以及目标指令 Cache，可将转移预测提前到取指阶段进行，以获得良好的效果。

·本章小结·

计算机在执行程序的过程中，信息从什么地方开始，中间经过哪个寄存器或多路开关，最后传送到哪个寄存器，都要加以控制。在各寄存器之间建立数据通路的任务，是由称为操作控制器的部件来完成的。操作控制器的功能，就是根据指令操作码和时序信号，产生各种操作控制信号，以便正确地建立数据通路，从而完成取指令和执行指令的控制。

控制器通常有硬布线控制器和微程序控制器两大类，组合电路的硬布线控制器由时钟源、环形脉冲发生器、控制信号的编码/译码逻辑电路构成；微程序控制的基本思想是：把指令执行所需要的所有控制信号存放在一个存储器中，需要时从这个存储器中读取；微程序控制器主要由控制器、微指令寄存器、微地址寄存器和地址转移逻辑等部分组成。

微型机中 CPU 由控制器和运算器构成；CPU 中的主要寄存器有指令寄存器（IR）、程序计数器（PC）、数据缓冲寄存器（DR）、地址寄存器（AR）、累加寄存器（AC）和状态条件寄存器（PSW）等；CPU 具有指令控制、操作控制、数据控制、异常处理和中断处理四个方面的基本功能。

习　题

1. 中央处理器是指（　　）。

A. 运算器　　B. 控制器

C. 运算器和控制器　　D. 运算器、控制器和内存储器

2. 操作控制器的功能是（　　）。

A. 产生时序信号

B. 从内存取出一条指令

C. 完成指令操作码译码

D. 从内存取出指令，完成指令操作码译码，产生有关的操作控制信号

3. 指令周期是指（　　）。

A. CPU 从内存取出一条指令的时间

B. CPU 执行一条指令的时间

C. CPU 从内存取出一条指令加上执行这条指令的时间

D. 时钟周期时间

4. 在 CPU 中跟踪指令后继地址的寄存器是（　　）。

A. 内存地址寄存器　　B. 程序计数器

C. 指令寄存器　　D. 状态条件寄存器

5. 描述流水 CPU 基本概念中正确的句子是（　　）。

A. 流水 CPU 是以空间并行为原理构造的处理器

B. 流水 CPU 一定是 RISC 机器

C. 流水 CPU 一定是多媒体 CPU

D. 流水 CPU 是一种非常经济而实用的时间并行技术

6. 控制器有哪些基本功能？它可分为哪几类？分类的依据是什么？

7. 什么是指令周期？什么是 CPU 周期？它们之间有什么关系？

8. 指令和数据都存放在内存，如何识别从内存储器中取出的是指令还是数据？

9. 简要说明微程序控制器和硬布线控制器的原理和优缺点。

第 7 章　总线系统

【学习目标】

- 了解总线的概念
- 掌握计算机系统的三大总线
- 掌握系统总线的发展和总线的结构

7.1　总线概述

7.1.1　总线的概念

计算机是一个信息处理系统，由若干功能部件构成，这些功能部件在一起协调工作才能形成一个完整的计算机系统。总线就是整个计算机系统中的互连机构，是各个功能部件之间进行数据传送的公共线路。首先注意一点，总线和我们在微型计算机机箱内看到的数据排线是两回事，我们看到的数据排线只是整个通信线路里面的一部分，而总线是指计算机系统中所有的信息通信线路。

早期的计算机大都采用分散式连接，即各功能部件之间通过单独的连线连接，而现在的计算机多采用总线连接方法，即各功能部件均连接到一组公共信息线路上，采用总线结构，可以大大减少信息传送线的数量，便于增加系统的灵活性，采用总线结构的两个主要优点是：

（1）低费用。

由于一组总线可以供多个外部设备共享，因此，价格较低。

（2）通用性。

通过定义一种互连模式，新设备可以比较容易地加到总线上去，外部设备（简称外设）可以在具有通用总线的计算机系统间移动使用。

7.1.2　总线的特性

总线是一个共享的传输介质，必须规定其基本特性。从物理角度来看，总线就是一组导线，许多导线直接印制在电路板上并延伸到各个部件。其物理实现如图 7—1 所示。

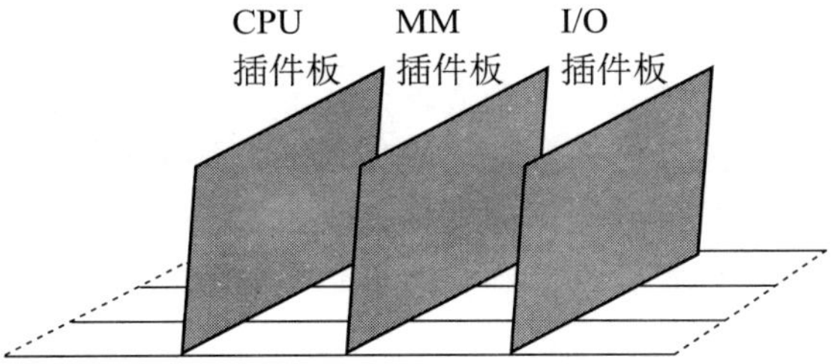

图 7—1　总线结构的物理实现

总线的特性主要包括以下几个方面。

1. 物理特性

总线的物理特性是指总线的物理连接方式，包括总线的根数，总线上接插件的形状，引脚线的排列方式等。

从连接的类型来看，总线可分为电缆式总线和主板式总线。电缆式总线通常采用扁平电缆连接电路板；主板式总线通常在印刷电路板上蚀刻出平行的金属线，这些金属线按照某种排列以一组连接点的方式提供插槽，系统的一些主要部件插入到这些插槽中和系统总线相连。

从总线的传送方式来看，总线一般分为串行总线和并行总线。并行总体传送的主要优点是数据传送速度比串行数据传送快得多，但成本比较高。而串行总线传送的主要优点是只需要一条传输线，这一点对长距离传输显得特别重要，不管传送的数据量有多少，只需要一条传输线，成本比较低廉。

2. 电气特性

总线的电气特性是指总线的每一条传输线上的信号传递方向、信号的有效电平范围及输入/输出阻抗等。通常规定由 CPU 发出的信号为输出信号，送入 CPU 的信号为输入信号。如地址线一般为输出信号，数据线为双向信号，控制线的每一根都是单向的，有的为输出信号，有的为输入信号。总线的电平表示方式有两种：单端电平方式和差分电平方式。在单端电平方式中，用一条信号线和一条公共接地线来传递信号。信号线中一般用高电平表示逻辑“1”，低电平表示逻辑“0”。差分电平方式采用一条信号线和一个参考电压来互补传输信号，因此一般采用负逻辑，即用高电平表示逻辑“0”，低电平表示逻辑“1”。例如：串行总线接口标准 RS－232C，其电气特性规定低电平要低于－3V，表示逻辑“1”；高电平要高于＋3V，表示逻辑“0”。

3. 功能特性

总线的功能特性是指总线中每根传输线的功能，如地址线用来传输地址信息，数据线用来传输数据信息，控制线用来传输 CPU 发出的各种控制信息，如存储器读/写控制信息、I/O 读/写控制信息等。

4. 时间特性

总线的时间特性是指总线中任一根传输线在什么时间内有效，以及每根线产生的信号之间的时序关系。只有规定了总线上各信号有效的时序关系，CPU 才能正确地使用总线。

7.1.3 总线的功能

总线是一组能为多个部件分时共享的信息传送线，用来连接多个部件并为之提供信息交换线路。但是任一瞬间总线上只能出现一个部件发往另一个部件的信息，这意味着总线只能分时复用。因此，总线具有共享性和分时性。

显然，共享是分时实现的。

总线不仅是一组信号线，从广义上讲，总线是一组传送线路及与传输相关的总线协议。总线协议：为了实现对总线信息传输的分时共享，必须制定相应的规则，这些规则称为"总线协议"。各个连到总线上的部件必须遵守这些协议，才能有序地分时共享该总线。总线协议一般包括：信号线定义、数据格式、时序关系、信号电平和控制逻辑等，它确定了一个系统使用总线的方法。

7.1.4 总线的性能指标

总线宽度是指总线中线路的条数。总线宽度用位（bit）表示，如 8 位、16 位、32 位、64 位等。总线宽度是总线设计中最明显的一个参数。总线中地址信号的条数越多，CPU 能够直接寻址的内存空间就越大。若总线中有 n 根地址线，则 CPU 能用它对 2^n 个不同的内存地址进行寻址。为达到更大的寻址空间，总线中需要的地址线就越多。

总线带宽是指总线本身所能达到的最高传输速率，是衡量总线性能的重要指标。单位是字节每秒（B/s）或兆字节每秒（MB/s）。

总线复用是指总线上分时传送不同种类的多种信号的工作方式。通过总线复用，在总线上可传输地址信息、控制信息和数据信息，减少总线的成本。

7.2 总线的分类与结构

7.2.1 总线的分类

一个计算机系统中必然有一条用于通信和互连的总线，而根据总线在计算机系统中位置的不同，我们可以将总线分为三部分：即内部总线、系统总线和外部总线。

1. 内部总线

实现 CPU 内部连接各寄存器及运算部件之间的总线。

2. 系统总线

内部总线为 CPU 同计算机系统的其他高速功能部件，如内存、I/O 设备等互相连接的总线称为系统总线。系统总线按传输信息的不同可分为三种：数据总线、地址总线和控制总线。

数据总线用来传输各功能部件之间的数据信息，它是双向传输总线，其位数与机器字长、存储字长有关，一般为 8 位、16 位或 32 位。

地址总线主要用来指出数据总线上的源数据或目的数据在内存单元的地址。地址总线是单向传输的。地址线的位数与存储单元的个数有关，如地址线为 20 根，则对应的存储单元个数为 220。

控制总线是用来传输各种控制信号的传输线。对任一控制线而言，它的传输只能是单向的。但对于控制总线总体来说，又可认为是双向的。此外，控制总线还起到监视各部件状态的作用，如查询某个设备是处于“忙”还是“闲”，是否出错等。

3. 外部总线

这类总线用于计算机系统之间或计算机系统与其他系统之间的连接，又称为“通信总线”。由于外部总线涉及外部连接、通信距离、传输速度、工作方式等许多方面的因素，所以差别极大，种类也很多。按传输方式可分为两种：串行通信总线和并行通信总线。

7.2.2　总线的结构

大多数总线都是以相同方式构成的，其不同之处仅在于总线中数据线和地址线的数目，以及控制线的多少及其功能。然而，总线的排列布置与其他各类部件的连接方式对计算机系统的性能来说，将起到十分重要的作用。根据连接方式不同，计算机系统中采用的总线结构有三种基本类型：单总线结构、双总线结构、三总线结构。

1. 单总线结构

早期的计算机采用单总线结构方式，使用一条单一的系统总线连接 CPU、内存和 I/O 设备，叫做单总线结构，如图 7—2 所示。

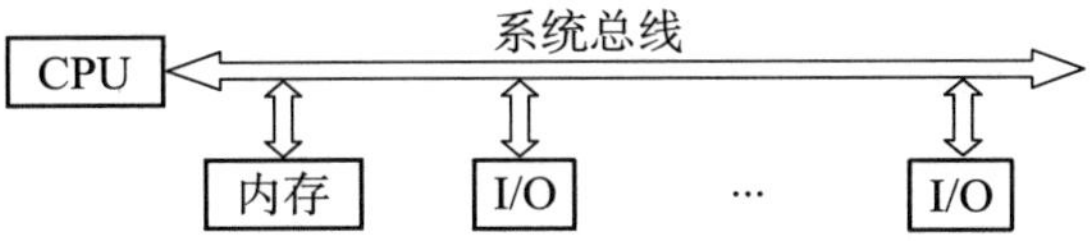

图 7—2　单总线结构

这种总线结构简单，也便于扩充，但所有的传送都通过这组共享总线，极易形成计算机系统的瓶颈。它也不允许两个以上的部件在同一时刻向总线传输信息，这就必然会影响系统工作效率的提高。所以，在单总线结构中，要求连接到总线上的逻辑部件必须高速运行，以便在某些设备需要使用总线时，能迅速获得总线控制权。而当不再使用总线时，能迅速放弃总线控制权。

2. 双总线结构

在单总线的基础上，在 CPU 和内存之间专门设置了一组高速的存储总线，使 CPU 可通过专用总线与存储器交换信息，形成了以内存为中心的双总线结构，如图 7—3 所示。

双总线结构保持了单总线系统简单、易于扩充的优点，且效率高、速度快，减轻了系统总线的负担。同时内存仍可通过系统总线与外设之间实现 DMA 操作，而不必经过 CPU。当然，这种双总线系统以增加硬件为代价。

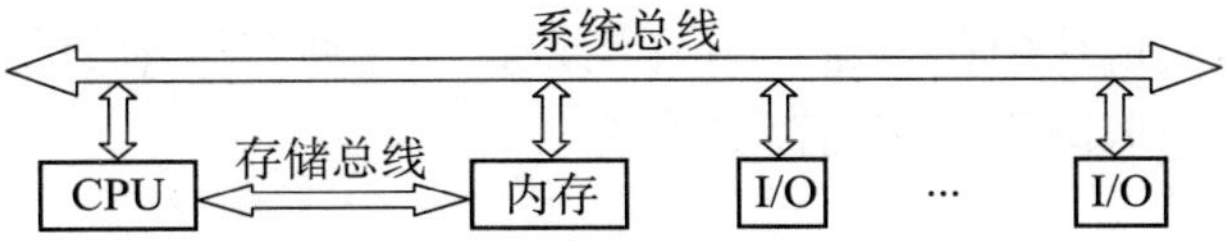

图 7—3　双总线结构

3. 三总线结构

图 7—4 所示为三总线系统的结构图，它是在双总线系统的基础上增加 I/O 总线形成的。其中，系统总线是 CPU、内存和通道（IOP）之间进行数据传送的公共通道，而 I/O 总线是多个外部设备与通道之间进行数据传送的公共通道。这里的通道是一个具有特殊功能的处理器，它分担了一部分 CPU 的功能，负责数据的输入/输出管理和控制。

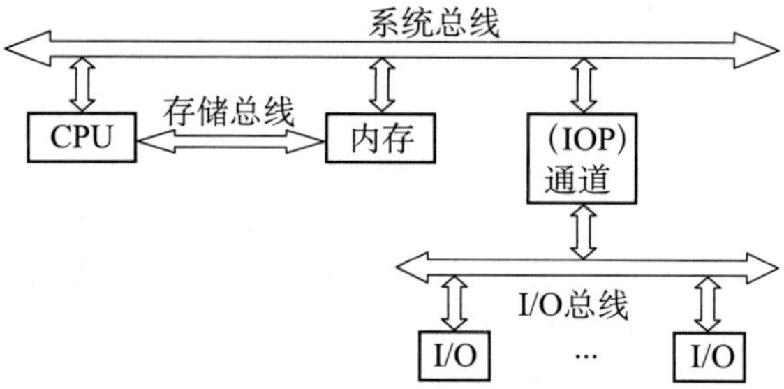

图 7—4　三总线结构

7.2.3　总线结构与计算机性能

在一个计算机系统中，采用哪种总线结构，往往对计算机系统的性能有很大影响。下面我们从三个方面来讨论这种影响。

1. 最大存储容量

初看起来，一个计算机系统的最大存储容量似乎与总线无关，但实际上总线结构对最大存储容量也会产生一定的影响。例如：在单总线系统中，对内存和外设进行存取的差别，仅仅是总线上的地址不同，为此，必须为外围设备保留某些地址。由于某些地址必须用于外围设备，所以，在单总线系统中，最大内存容量必须小于由计算机字长所决定的可能的地址总数。

在双总线系统中，对内存和外设进行存取的判断要利用各自的指令操作码。由于内存地址和外设地址出现在不同的总线上，所以存储容量不会受到外围设备多少的影响。

2. 指令系统

在双总线系统中，CPU 对内存总线和系统总线必须有不同的指令系统，这是因为操作码规定了要使用哪一条总线，所以，在双总线系统中，访内操作和输入/输出操作各有不同的指令。

3. 吞吐量

计算机系统的吞吐量是指流入、处理和流出系统的信息的速率。它取决于信息能够以多快地速度输入内存，CPU 能够多快地取指令，数据能够多快地从内存取出或存入，以及所得结果能够被多快地从内存送给一台外围设备。这些步骤中的每一步都关系到内存，因此，系统吞吐量主要取决于内存的存取周期。

7.3　总线控制

由于总线上连接着多个部件，哪个部件在何时发送信息？如何给信息传送定时？如何防止信息丢失？如何避免多个部件同时发送？这些问题都需要由总线控制器统一管理。它主要包括总线仲裁和通信控制。

7.3.1　总线仲裁

总线在任一时刻只允许两个设备之间通信。当多个主设备同时要求使用总线时，总线仲裁电路按照优先级或公平策略的原则，来决定由哪个设备优先使用总线。只有获得了总线使用权的设备，才能开始传送数据。

为了正确实现多个设备之间的通信，必须对总线资源进行合理的分配和管理。按照总线仲裁电路位置的不同，仲裁方式分为集中式仲裁和分布式仲裁两类。

1. 集中式仲裁

集中式仲裁是指专门设立一个中央仲裁器的硬件设备，每个功能模块有两条线连到中央仲裁器：一条是送往仲裁器的总线请求信号线 BR，一条是仲裁器送出的总线授权信号线 BG。各功能模块需要总线时，都向仲裁器发出请求信号，由中央仲裁器来仲裁应该把总线控制权分配给哪一个功能模块。

集中式仲裁有三种仲裁方式：链式查询方式、计数器定时查询方式、独立请求方式。

（1）链式查询方式。

链式查询方式如图 7—5 所示。图中总线除一般数据线 D 和地址线 A 外，还有三根控制线：

◇ BS（总线忙）线：该线有效，表示总线正被某外设使用。

◇ BR（总线请求）线：该线有效，表示至少有一个外设要求使用总线。

◇ BG（总线同意）线：该线有效，表示总线控制部件响应总线请求。

链式查询方式的主要特征是将总线授权信号 BG 串行地从一个部件 I/O 接口送到下一个部件接口，若 BG 到达的接口无总线请求，则继续往下传，直到到达有总线请求的部件为止。

显然，在查询链中离总线控制器最近的设备具有最高优先权，离总线控制器越远，优先权越低。因此，链式查询是通过接口的优先权排队电路来实现的。

链式查询方式的优点：只使用少量线路就能按一定优先次序实现总线控制，并且这种链式结构很容易扩充设备。

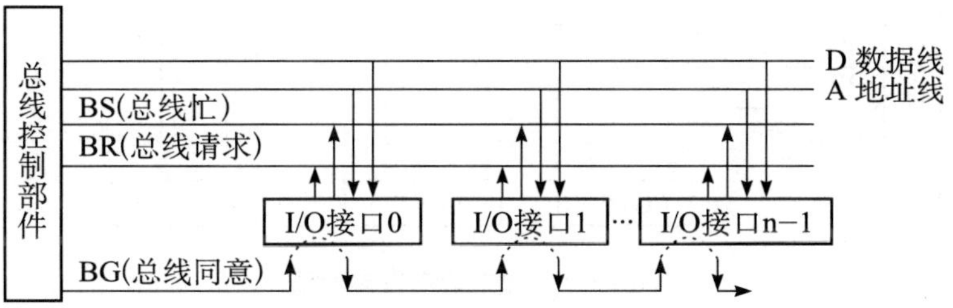

图 7—5　链式查询方式

链式查询方式的缺点：对询问链的电路故障很敏感，如果第 i 个设备的接口中有关联的电路有故障，那么第 i 个以后的设备都能进行工作。另外查询链的优先级是固定的。如果优先级高的设备出现频繁的请求时，那么优先级较低的设备可能长期不能使用总线。

（2）计数器定时查询方式

计数器定时查询方式原理如图 7—6 所示。总线上的任一设备要求使用总线时，通过 BR 线发出总线请求。中央仲裁器接到请求信号以后，在 BS 线为“0”的情况下让计数器开始计数，计数值通过一组地址线发向各设备。每个设备接口都有一个设备地址判别电路，当地址线上的计数值与请求总线的设备地址相一致时，该设备置“1”，BS 线获得总线使用权，此时终止计数查询。

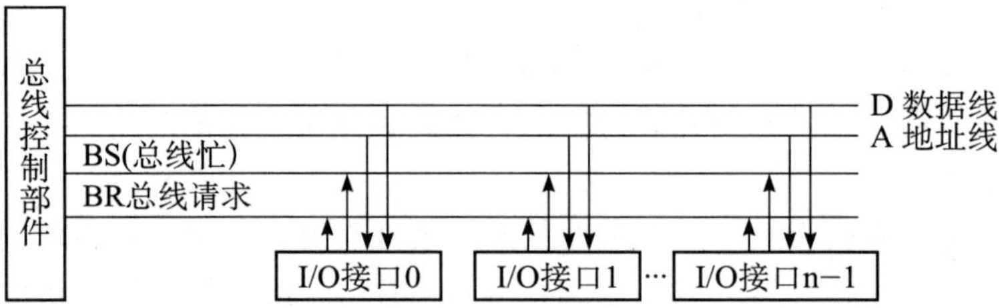

图 7—6　计数器定时查询方式

每次计数可以从“0”开始，也可以从终止点开始。如果从“0”开始，各设备的优先次序与链式查询法相同，优先级的顺序是固定的。如果从终止点开始，则每个设备使用总线的优先级相等。

计数器的初值也可用程序来设置，这可以方便地改变优先次序，但这种灵活性是以增加线数为代价的。

（3）独立请求方式。

在独立请求方式中，每一个共享总线的设备均有一对总线请求线 BR_i 和总线同意线 BG_i。当设备要求使用总线时，便发出该设备的请求信号，总线控制部件中一般有一个排队电路、因而根据一定的优先次序决定首先响应哪个设备的请求，给设备以授权信号 BG_i。独立请求方式原理如图 7—7 所示。

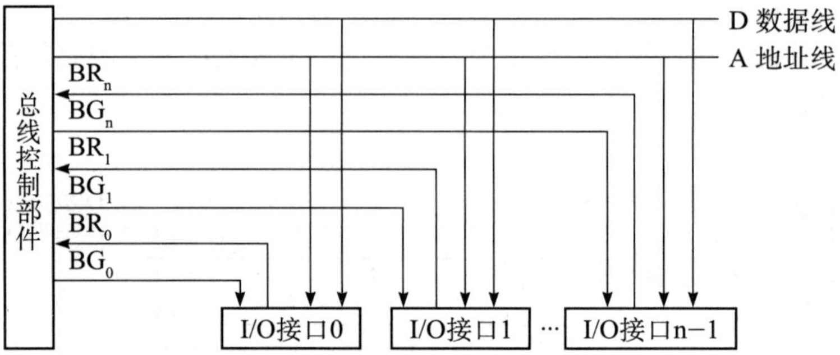

图 7—7　独立请求方式原理

独立请求方式的优点是响应时间快，即确定优先响应的设备所花费的时间少，不用一个设备接一个设备地查询，然而这是以增加控制线数为代价的。

独立请求方式对优先次序的控制也是相当灵活的，它可以预先固定，也可以通过程序来改变优先次序，还可以用屏蔽（禁止）某个请求的办法，不响应来自无效设备的请求。

2. 分布式仲裁

分布式仲裁不需要中央仲裁器，每个潜在的主功能模块都有自己的仲裁号和仲裁器。当它们有总线请求时，把它们唯一的仲裁号发送到共享的仲裁总线上，每个仲裁器将仲裁总线上得到的仲裁号与自己的号进行比较。如果仲裁总线上的号大，则它的总线请求不予响应，并撤销它的仲裁号。最后，获胜者的仲裁号保留在仲裁总线上。显然，分布式仲裁以优先级仲裁策略为基础。

7.3.2　总线通信控制

总线的一次信息传送过程，大致可分为如下五个阶段：请求总线、总线仲裁、寻址（目的地址）、信息传送和状态返回（或错误报告）。

总线仲裁涉及多个设备请求总线时，如何对总线进行分配。设备得到总线后，双方如何进行配合传递数据，即如何让接收端知道发送端什么时刻开始发送，什么时刻发送完毕，就涉及总线的通信控制问题。

数据传送过程中一般采用的两种通信控制方式：同步控制方式和异步控制方式。

（1）同步控制方式。

总线上的部件通过总线进行信息传送时，用一个公共的时钟信号进行同步，这种方式称为同步通信。这个公共的时钟可以由 CPU 总线控制部件发送到每一个部件（设备），也可以让每个部件有各自的时钟发生器，然而它们都必须由总线控制部件发出的时钟信号进行同步。

由于采用了公共时钟，每个部件什么时候发送或接收信息都由统一的时钟规定，因此，同步通信具有较高的传输频率。

同步通信适用于总线长度较短、各部件存取时间比较接近的情况。这是因为，同步方式对任何两个设备之间的通信都给予同样的时间安排。就总线长度而言，必须按距离最长的两个设备的传输延迟来设计公共时钟，但是总线过长势必降低传输频率。

（2）异步控制方式。

异步通信允许总线上的各部件有各自的时钟，在部件之间进行通信时没有公共的时间标准，而是在发送信息时同时发出本设备的时间标志信号，用“应答方式”来进行。

异步通信又分单向方式和双向方式两种，单向方式不能判别数据是否正确传送到对方。在单总线系统或双总线系统中的 I/O 总线，大多采用双向方式，即应答式异步通信。

7.4　总线标准

总线是在计算机系统模块化的发展过程中产生的，随着计算机应用领域的不断扩大，计算机系统中各类功能模块不断增多，品种繁杂，往往出现一种模块要配一种总线，很难在总线上更换、组合各类模块或设备。20 世纪 70 年代末，为了使系统设计简化、模块生产批量化、确保其性能稳定、质量可靠、实现可移化、便于维护等，人们开始研究如何建立总线标准，在统一标准下，完成系统设计，模块制作。这样，系统、模块、设备与总线之间不适应、不通用及不匹配的问题就迎刃而解了。

所谓总线标准，可视为系统与各模块、模块与模块之间的一个互连的标准界面。这个界面对它两端的模块都是透明的，即界面的任意一方只需根据总线标准的要求完成自身接口的功能要求，而无须了解对方接口与总线的连接要求。因此，按总线标准设计的接口可视为通用接口。下面对 PC 系列微机的系统总线标准做简要介绍。

（1）PC/XT 总线。

PC/XT 总线是早期 PC/XT 微机所配备的系统总线，是 8 位总线标准。PC/XT 总线共有 62 个信号，是目前各类总线中最为精简的。

（2）ISA 总线。

ISA 总线最早用于 PC/AT 机，因而也称“AT 总线”。它是在原 PC/XT 总线 62 线的基础上又增加一个 36 线的扩展槽，成为 16 位的总线标准，即工业标准体系结构 ISA。支持 8/16 位的数据传送和 24 位寻址。

（3）MCA 总线。

IBM 公司于 1987 年推出了 32 位微通道结构 MCA 总线，并在 PS/2 机上使用。MCA 总线的数据线和地址线都扩展到 32 位，成为标准的 32 位扩展总线系统。但因 MCA 总线与 ISA 总线不兼容，故市场占有率不高。

（4）EISA 总线。

1988 年 9 月，由 Compaq、AST 等 9 家公司联合推出了一种既与 ISA 兼容，又在许多方面参考了 MCA 设计的总线标准，称为增强的工业标准体系 EISA，成为一种与 MCA 相抗衡的总线标准。

（5）VL 总线（VESA 局部总线）。

1992 年 5 月，视频电子标准委员会（VESA）制定了 VL 总线规范。VL 总线的数据宽度为 32 位，其主要优点是：协议简单、传输速率高、能够支持多种硬件的工作。但是，它的规范件、兼容性和扩展性较差。

（6）PCI 总线。

1991 年下半年，Intel 公司首先提出了 PCI 总线的概念，并与 IBM、Compaq、AST、HP、DEC 等公司联合，于 1993 年推出 PCI 局部总线。PCI 局部总线为 32 位或 64 位地址数据线复用，它性能高、兼容性好，不受 CPU 品种的限制。

PCI 是外部设备互连总线，是目前局部总线的最新技术，它的设计与 VL 总线有较大的区别。PCI 并没有与微处理器直接相连，而是使用桥路把 PCI 与局部总线连接起来。因此，PCI 是位于微处理器的局部总线与标服扩展总线之间的一种总线结构，其结构如图 7—8 所示，共采用 4 级 PCI 桥路，形成了 5 组 PCI 总线和 2 组标准总线。这些总线都可并发工作，每组总线上都可接若干设备。

（7）AGP 总线。

AGP（图形加速端口）是由 Intel 创建的新总线，专门用作高性能图形及视频支持。

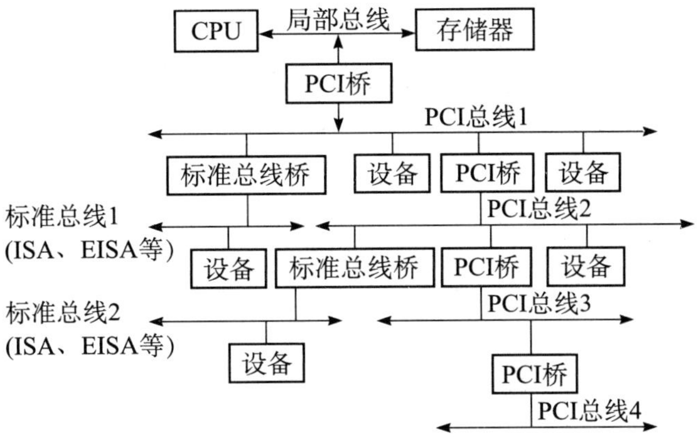

图 7—8　PCI 总线在微机系统中的示意图

AGP 基于 PCI，且 AGP 插槽外形与 PCI 类似，但它有增加的信号，同时在系统中的定位不同，是专门为系统中的视频卡设计的。

AGP 是高速连接，其基本时钟频率为 66.6MHz，是标准 PCI 的两倍。由于 AGP 总线为 32 位（4 字节）宽，故带宽为 267MB/s，这被称为“AGP-1x”。随着数据处理技术的发展，AGP-2x（每个 AGP 周期完成 2 次传送）的数据传输速率为 533MB/s；AGP-4x（每个 AGP 周期完成 4 次传送）的数据传输速率达到 1GB/s。今天，计算机工业正在精确制定 AGP 总线规范，以提供超过 2GB/s 的带宽（AGP-8x）。

（8）PCI-Express 总线。

PCI-Express（PCI-E）是最新的总线和接口标准，这个新标准将全面取代现行的 PCI 和 AGP，最终实现总线标准的统一。它的主要优势是数据传输率高。目前可达到 10GB/s 以上，而且还有相当大的发展空间。PCI Express 有 1X 到 32X 等多种规格，具有非常强的伸缩性，能满足现在和将来一段时间内出现的低速设备和高速设备的需求。PCI-E 16X 用于取代目前的 AGP 接口，PCI-E 1X、2X 用于取代目前的 PCI 接口，而针对服务器上的设备有 PCI-E 4X、8X、12X 等。

PCI-E 采用彻底的串行传输模式代替传统设备之间的并行传输模式。一个 PCI-E 串行连接称为 lane，由两对单项传输的导线组成，一对负责发送，一对负责接收，每个周期虽然只传输一位信息，但它是以高达 2.5Gb/s 的速度传输。一个 PCI-E 可以由多个 lane 组成，标志为 1X、2X 等数字就是指有效的 lane 的总数。PCI-E 1X 指需要 4 条线连接，16X 则需要它的 16 倍，即 64 条线连接，所以 PCI-E 16X 插槽要比 PCI-E 1X 插槽长得多。可以将 PCI-E 1X 的卡插在 PCI-E 16X 的插槽上（当然它依然只能工作在 1X 的速度下），但不能把 PCI-E 16X 的卡插在 PCI-E 1X 的插槽上。

PC 系列微机主板上总线的参数如表 7—1 所示。

表 7—1　　PC 系列微机主板总线的参数

总线类型	总线宽度（位）	速度（MHz）	总线带宽（MB/s）
8-bit ISA	8	4.77	2.39
16-bit ISA	16	8.33	8.33

续前表

总线类型	总线宽度（位）	速度（MHz）	总线带宽（MB/s）
EISA	32	8.33	3.33
VL	32	33.33	133.33
PCI	32	33.33	133.33
PCI-2X	32	66.66	266.66
PCI 64-bit	64	33.33	266.66
PCI-2X 64-bit	64	66.66	533.33
AGP	32	66.66	266.66
AGP-2X	32	66.66	533.33
AGP-4X	32	66.66	1066.66
PCI-E 1X	8	2 500	512
PCI-E 2X	8	2 500	1 000
PCI-E 16X	8	2 500	8 000

7.5 总线接口

7.5.1 接口的概念

在计算机系统中，总线上连接的功能部件种类有很多，它们的工作原理、信息格式各不相同、速度差异也很大。这些部件是不能直接相连的。例如：公交车和乘客，它们的速度不同，不能够直接进行同步工作，为了能够让它们配合工作，我们设置了车站。同理，为了让总线上不同速度的部件相连，我们必须给它们设置相应的适配器，也称“接口”。

广义地讲，“接口”这一术语是指中央处理器（CPU）和内存、外围设备或者两种外围设备之间通过总线进行连接的逻辑部件。接口部件在它所连接的两部件之间起着“转换器”的作用，以便实现彼此之间的信息传送。

接口部件通常做成标准化，对应不同的输入/输出控制方式，有不同的标准接口。图7—9 给出了 I/O 接口部件结构图。

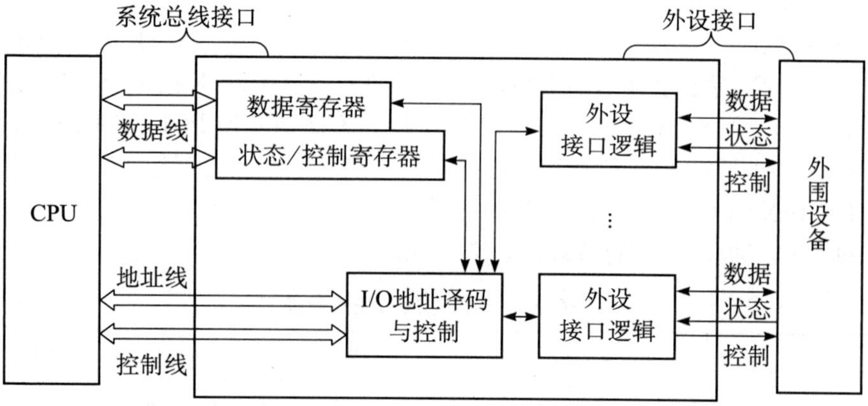

图 7—9 I/O 接口部件结构图

7.5.2　接口的功能

一般来说，接口功能可概括为以下几个方面：

（1）寻址。

接口逻辑接收总线送来的寻址信息，经过译码，选择多台外围设备中的某一台接口中的某个有关的寄存器。

（2）数据传送与缓冲（速度匹配）。

设置接口的基本目的是为设备之间提供数据传送线路，但各种设备的工作速度不同，特别是 CPU、RAM 与外围设备之间，往往速度差异较大。为此，接口中设置一个或数个数据缓冲寄存器或局部缓冲存储器（RAM），以提供数据缓冲，实现速度匹配。

（3）数据格式变换。

接口与系统总线之间一般采取并行传送。接口与外围设备之间有可能采取并行传送，也有可能采取串行传送，视设备特性而定。因此，接口有可能负责串并格式之间的转换。

（4）电平变换。

因为设备使用的电源与系统总线使用的电源有可能不同，所以它们之间的信号有可能不同。例如：主机用＋5V 电源，而某个外围设备采用＋12V 电源。则接口应实现信号电平的转换，使采用不同电源的设备之间能够进行信息传送。

（5）控制逻辑。

主机通过总线向接口传送命令信息，接口予以解释，并产生相应的操作命令发送给设备。接口形成设备及接口本身的有关状态信息，通过总线回送给 CPU。例如：中断方式控制信息的传送，DMA 方式控制信息的传送。

（6）整理。

接口可以完成一些特别的功能，例如：在需要时可以修改字计数器或当前内存地址寄存器。

7.5.3　I/O 接口的分类

1. 按数据传送方式划分

I/O 接口按数据传送方式可分为：并行接口、串行接口。

（1）并行接口：接口与系统总线之间、接口与外围设备之间，都以并行方式传送数据信息。

（2）串行接口：接口与外围设备之间采用串行方式传送数据，而接口与系统总线之间一般仍采用并行方式传送数据，除非总线本身要求串行。因此，串行接口中一般需要移位寄存器，以及相应的产生移位脉冲的控制时序，以实现串并转换。

2. 按时序控制方式划分

I/O 接口按时序控制方式可分为：同步接口、异步接口。

（1）同步接口：与同步总线连接的接口。接口与系统总线间的信息传送由统一的时序信号控制，如 CPU 提供的时序信号，或是专门的系统总线时序信号。

（2）异步接口：与异步总线相连的接口。接口与系统总线间的信息传送采用异步应答的控制方式。

3. 按信息传送控制方式划分

I/O 接口按信息传送控制方式可分为：中断接口、DMA 接口。

（1）中断接口：如果主机与外围设备之间的信息传送采用程序中断方式控制，则接口需要相应的中断系统所需的逻辑，这样的接口称为“中断接口”。

（2）DMA 接口：如果主机与高速外围设备之间的信息传送采用 DMA 方式控制，则接口中需要相应的 DMA 逻辑，这样的接口被称为“DMA 接口”。

7.5.4 外部总线接口

1. IDE 总线

IDE 总线是 Compaq 公司联合 Western Digital 公司专门为主机和硬盘子系统连接而设计的外部总线，也适用于与软盘、光驱的连接。IDE 也称为“ATA（AT Attachable）接口”。当前，在微型机系统中，主机和硬盘子系统之间都采用 IDE 或 EIDE 总线连接。

IDE 通过 40 芯扁平电缆将主机和磁盘子系统或光盘子系统相连，1 个 IDE 接口最多连接 2 个设备。为此，当前大多数微机系统中设置了 2 个 IDE 接口，可连接 4 个设备。

EIDE 在 IDE 基础上通过多方面的技术改进，性能得到很大提高，EIDE 后来称为“ATA-2”。不久又推出了传输率更高的 ATA-33 和 ATA-66。前者传输率为 33MB/s，后者传输率为 66MB/s，目前，最新的接口标准为 ATA-300。

2. SCSI 总线

IDE 总线接口的性能虽然在不断改进，但是，在服务器和高性能并行的计算机系统中，由于数据传输量增加，速度要求提高，IDE 总线接口显然不能满足要求。SCSI 总线接口由于具有高传输率、可以连接多个设备等特性而广泛用于高端计算机和服务器中。

SCSI 是一种并行通信总线，也是当今最流行的用于小型机、工作站和服务器中的外部设备接口，在微型机系统中用得较少。它不仅用来连接硬盘，还可以连接众多外部设备。这些设备可以是磁盘阵列、光盘、激光打印机、扫描仪等。

3. RS-232-C 接口

RS-232-C 接口（又称“EIA RS-232-C”）是目前最常用的一种串行通信接口。它是 1970 年由美国电子工业协会（EIA）联合贝尔系统、调制解调器厂家及计算机终端生产厂家共同制定的用于串行通信的标准。它的全名是“数据终端设备（DTE）和数据通信设备（DCE）之间串行二进制数据交换接口技术标准”，该标准规定采用一个 25 个脚的 DB25 连接器，对连接器的每个引脚的信号内容加以规定，还对各种信号的电平加以规定。

4. USB 总线接口

通用串行接口 USB（Universal Serial Bus）是由 Intel、Compaq、Digital、IBM、Microsoft、NEC、Northern Telecom 7 家世界著名的计算机和通信公司共同推出的一种新型接口标准。它基于通用连接技术，实现外设的简单快速连接，达到方便用户、降低成本、扩展 PC 连接外设范围的目的。普通的串、并口设备需要单独的供电系统，而 USB 总线接口可以为外设提供电源。另外，快速是 USB 技术的突出特点之一，USB1.1 的最高传输率可达 12Mb/s，比串口快 100 倍，比并口快近 10 倍，而且 USB 还能支持多媒体。

USB2.0 规范是由 USB1.1 规范演变而来的。它的传输速率达到了 480Mb/s，折算为 MB 为 60MB/s，足以满足大多数外设的速率要求。USB2.0 定义了一个与 USB1.1 相兼容的架构，可以用 USB2.0 的驱动程序驱动 USB1.1 设备。也就是说，所有支出 USB1.1 的设备都可以直接在 USB2.0 的接口上使用而不必担心兼容性问题，而且像 USB 线、插头等附件也都可以直接使用。

5. 1394 接口

IEEE1394 接口是苹果公司开发的串行标准，中文译名为“火线接口（Fire Wire）”。同 USB 一样，IEEE1394 也支持外部热插拔，可为外设提供电源，省去了外部自带的电源，能连接多个不同设备，支持同步数据传输。

IEEE1394 分为两种传输方式：Backplane 模式和 Cable 模式。Backplane 模式最低速率也比 USB1.1 最高速率高，分别为 12.5Mb/s、25Mb/s、50Mb/s，可以用于多数的高带宽应用。Cable 模式速率非常高，分别为 100Mb/s、200Mb/s、400Mb/s，在 200Mb/s 的速率下可以传输不经压缩的高质量数据电影。

1394b 是 1394 技术的第二个版本，是仅有的专门针对多媒体视频、音频控制及计算机而设计的家庭网络标准。1394b 是 1394 技术的向下兼容性扩展，而且能提供 800Mb/s 或更高的传输速率。

相比于 USB 接口，在 USB1.1 时代，1394 接口在速度上占据了很大的优势，但 USB2.0 推出后，1394 接口在速度上的优势不再那么明显。同时，现在绝大多数主流的计算机并没有配置 1394 接口，要使用时必须购买相关的接口卡。

·本章小结·

本章主要介绍了计算机出现的原因以及计算机的发展过程，并概括性地介绍了计算机的基本组成和工作原理，帮助读者对计算机有一个感性的认识。

习　题

1. 三种集中式总线控制中，________方式对电路故障最敏感。

A. 链式查询　　B. 计数器定时查询

C. 独立请求　　D. 分布式总线控制

2. 同步控制是________。

A. 只适用于 CPU 控制的方式　　B. 只适用于外围设备控制的方式

C. 由统一时序信号控制的方式　　D. 所有指令控制时间都相同的方式

3. 从信息流的传送效率来看，________工作效率最低。

A. 三总线系统　　B. 单总线系统　　C. 双总线系统　　D. 多总线系统

4. 同步通信之所以比异步通信具有较高的传输频率是因为________。

A. 同步通信不需要应答信号且同步通信方式的总线长度较短

B. 同步通信用一个公共的时钟信号进行同步

C. 同步通信中，各部件存取时间比较接近

D. 以上因素的总和

5. 试说明总线结构对计算机系统性能的影响。

6. 某总线在一个总线周期中并行传送 4 个字节的数据，假设一个总线周期等于一个时钟周期，总线时钟频率为 33MHz，求总线带宽是多少？

7. 说明计数器定时查询工作原理。

8. 计算机中使用总线结构的主要目的是什么？

9. 单总线结构有什么优缺点？

10. 总线控制方式有哪几种？分析每种控制方式的优缺点。

第 8 章　输入/输出系统

【学习目标】

- 掌握主机与 I/O 设备的控制方式
- 掌握几种控制方式的硬件结构
- 掌握几种控制方式的工作过程

8.1　输入/输出系统概述

8.1.1　输入/输出系统的作用

计算机硬件系统由运算器、控制器、存储器、输入设备、输出设备五大部分组成。而这些设备都是由总线连接在一起的。借助于总线连接，计算机在各功能部件之间实现地址、数据和控制信息的交换。但在这些连接中，CPU 和存储器的连接与 CPU 和外围设备的连接是截然不同的。

CPU 和存储器之间的连接比较简单，因为存储器无论在速度，还是在信息的格式上都与 CPU 一致。这样，它们之间的控制信号、数据信号等连接是比较规范的。

而计算机硬件系统外围设备的种类比较繁多，其传输速度和传输形式各不相同。因此输入/输出系统在计算机中的作用就是完成计算机和外部设备之间的联系，在主机和外部设备之间建立一个高效、可靠的信息传输通路，协调主机和外设以最有效的方式完成数据交换。即输入/输出系统在计算机中的作用就是管理、分辨、控制这些种类繁多的外围设备。

8.1.2　I/O 设备编码及设备控制器

为了 CPU 便于对 I/O 设备进行寻址和选择，必须给众多的 I/O 设备进行编址，也就是给每一台设备规定一些地址码，称为“设备号”或“设备代码”。

随着 CPU 对 I/O 设备下达命令方式的不同而有以下两种寻址方法：

(1) 专设 I/O 指令。例如：指令 IN 完成输入操作，指令 OUT 完成输出操作。指令的地址码字段指出输入/输出设备的设备代码。

（2）利用访存（取数/存数）指令完成 I/O 功能。使用这种方法时，从内存的地址空间中分出一部分地址码作为 I/O 的设备代码，当访问到这些地址时，表示被访的不是内存储器，而是 I/O 设备寄存器（例如：设备数据缓冲寄存器或设备状态寄存器等）。

IBM PC 等系列机设置有专门的 I/O 指令，设备的编址可达 512 个，部分设备的地址码如表 8—1 所示。

表 8—1　　输入/输出地址分配表

输入/输出设备	占用地址数	地址码（十六进制）
硬盘控制器	16	320 ～ 32FH
软盘控制器	8	3F0 ～ 3F7H
单色显示器/并行打印机	16	3B0 ～ 3BFH
彩色图形显示器	16	3D0 ～ 3DFH
异步通信控制器	8	3F8 ～ 3FFH

从表 8—1 中可知，每一台设备占用了若干个地址码，分别表示相应的设备控制器中的寄存器地址。

设备控制器的基本功能如下：

第一，实现主机和外围设备之间的数据传送控制。其中包括同步控制、设备选择和中断控制等。DMA 设备还应具有直接访问存储器的功能，并给出存储器地址。

CPU 发 I/O 数据传送命令时，必须指明设备地址码，经各设备接口译码后，让选中设备参加数据传送。

第二，实现数据缓冲功能，利用内部缓冲寄存器实现数据缓冲，以达到主机同外围设备之间的速度匹配，避免数据丢失和错乱。在接口电路中，一般设置一个或几个数据缓冲寄存器。在传送过程中，先将数据送入数据缓冲寄存器，然后再送到目的设备（输出）或主机（输入）。

第三，接收主机的命令，提供设备接口的状态，按照主机的命令控制设备。

输入/输出接口的类型有：

（1）按照数据传送的宽度可分为并行接口和串行接口。

在并行接口中，设备和接口是将一个字节（或字）的所有位同时传送。在串行接口中，设备和接口间的数据是一位一位串行传送的，而接口和主机之间是按字节或字并行传送的。接口要完成数据格式的串—并变换。

（2）按照数据传送的控制方式可分为程序控制输入/输出接口、程序中断输入/输出接口和直接存储器存取（DMA）接口等。

8.1.3　I/O 控制方式

一般把 I/O 设备控制方式分为五种。

1. 程序直接控制方式

程序直接控制（Programed Direct Control）方式是完全通过程序来控制主机和外围设

备之间的信息传送。通常在用户的程序中安排一段由输入/输出指令和其他指令所组成的程序段直接控制外围设备的工作。

信息传送时，首先，启动设备，发出启动命令，接着，CPU 等待外围设备完成接收或发送数据的准备工作。在等待时间内，CPU 不断地用一条测试指令检测外围设备工作状态标志触发器。一旦测试到标志触发器已置成“完成”状态，即可进行数据传送。这种控制方式虽简单，但因为 CPU 和外围设备只能串行工作，而 CPU 的速度比 I/O 设备的速度快得多，所以 CPU 的大量时间都处于等待、空闲状态，导致系统效率大大降低。实际上这种方法仅适用于传输速率高的外设。

2. 程序中断传送方式

在程序中断传送（Program Interrupt Transfer）方式中，通常在程序中安排一条指令，发出 START 信号启动外围设备，然后，机器继续执行程序。当外围设备完成数据传送的准备后，便向 CPU 发“中断请求”（INT）信号，CPU 接到请求后，若可以停止正在运行的程序，则在一条指令执行完后（非流水线计算机），转去执行“中断服务程序”，完成传送数据工作，通常传送一个字或一个字节，传送完毕仍返回原来的程序。

由于系统在启动外围设备后到数据的准备完成这段时间内一直在执行原程序，不是处于踏步等待状态。而仅仅在外围设备交换数据的准备工作完成之后才中止程序的继续执行，转而进行数据传送。因此，这在一定程度上实现了 CPU 和外围设备的并行工作。此外，有多台外设依次启动后，可同时进行数据交换的准备工作。若在某一时刻有几台外围设备发出中断请求信号，CPU 可根据预先规定好的优先顺序，按轻重缓急去处理几台外设的数据传送，从而实现外围设备的并行工作。因此，程序中断方式大大提高了计算机系统的工作效率。

但对于一些工作频率较高的外设，例如：磁盘、磁带等，数据交换是成批的，且单位数据之间的时间间隔较短，如果也采用程序中断方式，将会造成信息丢失。因此，对于面向信息块的设备的数据传送采取直接存储器存取方式传送。

3. 直接存储器存取方式

直接存储器存取（Direct Memory Access，DMA）方式的基本思想是在外围设备和内存之间开辟直接的数据传送通路。在正常工作时，所有工作周期均用于执行 CPU 的程序。当外围设备完成输入或输出数据的准备工作后，占用总线一个工作周期，和内存直接交换数据。这个周期过后，CPU 又继续控制总线，执行原程序。如此重复，直到整个数据块的数据传送完毕。这项工作由 I/O 系统中增设的 DMA 控制器完成，由它给出每次传送数据的内存地址，并统计已传送数据的个数以确定是否结束传送。除了在数据块传送的起始和结束时需用中断分别进行前处理和后处理外，无须 CPU 的频繁干预。内存储器被并行工作的 CPU 和 I/O 子系统所共享。

DMA 方式也有不足之处。首先，对外围设备的管理和某些操作的控制仍需由 CPU 承担。在大中型计算机系统中，系统所配备的外设种类多、数量大。这样，对外设的管理和控制也就愈来愈多，愈来愈复杂。其次，大容量外存的使用，使内存和外存之间的数据流量大幅度增加，有时还要求多个 DMA 同时使用，引起访问内存的冲突增加。因此，在大型计算机系统中通常设置专门的硬件装置——通道。

4. I/O 通道控制（I/O Channel Control）方式

“通道”不是一般概念的 I/O 通路，它是一个专用的名称。通道能独立地执行用通道命令编写的输入/输出控制程序，产生相应的控制信号送给由它管辖的设备控制器，继而完成复杂的输入/输出过程。通道是一种通用性和综合性都较强的输入/输出方式，它代表了现代计算机组织向功能分布方向发展的初始阶段。

I/O 通道具有自己的指令系统，并能实现指令所控制的操作，所以，I/O 通道已具备处理机的功能。但它仅仅是面向外围设备的控制和数据的传送，其指令系统也仅仅是几条简单的与 I/O 操作有关的命令。它要在 CPU 的 I/O 指令指挥下启动、停止或改变工作状态。在 I/O 处理过程中，有一些操作，如：码制转换、数据块的错误检测与校正，一般仍由 CPU 来完成。因此，I/O 通道不是一个完全独立的处理机，它只是从属于 CPU 的一个专用 I/O 处理器。它的进一步发展是引入专用的输入/输出处理机。

5. 外围处理机方式

输入/输出处理机通常称作“外围处理机（Peripheral Processor Unit，PPU)”。这种外围处理机的结构更接近于一般处理机，甚至可以看做是一般小型通用计算机或微机。它可完成 I/O 通道所要完成的 I/O 控制，还可完成码制变换，格式处理，数据块的检错、纠错等操作。它可具有相应的运算处理部件、缓冲部件；还可形成 I/O 程序所必需的程序转移手段。有了外围处理机，不但可简化设备控制器，而且可用它作为维护、诊断、通信控制、系统工作情况显示和人机联系的工具。

外围处理机基本上独立于主机工作。在某些大型计算机系统中，设置多台外围处理机，分别承担 I/O 控制、通信、维护、诊断等任务。外围处理机出现后，使计算机系统结构有了质的飞跃，由功能集中式发展为功能分散的分布式系统。

8.2 程序查询方式

8.2.1 程序查询方式的基本思想

由 CPU 执行一段 I/O 程序来实现主机与外设之间数据传送的方式叫做程序直接控制方式。根据外设的不同性质，这种传送方式又可分为无条件传送方式和程序查询方式两种。

在无条件传送方式中，I/O 端口总是准备好接收主机的输出数据，或总是准备好向主机输入数据。因而，CPU 无须查询外设的工作状态，而默认外设始终处于准备就绪状态。在 CPU 认为需要时，随时可直接利用 I/O 指令访问相应的 I/O 端口，实现与外设之间的数据交换。这种方式的优点是软、硬件结构都很简单。但这种方式的不足是要求时序配合精确，一般的外设难以满足要求。所以，只能用于简单开关量的 I/O 控制中，稍复杂一点的外设都不采用此种方式。

许多外设的工作状态是很难事先预知的，比如：何时按键，打印机是否能接收新的打印输出信息等。当 CPU 与外设工作不同步时，很难确保 CPU 在执行输入操作时，外设一定是“准备好”的；而在执行输出操作时，外设一定是“缓冲器空”的。为了保证数据传送的正确进行，就要求 CPU 在程序中查询外设的工作状态。如果外设尚未准备就绪，CPU 就循环等待，只有当外设已做好准备，CPU 才能执行 I/O 指令进行数据传送，这就是程序查询方式。

8.2.2　程序查询方式实现举例

图 8—1 所示为程序查询方式的实现电路。

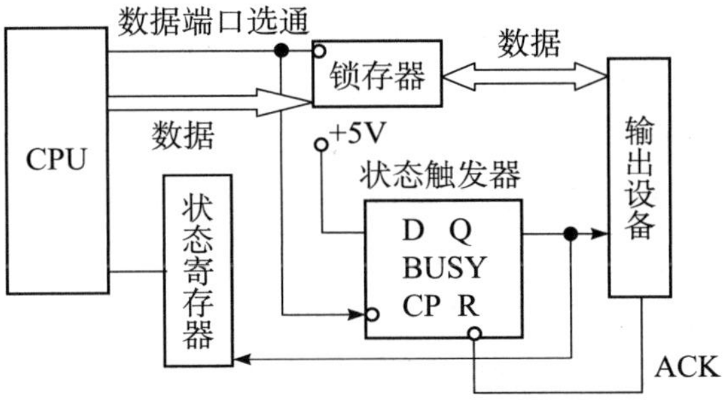

图 8—1　程序查询方式控制电路

图 8—1 中，设状态寄存器的地址为 F1H，锁存器地址为 F2H，则 CPU 在送出一组数据后，一直执行如下程序来查询外围设备的状态。

```
查询程序：LOOP-OUT ：IN      AL，F1H
                    CMP     AL，00H
                    JNZ     LOOP-OUT
                    MOV     AL，2000H
                    OUT     F2，AL
```

整个数据传输控制状态比较简单，不再详细说明。

8.2.3　程序查询方式的工作流程

程序查询方式的工作过程大致为以下几个步骤：

（1）预置传送参数。

在传送数据之前，由 CPU 执行一段初始化程序，预置传送参数。传送参数包括存取数据的内存缓冲区首地址和传送数据的个数。

（2）向外设接口发出命令字。

当 CPU 选中某台外设时，执行输出指令向外设接口发出命令字启动外设，为接收数据或发送数据做应有的操作准备。

（3）从外设接口取回状态字。

CPU 执行输入指令，从外设接口中取回状态字并进行测试，判断数据传送是否可以进行。

（4）查询外设标志。

CPU 不断查询状态标志。如果外设没有准备就绪，CPU 就循环等待，一直到这个外设准备就绪，并发出“外设准备就绪”信号为止。

（5）传送数据。

只有外设准备就绪，CPU 才能实现主机与外设间的一次数据传送。输入时，CPU 执行输入指令，从外设接口的数据缓冲寄存器中接收数据；输出时，CPU 执行输出指令，将数据写入外设接口的数据缓冲寄存器中。

（6）修改传送参数。

每进行一次数据传送之后必须要修改传送参数，其中包括内存缓冲区地址加“1”，传送个数计数器减“1”。

（7）判断传送是否结束。

如果传送个数计数器不为“0”，则转第（3）步，继续传送，直到传送个数计数器为“0”，表示传送结束。

程序查询方式工作流程如图 8—2 所示。其程序查询的核心为图中虚线框部分，真正传送数据的操作由 I/O 指令完成。

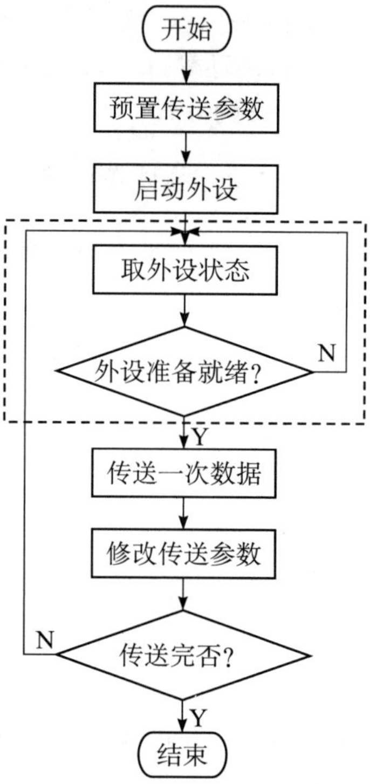

图 8—2　程序查询方式流程图

8.3　程序中断方式

8.3.1　程序中断方式的基本思想

程序查询方式使 CPU 循环等待，造成了 CPU 资源的浪费。程序中断控制方式很好地解决了这个问题。程序中断的基本思想是：在外设没有做好数据传送准备时，CPU 可以运行与传送数据无关的其他指令，外设做好传送准备后，主动向 CPU 提出申请，若 CPU 响应这一申请，则暂停正在运行的程序，转去执行数据输入/输出操作的指令，数据传送完毕后返回，CPU 继续执行原来运行的程序，这一方式使得外设与 CPU 可以并行工作，提高了系统工作效率。

8.3.2　程序中断的相关概念

1. 中断和中断系统

中断是指计算机暂时中止 CPU 正在执行的程序，而转去执行相应的中断程序，在中断服务程序执行完毕后，再返回到暂时被中止的程序继续执行的过程。实现中断的硬件和软件所组成的系统，就叫中断系统。计算机正是依靠中断系统实现了分时处理、故障处理、实时处理等实际问题。

中断系统的组成包括：微处理器内有关中断的硬件电路，用来接收中断请求、响应请求、保护现场、转向中断服务程序、处理完毕返回等；外围有与该处理器匹配的中断控制器，即中断接口，实现管理多个中断源、完成优先级裁决、中断源屏蔽等功能；此外还包括依据处理器、控制器的结构编写的中断处理程序、系统初始化程序等实现中断管理的软件。

中断系统的功能包括：中断源的识别（多个中断源请求时，软件可禁止与允许每个请求），优先级的确定，中断现场的保存，对中断请求的分析和处理，中断返回等。

中断是由中断源产生的，一台计算机可以有多个中断源，中断源向中断系统发出请求中断的申请，多数具有随机性。计算机记录中断源的来源，对应每个中断源有一个具有存储功能的中断请求触发器（INTR），当某一个中断源有请求时，它对应的中断请求触发器置“1”状态，表示向 CPU 发出了中断请求信号。在中断接口电路中，多个中断触发器构成中断寄存器，其内容称为“中断字”，记录中断源的来源。

CPU 在处理一些紧要事件时不允许中断。因为这类事件执行过程中一旦被中断，将会引起严重后果，为避免中断请求信号的干扰，设置了开中断/关中断触发器（INH），当 INH 置“0”时，中断源的中断请求信号被允许进入排队，称为“开中断”；当 INH 置“1”时，所有中断源发出的中断请求被禁止，称为“关中断”。

2. 中断优先权

当多个中断源同时向 CPU 发出中断请求时，CPU 首先处理哪个中断源的请求呢？为了不发生矛盾，而且处理及时，计算机将所有中断源的请求按轻重缓急排序，0 级、1 级、2 级、…、n 级排队依次处理，保证紧迫程度最高的中断源的中断请求排在最前面，最快得到 CPU 的处理。这种中断处理过程中的优先级别叫做“中断优先权”。例如：PC 机的中断优先权由高到低的顺序是：除法错误中断、INT0、INTn →NMI（非屏蔽中断）→INTR（外设中断）→单步中断。

设备中断的优先权的判别由中断判优来完成，中断排队的目的是为了判优，中断判优的方法有软件判优法和硬件判优法。

（1）软件判优。

软件判优是用程序来判别优先级，优先级高的先查询，优先级低的后查询，而通过修改程序可以调整设备的优先级。

如图 8—3 所示，CPU 接到中断请求信号，就执行查询程序，顺序检测中断请求寄存器的状态，在识别中断源的过程中，优先级顺序已经按查询顺序排好，若要改变优先级可以通过改变程序查询顺序来完成。

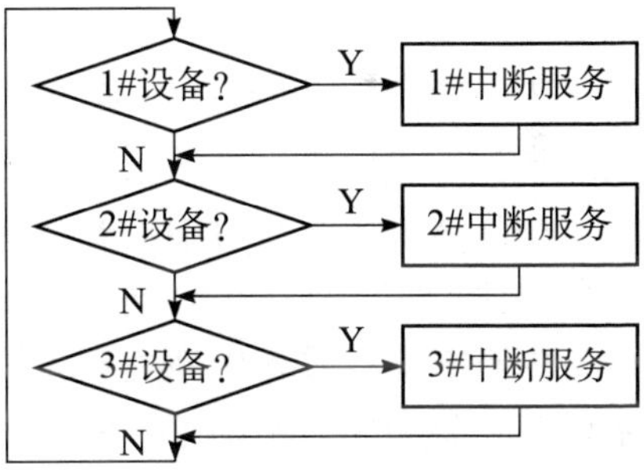

图 8—3　软件判优法

（2）硬件判优。

硬件判优是靠硬件电路实现的，一旦电路设计好，优先级就不能更改，成本较高，但速度快。根据中断请求信号的传送方式不同，常见的硬件排队电路有：独立请求线的优先排队电路与公共请求线的优先排队电路。公共请求线的排队电路如图 8—4 所示。

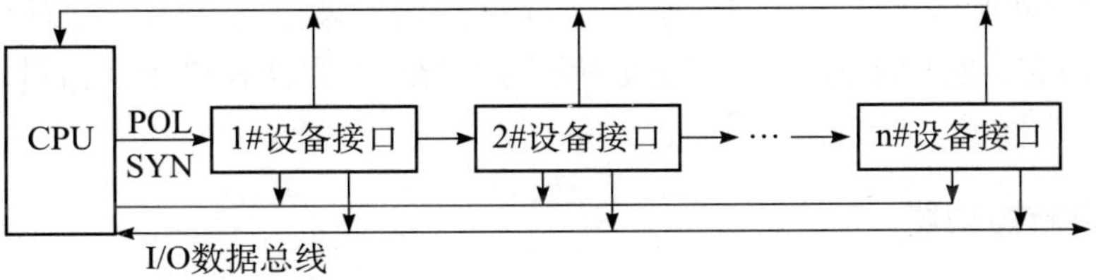

图 8—4　公共请求线的排队电路

3. 中断屏蔽

当多个中断源发出中断请求时，CPU 只能响应一个中断，中断屏蔽可实现部分中断的封锁。每个中断源在配有一个中断请求触发器的同时，也配有一个中断屏蔽触发器（MASK），它们成对出现。当 MASK 置“1”时，该中断源的请求被屏蔽，中断请求不能进入中断排队逻辑，进行判优；当 MASK 置“0”时，该中断请求被允许，经过中断排队判优后，最终送往 CPU。

多个中断屏蔽触发器组成了中断屏蔽寄存器，其内容被称为“屏蔽字”。我们可以通过软件编程来改变屏蔽寄存器的某一位，使其置“1”，从而实现对某个中断源的屏蔽控制。此外，硬件的中断排队电路所决定的中断响应次序是固定的，但通过中断屏蔽位的控制，决定某级中断请求能否进入中断排队器，可以改变中断响应次序。

需要注意的是，这里的中断屏蔽作用是：决定是否让中断源的请求进入排队逻辑，进而最终让 CPU 接到请求信号。但在 CPU 内部中断逻辑中，有一个同样起中断屏蔽作用的开/关中断触发器，它的作用是控制 CPU 是否接收中断请求、响应中断。

8.3.3 中断处理过程

中断请求的整个处理过程是由由硬件和软件结合起来形成的一套中断请求机构来实施的，一般包括 5 个步骤，如图 8—5 所示。

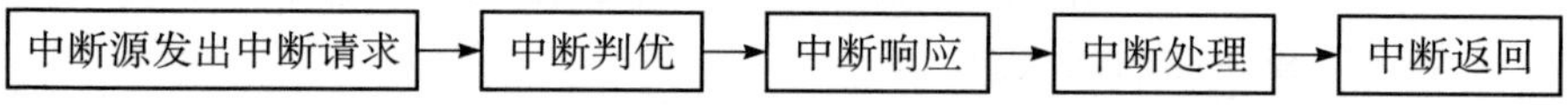

图 8—5　中断处理过程

中断源向 CPU 发出中断请求需要有两个条件：第一，外设本身准备工作完毕；第二，系统允许外设发出中断请求，即 CPU 处于开中断状态。

中断请求信号经过中断判优后，将优先权最高级别的中断请求送往 CPU，CPU 收到后恰好执行完当前指令，向中断源发出响应信号，并做出相应的响应动作。

中断响应后进入中断处理阶段，即中央处理器执行中断服务程序。在中断服务程序的末尾有一条中断返回指令，实现中断完成后恢复现场，即将中断响应时保存过的程序指令计数器 PC、程序状态字寄存器 PSW 以及某些通用寄存器的内容重新取回，CPU 返回原程序。

8.3.4 多重中断

多重中断是指在处理某一中断过程中，又有比该中断优先级高的中断请求，于是，CPU 暂停当前中断服务程序的执行，转而去执行新的中断服务程序。这种多重中断的执行形成了中断嵌套。在中断嵌套中，每级中断的中断断点在计算机中是通过堆栈的方法实现的，如图 8—6 所示。

8.3.5 中断控制器

中断控制在计算机中的应用非常广泛，因此，人们专门设计出具有中断控制功能的

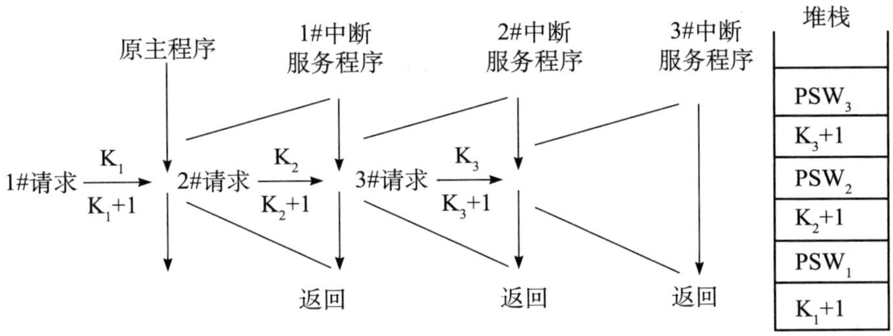

图 8—6　多重中断

集成芯片以方便使用，8259 芯片就是常见的一种中断控制芯片。8259 中断控制芯片将中断接口与优先级判断等功能汇集于一身，常用于微型机系统。其内部结构如图 8—7 所示。

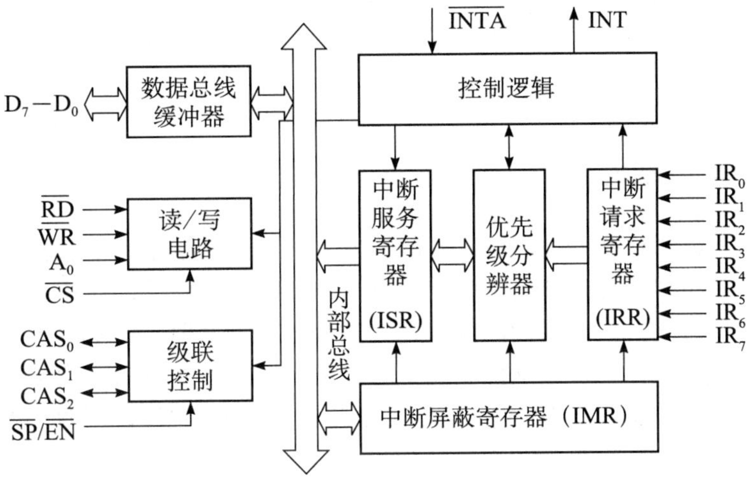

图 8—7　8259 芯片结构示意图

8259 芯片的主要功能：

(1) 具有 8 级优先权控制，通过级连可扩展至 64 级优先权控制。

(2) 每一级中断都可以屏蔽或允许。

(3) 在中断响应周期，8259 可提供相应的中断向量号（中断类型号）。

(4) 8259 有多种工作方式，不同工作方式是通过编程来实现的。CPU 送出一系列的初始化控制字和操作控制字来执行选定的操作。

8259 芯片的四种中断优先级选择方式为：

(1) 完全嵌套方式。

它是一种固定优先级方式，IR_0 设备优先级最高，IR_7 的优先级最低。这种固定优先级方式对级别低的中断不利，在有些情况下最低级别的中断请求可能一直不能被处理而造成信息丢失。

（2）轮换优先级方式A。

每个级别的中断保证有机会被处理，将给定的中断级别处理完后，立即把它放到最低级别的位置上去。

（3）轮换优先级方式B。

这种方式要求CPU可在任何时间规定最优优先级，然后顺序地规定其他IR线上的优先级。

（4）查询方式。

由CPU访问8259的中断状态寄存器，一个状态字能表示出正在请求中断的最高优先级IR线，并能表示出中断请求是否有效。

8259芯片的两种屏蔽方式为：

（1）简单屏蔽方式。

提供8位屏蔽字，每位对应着各自的IR线。被置位的任一位则禁止了对应IR线上的中断。

（2）特殊屏蔽方式。

允许CPU让来自低优先级的外设中断请求去中断高优先级的服务程序。当8位屏蔽位的某位置"0"时，例如：屏蔽字为11001111，说明IR_4和IR_5线上的中断请求可中断任何高级别的中断服务程序。

8.4 DMA控制方式

中断控制方式比程序查询控制方式好的地方是外设把数据送入设备控制器的缓冲区的这段时间，CPU可以自己进行其他的工作，使得CPU和外设可以并行工作。但是，当外设把数据送到缓冲区之后，在缓冲区等内存的过程还需要CPU参与，CPU仍需为外部设备和内存中转这些数据，中转数据传输完毕后才可以执行中断返回。为了可以使外部设备和内存之间直接传递数据，而不需要CPU的参与，从而节约CPU资源，人们又进一步提出DMA方式。

8.4.1 DMA控制方式的基本概念

DMA控制方式，也称"直接内存访问方式"，是一种完全由硬件执行I/O交换的工作方式。在这种方式中，DMA控制器从CPU完全接管对总线的控制，数据交换不经过CPU，而直接在内存和I/O设备之间进行。DMA方式一般用于高速地传送成组的数据。DMA控制器向内存发出地址和控制信号，修改地址，对传送的字的个数进行计数，并且以中断方式向CPU报告传送操作的结束。

DMA方式的主要优点是速度快。由于CPU根本不参加传送操作，因此就省去了CPU取指令、取数、送数等操作。在数据传送过程中，也不像中断方式那样，进行保存现场、恢复现场之类的工作。内存地址修改、传送字个数的计数等，也不是由软件实现，而是用硬件线路直接实现的。所以，DMA方式能满足高速I/O设备的要求，也有利于CPU效率的发挥。因此，DMA方式在包括微型机在内的计算机中被广泛采用。

目前由于大规模集成电路工艺的发展，很多厂家能够直接生产大规模集成电路的

DMA 控制器。虽然 DMA 控制器复杂程度接近于 CPU，但使用起来非常方便。

DMA 的种类繁多，但各种 DMA 至少能执行以下一些基本操作：

（1）从外围设备发出 DMA 请求。

（2）CPU 响应请求，把 CPU 工作改成 DMA 操作方式，DMA 控制器从 CPU 接管总线的控制。

（3）由 DMA 控制器对内存寻址，即决定数据传送的内存单元地址及数据传送个数的计数，并执行数据传送的操作。

（4）向 CPU 报告 DMA 操作的结束。

8.4.2　DMA 控制器

DMA 接口相对于查询式接口和中断式接口来说比较复杂，习惯将 DMA 方式的接口电路称为“DMA 控制器”。

1. DMA 控制器的功能

在 DMA 传送过程中，DMA 控制器将接管 CPU 的地址总线、数据总线和控制总线，CPU 的内存控制信号被禁止使用。而当 DMA 传送结束后，将恢复 CPU 的一切权利并开始执行其操作。由此可见，DMA 控制器必须具有控制系统总线的能力，即能够像 CPU 一样输出地址信号，接收或发出控制信号，输入或输出数据信号。

DMA 控制器在外设与内存之间直接传送数据期间，完全代替 CPU 进行工作，它的主要功能有：

（1）接收外设发出的 DMA 请求，并向 CPU 发出总线请求。

（2）当 CPU 响应此总线请求，发出总线响应信号后，接管对总线的控制，进入 DMA 操作阶段。

（3）确定传送数据的内存单元地址及传送长度，并能自动修改内存地址计数值和传送长度计数值。

（4）规定数据在内存与外设之间的传送方向，发出读/写或其他控制信号，并执行数据传送操作。

（5）向 CPU 报告 DMA 操作的结束。

2. DMA 控制器的基本组成

图 8—8 给出了一个简单的 DMA 控制器框图，它由以下几部分组成：

（1）内存地址计数器。

内存地址计数器用于存放内存中要交换数据的当前单元地址。该计数器的初始值为内存缓冲区的首地址，当 DMA 传送时，每传送一个数据，将地址计数器自动加“1”，从而以增量方式给出内存中要交换的一批数据的地址，直至这批数据传送完毕为止。

（2）传送长度计数器。

传送长度计数器用来记录传送数据块的长度。其初始值为传送数据的总字数或总字节数，每传送一个字或一个字节，计数器自动减“1”，当其内容为“0”时表示数据已全部传送完毕。也有些 DMA 控制器中，初始时将字数或字节数求补之后送计数器，每传送一个字或一个字节，计数器自动加“1”，当计数器溢出时，表示数据传送完毕。

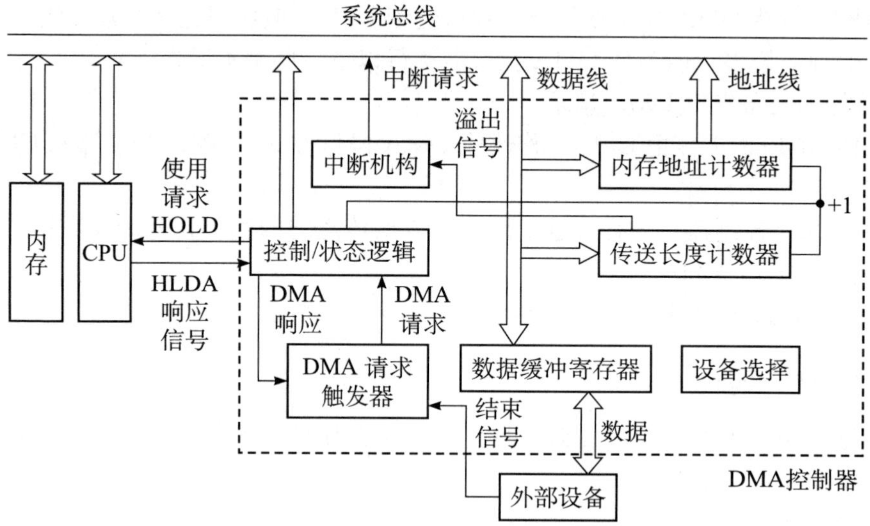

图 8—8 简单的 DMA 控制器组成图

（3）数据缓冲寄存器。

数据缓冲寄存器用来暂存每次传送的数据。输入时，数据由外设（如磁盘）先送往数据缓冲寄存器，再通过数据总线送到内存。反之，输出时，数据由内存通过数据总线送到数据缓冲寄存器，然后再送到外设。

（4）DMA 请求触发器。

每当外设准备好数据后给出一个控制信号，使 DMA 请求触发器置“1”。该触发器就绪后向“控制/状态”逻辑发出 DMA 请求，后者又向 CPU 发出总线使用权的请求 HOLD，CPU 响应此请求后发回响应信号 HLDA，“控制/状态”逻辑接收此信号后发出 DMA 响应信号，使“DMA 请求”标志复位，为交换下一个字做好准备。

（5）控制/状态逻辑。

它由控制和时序电路以及状态标志触发器等组成，用于指定 DMA 的传送方向，修改传送参数，并对 DMA 请求信号和 CPU 响应信号进行协调和同步。

（6）中断机构。

当一个数据块传送完毕后触发中断机构，向 CPU 提出中断请求，CPU 将进行 DMA 传送的结尾处理。

8.4.3 DMA 数据传送过程

DMA 的数据块传送过程可分为三个阶段：传送前预处理、正式传送、传送后处理。

预处理阶段由 CPU 执行几条输入/输出指令，测试设备状态，向 DMA 控制器的设备地址寄存器中送入设备号并启动设备，向内存地址计数器中送入起始地址，向字计数器中送入交换的数据字个数。在这些工作完成后，CPU 继续执行原来的主程序。

正式传送：当外设准备好发送数据（输入）或接收数据（输出）时，它发出 DMA 请求，由 DMA 控制器向 CPU 发出总线使用权的请求（HOLD）。图 8—9 所示为停止 CPU

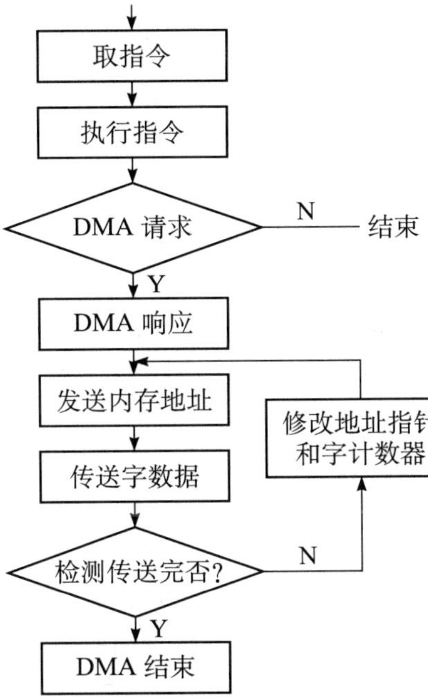

图 8—9　DMA 传送数据的流程图

访内方式的 DMA 传送数据的流程图。当外围设备发出 DMA 请求时，CPU 在当前机器周期执行结束后响应该请求，并使 CPU 的总线驱动器处于第三态（高阻状态）。之后，CPU 与系统总线相脱离，而 DMA 控制器接管数据总线与地址总线的控制，并向内存提供地址，于是，在内存和外围设备之间进行数据交换。每交换一个字，则地址计数器和字计数器加“1”，当计数值达到“0”时，DMA 操作结束，DMA 控制器向 CPU 提出中断报告。

DMA 的数据传送是以数据块为基本单位进行的，因此，每次 DMA 控制器占用总线后，无论是数据输入操作，还是输出操作，都是通过循环来实现的。当进行输入操作时，外围设备的数据（一次一个字或一个字节）传向内存；当进行输出操作时，内存的数据传向外围设备。

DMA 的后处理进行的工作是：一旦 DMA 的中断请求得到响应，CPU 停止主程序的执行，转去执行中断服务程序，进而做出判断，包括校验送入内存的数据是否正确；决定继续用 DMA 方式传送下去，还是结束传送；测试在传送过程中是否发生了错误等。

基本 DMA 控制器与系统的连接方式有两种：一种是公用的 DMA 请求方式；另一种是独立的 DMA 请求方式，这与中断方式类似。

8.4.4　DMA 数据的传送方式

DMA 技术的出现，使得外围设备可以通过 DMA 控制器直接访问内存，与此同时，CPU 可以继续执行程序。那么 DMA 控制器与 CPU 怎样分时使用内存呢？通常采用以下三种方法：停止 CPU 访内、周期挪用、DMA 与 CPU 交替访内。

1. 停止 CPU 访内

当外围设备要求传送一批数据时，由 DMA 控制器发一个停止信号给 CPU，要求

CPU 放弃对地址总线、数据总线和有关控制总线的使用权。DMA 控制器获得总线控制权以后，开始进行数据传送。在一批数据传送完毕后，DMA 控制器通知 CPU 可以使用内存，并把总线控制权交还给 CPU。图 8—10（a）是这种传送方式的示意图。很显然，在这种 DMA 传送过程中，CPU 基本处于不工作状态或者保持状态。

这种传送方法的优点是控制简单，它适用于数据传输率很高的设备进行成组传送。缺点是在 DMA 控制器访内阶段，内存的效能没有充分发挥，相当一部分内存工作周期是空闲的。这是因为，外围设备传送两个数据之间的间隔一般总是大于内存存储周期，即使高速 I/O 设备也是如此。例如：软盘读出一个 8 位二进制数大约需要 32μs，而半导体内存的存储周期小于 0.2μs，因此，许多空闲的存储周期不能被 CPU 利用。

2. 周期挪用

在这种 DMA 传送方法中，当 I/O 设备没有 DMA 请求时，CPU 按程序要求访问内存；一旦 I/O 设备有 DMA 请求，则由 I/O 设备挪用一个或几个内存周期。

I/O 设备要求 DMA 传送时可能遇到两种情况：

一种是此时 CPU 不需要访内，如 CPU 正在执行乘法指令。由于乘法指令执行时间较长，此时 I/O 访内与 CPU 访内没有冲突，即 I/O 设备挪用一两个内存周期对 CPU 执行程序没有任何影响。

另一种情况是：I/O 设备要求访内时 CPU 也要求访内，这就产生了访内冲突，在这种情况下 I/O 设备优先访内，因为 I/O 访内有时间要求，前一个 I/O 数据必须在下一个访内请求到来之前存取完毕。显然，在这种情况下 I/O 设备挪用一两个内存周期，意味着 CPU 延缓了对指令的执行，或者更明确地说，在 CPU 执行访内指令的过程中插入 DMA 请求，挪用了一两个内存周期。图 8—10（b）是周期挪用的传送方式示意图。

与停止 CPU 访内的 DMA 方法比较，周期挪用的方法既实现了 I/O 传送，又较好地发挥了内存和 CPU 的效率，是一种广泛采用的方法。但是 I/O 设备每一次周期挪用都有申请总线控制权、建立总线控制权和归还总线控制权的过程，所以传送一个字对内存来说要占用一个周期，但对 DMA 控制器来说一般要占用 2～5 个内存周期（视逻辑线路的延迟而定）。因此，周期挪用的方法适用于 I/O 设备读写周期大于内存存储周期的情况。

3. DMA 与 CPU 交替访内

如果 CPU 的工作周期比内存存取周期长很多，此时采用交替访内的方法可以使 DMA 传送和 CPU 同时发挥最高的效率，其原理示意图如图 8—10（c）所示。假设 CPU 工作周期为 1.2μs，内存存取周期小于 0.6μs，那么一个 CPU 周期可分为 C_1 和 C_2 两个分周期，其中 C_1 专供 DMA 控制器访内，C_2 专供 CPU 访内。

这种方式不需要总线使用权的申请、建立和归还过程，总线使用权是通过 C_1 和 C_2 分时控制的。CPU 和 DMA 控制器各自有自己的访内地址寄存器、数据寄存器和读/写信号等控制寄存器。在 C_1 周期中，如果 DMA 控制器有访内请求，可将地址、数据等信号送到总线上。在 C_2 周期中，如 CPU 有访内请求，同样传送地址、数据等信号。事实上，对于总线，这是用 C_1，C_2 控制的一个多路转换器，这种总线控制权的转移几乎不需要什么时间，所以对 DMA 传送来讲效率是很高的。

这种传送方式又称为“透明的 DMA”方式，因为这种 DMA 传送对 CPU 来说，如同透明的玻璃一般，没有任何感觉或影响。在透明的 DMA 方式下工作，CPU 既不停止主程序的运行，也不进入等待状态，是一种高效率的工作方式。当然，相应的硬件逻辑也就更加复杂。

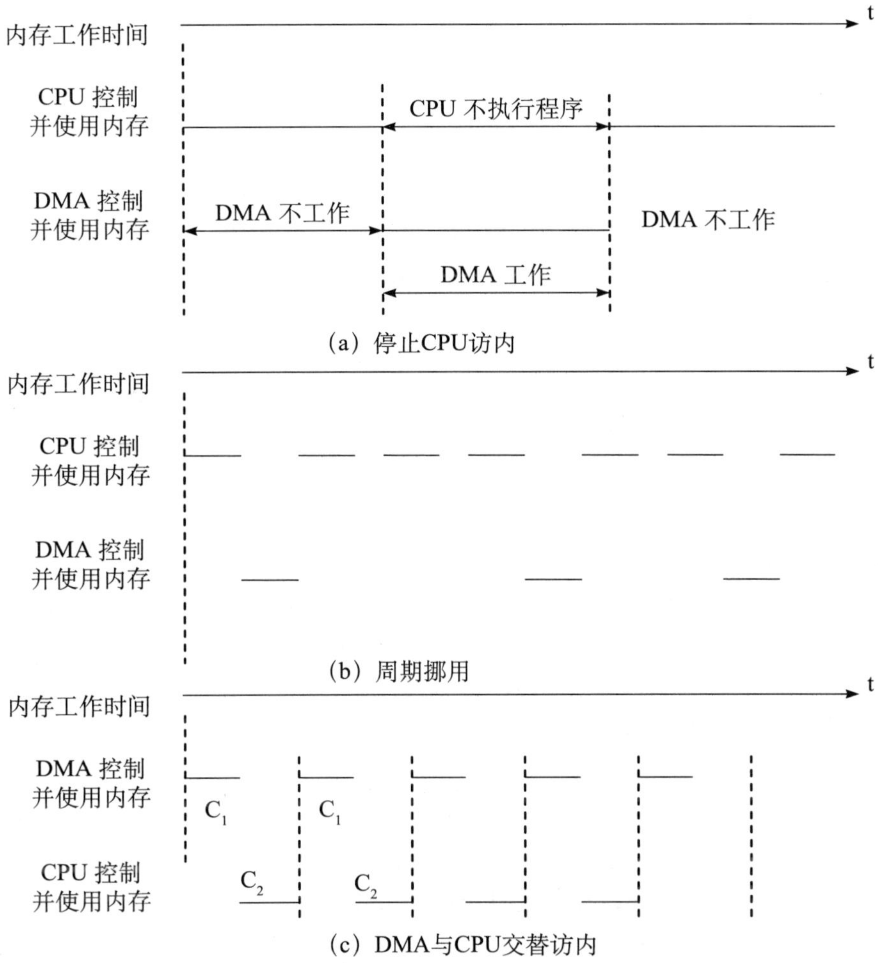

图 8—10　DMA 传送方式

8.5　通道控制方式

虽然 DMA 方式比中断驱动方式已显著地减少了 CPU 的干预，即由以字（节）为单位的干预减少到以数据块为单位的干预。但是 CPU 每发出一条 I/O 指令，也只能去读（或写）一个连续的数据块。而当我们需要一次去读多个离散的数据块且将它们分别传送到不同的内存区域，或者相反时，则需由 CPU 分别发出多条 I/O 指令。每条 I/O 指令 CPU 都要进行 DMA 控制器初始化的过程以及中断处理过程，势必会占用很多的 CPU 时间，而且频繁的周期挪用会降低 CPU 执行程序的效率。为避免上述弊端，在大、中型计算机系统中采用 I/O 通道控制方式进行数据交换。

8.5.1 通道概述

1. 通道的含义

通道是一种特殊的处理机，具有执行 I/O 指令的能力，通过执行通道程序（I/O 指令集合）来控制计算机中的 I/O 操作。

I/O 通道与一般的处理机的区别是：第一，指令类型单一；第二，通道没有自己的内存，通道与 CPU 共享内存。

2. 通道的作用

引入通道的目的主要是为了避免 CPU 对 I/O 的组织、管理。建立独立的 I/O 操作，不仅使数据的传送能力独立于 CPU，而且使有关对 I/O 操作的组织、管理及结束处理也尽量独立，以保证 CPU 有更多的时间去进行数据处理。引入通道后，CPU 只需发送 I/O 命令给通道，通道通过调用内存中的相应通道程序即可完成任务。

通道技术可以进一步减少 CPU 的干预，即把对以一个数据块为单位的读（或写）的干预，减少到对以一组数据块为单位的读（或写）的有关的控制和管理的干预。这样可实现 CPU、通道和 I/O 设备三者之间的并行工作，从而更有效地提高整个系统的资源利用率和运行速度。

3. 通道结构计算机的工作过程

通道结构计算机中的 I/O 控制工作过程大致分为以下三级：

第一，当 CPU 需要从（或向）I/O 设备传输数据时，首先在内存组织通道程序，并将该程序的起始地址放入一个称为“通道地址字（CAW）”的固定内存单元中。然后执行“启动 I/O”指令，若此时该通道可用，则启动成功，CPU 可转去执行其他的任务或继续执行原来的程序。

第二，通道被启动后，根据 CAW 访问通道程序，逐条执行通道程序，向控制器发出 I/O 操作命令，启动控制器完成实际操作。当执行完通道程序时，通道取出 I/O 结果状态和设备状态传送给指定寄存器，并向 CPU 发出中断信号，通告此次 I/O 任务的正常（或异常）完成情况，同时自行停止。

第三，控制器执行 I/O 操作命令，控制设备进行数据传输。它启动设备读入数据经通道送往指定的内存区，或将指定内存区中的数据经通道传送给设备输出。

4. 通道结构的类型

通道根据其数据传输方式的不同分为三种类型：

（1）字节多路通道。

在这种通道中，通常都含有较多个（8，16，32）非分配型子通道，每一个子通道连接一台 I/O 设备。这些子通道按时间片轮转方式共享主通道，如图 8—11 所示。一个子通道完成一个字节的传送后，立即让出字节多路通道（主通道），给另一个子通道使用。它适用于连接低速或中速设备，如打印机、终端等。

（2）数组选择通道。

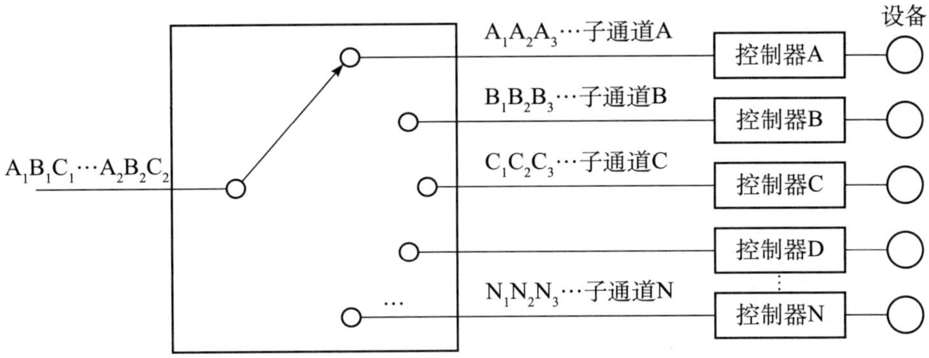

图 8—11　字节多路通道

数组选择通道用于连接少量高速外围设备，它只有一个分配型子通道，在一段时间内只能执行一道通道程序、控制一台设备进行数据传送，其数据传送按数组方式进行。即当某台设备一旦占用了该通道，则该通道只为该设备服务，直至该设备传送完毕并释放该通道为止。可见，它适于连接高速设备（如磁盘机、磁带机），但是这种通道的利用率较低。

（3）数组多路通道。

用于连接多个高速旋转的外围设备，如磁盘，并可完成选择通道的作用。磁盘一类外围设备的特点是辅助动作（如寻道）时间较长，而数据传送速度较快并采用成组传输方式。数组多路通道能像字节多路通道那样，将命令发送到外围设备后又转到其他设备为之服务，让外围设备独立完成自己的辅助操作。每当外围设备需要传送数据时，通道就为它传送一组规定长度的数据。外围设备交叉使用通道传送数据，以提高通道的利用率。这类通道也包含若干子通道，可并行执行各自的通道程序。

8.5.2　通道的发展

通道结构的进一步发展，出现了两种计算机 I/O 系统结构。

一种是通道结构的 I/O 处理器，通常称为“输入输出处理器（IOP)”。IOP 可以和 CPU 并行工作，提供高速的 DMA 处理能力，实现数据的高速传送。但是它不是独立于 CPU 工作的，而是主机的一个部件。有些 IOP，例如：Intel 8089 IOP，还提供数据的变换、搜索以及字装配/拆卸能力。这类 IOP 可应用于服务器及微型计算机中。

另一种是外围处理机（PPU)。PPU 基本上是独立于主机工作的，它有自己的指令系统，能完成算术/逻辑运算、读/内存储器与外设交换信息等。有的外围处理机干脆就选用已有的通用机。外围处理机 I/O 方式一般应用于大型高效率的计算机系统中。

·本章小结·

外部设备的数据传输形式、工作方式、传输速率、控制方式与计算机之间有许多不同，不能与计算机直接进行数据交换。I/O 系统就是协调 CPU、存储器和各种外部设备之间的关系，完成数据输入、输出任务的软、硬件部件。

输入/输出系统对外设的控制方式有：程序控制方式、中断控制方式、直接存储器访问（DMA）方式、通道方式等。

中断控制方式是各类计算机中广泛使用的一种数据交换方式。当某一外设的数据准备就绪后，它“主动”向CPU发出请求信号。CPU响应中断请求后，暂停运行主程序，自动转移到该设备的中断服务子程序，为该设备进行服务，结束时返回主程序。中断处理过程可以嵌套进行，优先级高的设备可以中断优先级低的中断服务程序。为此，需要有相应的中断优先级仲裁、中断向量产生和中断控制逻辑等硬件支持。

DMA技术的出现，使得外围设备可以通过DMA控制器直接访问内存，与此同时，CPU可以继续程序。DMA方式采用以下三种方法：(1) 停止CPU访内；(2) 周期挪用；(3) DMA与CPU交替访内。

通道是一个特殊功能的处理器。它有自己的指令和程序专门负责数据输入/输出的传输控制，从而使CPU将“传输控制”的功能转移给通道，CPU只负责“数据处理”功能。这样，通道与CPU分时使用内存，实现了CPU内部的数据处理与I/O设备的平行工作。

习 题

1. 当采用（　　）对设备进行编址时，不需要专门的I/O指令组。

A. 统一编址法　　B. 单独编址法　　C. 两者都是　　D. 两者都不是

2. 下面有关“中断”的叙述，（　　）是不正确的。

A. 一旦有中断请求出现，CPU立即停止当前指令的执行，转而去受理中断请求

B. CPU响应中断时暂停运行当前程序，自动转移到中断服务程序

C. 中断方式一般适用于随机出现的服务

D. 为了保证中断服务程序执行完毕以后，能正确返回到被中断的断点继续执行程序，必须进行现场保存操作

3. 周期挪用方式多用于（　　）方式的输入/输出中。

A. DMA　　B. 中断　　C. 程序传送　　D. 通道

4. 为了便于实现多级中断，保存现场信息最有效的方式是采用（　　）。

A. 通用寄存器　　B. 堆栈

C. 存储器　　D. 外存

5. 下述I/O控制方式中，主要由程序实现的是（　　）。

A. PPU（外围处理机）方式　　B. 中断方式

C. DMA方式　　D. 通道方式

6. 通道是一个特殊功能的________，它有自己的________，专门负责数据输入/输出的传输控制。

7. 外围设备的I/O控制方式分哪几类？各具什么特点？

8. 简要描述外设进行DMA操作的过程及DMA方式的主要优点。

第9章　计算机模型设计

【学习目标】

- 掌握简单计算机模型的设计过程
- 掌握之前所学章节知识在计算机设计中的应用

9.1　计算机模型设计概述

9.1.1　计算机模型设计的目的

前面各章的学习使我们了解了计算机硬件系统组成的相关知识。本章的主要内容是综合运用前面各章所学计算机组成原理知识，构造一台模型计算机的硬件，并为构建的模型计算机设计一套机器指令系统以及每条指令相应的控制信号，最后用自己设计的指令系统编写程序，在所设计的模型计算机上调试运行。

通过本章（计算机模型设计）的学习，主要是使得读者明确计算机的控制原理与控制过程，掌握计算机的一般设计方法，为深入计算机研制与设计打下基础。

9.1.2　计算机模型设计的过程

计算机模型的设计大体有以下三步。第一步，确定计算机硬件系统的组成；第二步，设计一套指令系统和确定每条指令的CPU周期和操作序列；第三步，为每个指令在不同CPU周期中的不同数据通路设计控制信号。

第一步中，在确定计算机硬件系统组成时，运算芯片和存储芯片的选择是比较简单的。计算机的工作过程是程序运行的过程，实质上是不同的数据流或指令流在控制信号作用下，在限定的数据通路中进行传送的过程。指令所经过的操作过程不同，所需要的数据通路不同，机器的组成结构也就不一样。因此，确定出所有指令都能够适合的数据通路是整个设计中的第一个难点。

所谓数据通路的设计，也就是确定机器各逻辑部件都由哪些元器件或芯片构成，及其相互位置如何摆放的总框图。

第二步其实就是确定计算机中指令的类型。计算机的功能不同，则所需要的指令也不同，采用怎样的指令格式直接影响到机器的硬件结构。我们刚刚涉及计算机的模型设计，因此，尽量采用简单的指令系统。

我们知道，一条指令从内存取出到执行完毕，需要若干个机器周期（节拍）。指令实现的复杂程度不同，则所需的机器周期不同。因此，指令类型和数量确定后，还需结合计算机整机通路逻辑图，设计出每条指令的指令周期与操作序列。确定每条指令的指令周期和操作序列是整个设计中的第二个难点。

只有合理的指令周期和操作序列才能保证每个周期中微操作确定的必要性和合理性。以方便后面设计中控制信号的确定。

第三步中，为使设计简单，我们采用微程序的方法来设计控制器。根据第 6 章所讲的方法设计出每条指令的微程序，并且存放在控制存储器中，这样，计算机就把执行源程序指令的工作通过执行一个微程序来实现。微指令格式的确定和各机器指令微程序的设计是整个设计中的第三个难点。

在计算机中指令执行的效率如何与微程序控制、微指令字长以及微程序设计情况密切相关。

9.2 计算机模型设计举例

9.2.1 设计目标

设计一个简单的 8 位模型计算机，采用微程序控制方式设计控制器，并编写相应的源程序，在模型计算机上调试运行。

9.2.2 确定计算机硬件系统的组成

根据设计要求，对计算机模块的硬件资源进行逻辑剪辑组合，便可设计出该计算机的整机数据通路逻辑框图，如图 9—1 所示。

图 9—1 中运算器模块主要由运算器（两片 74LS181)、暂存器（两片 74LS273）构成，程序计数器 PC（8 位）由二片可预置的 4 位二进制同步计数器 74LS161 构成，它具有接数、计数、清零等功能。内存储器单元电路主要用于存放实验中的机器指令，可由随机存储芯片构成。系统中用 8 个拨动开关作为输入设备，系统中用两个 7 段数码管，作为输出设备，用于显示需要输出的数据。

微控制器的功能就是通过接收 CPU 指令译码器发来的信号，找到本条机器指令对应的首条微代码程序所在的微地址的入口，再通过由系统时钟引入的时序节拍脉冲的控制，逐条读出微代码，微代码值再经过译码器译码，从而产生各部分电路所需的相应的控制信号，将它们加到数据通路中相应的控制位，完成各自的功能。即对该条指令的功能进行解释和执行。一条指令解释和执行完以后，再继续接收下一条微指令对应的微地址入口，这样周而复始，即可实现机器指令的顺序、分支、循环运行。因此，微程序控制器由微地址寄存器、微指令寄存器、微程序存储器（控存）和逻辑译码器等部分组成。其结构示意图如图 9—2 所示。

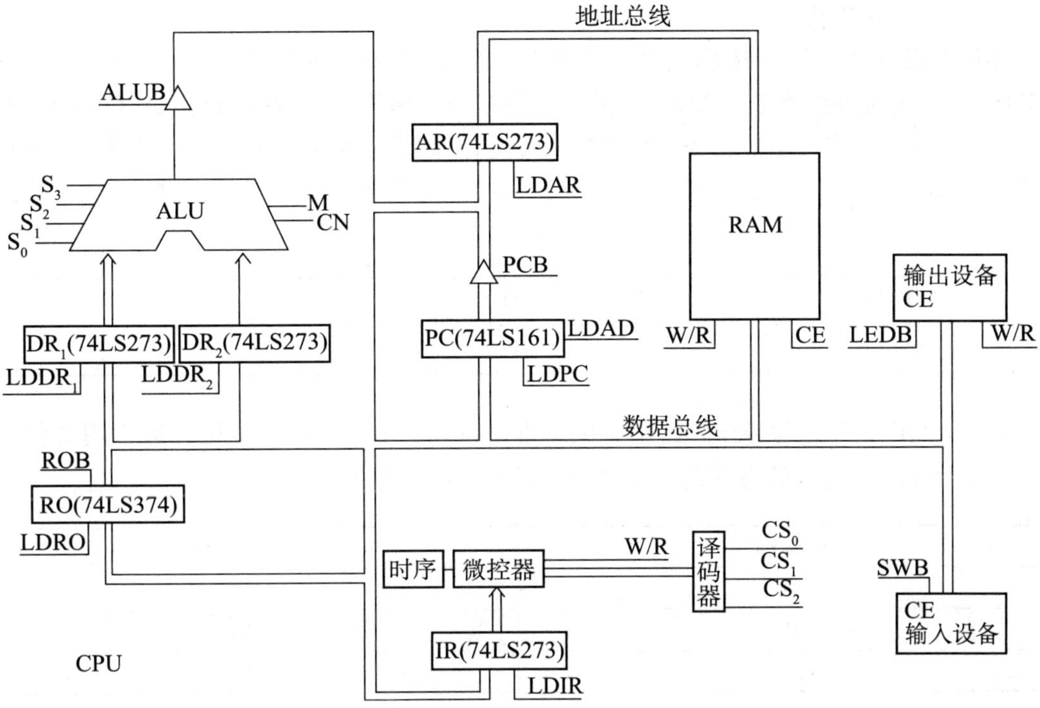

图 9—1　计算机整机逻辑框图

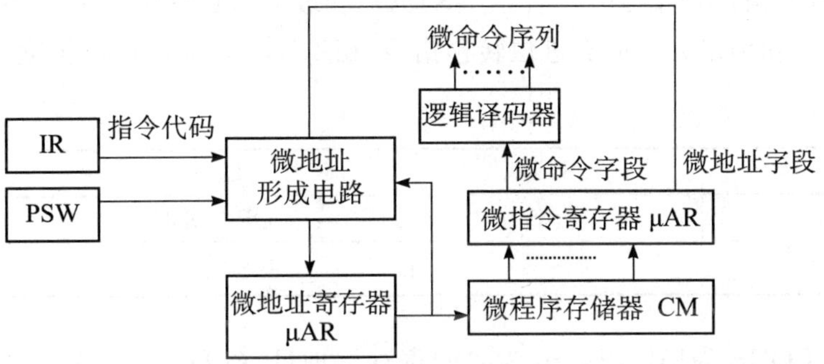

图 9—2　微程序控制器结构示意图

9.2.3　指令设计和数据格式

设计一个计算机系统需确定计算机的指令系统具体由哪些指令组成，包括哪几种类型指令，指令操作数有哪几种寻址方式，以及指令编码等，要兼顾必要性（编程方便）和可行性（硬件条件）两个条件。

1. 指令类型

微程序控制计算机设计四大类指令共 16 条，其中包括算术逻辑指令、访问及转移指令、I/O 指令和停机指令。

（1）算术逻辑指令。

系统共设计9条算术逻辑指令，分别是：寄存器清零指令（CLR）、数据传送指令（MOV）、带进位加法指令（ADC）、借位减法指令（SUC）、自增运算指令（INC）、与运算指令（AND）、取反运算指令（COM）、带进位循环右移指令（RRC）和带进位循环左移指令（RLC）。这些指令全部用单字节表示，寻址方式采用寄存器直接寻址，其格式如下：

$D_7D_6D_5D_4$	D_3D_2	D_1D_0
OP-CODE	rs	rd

其中，OP-CODE为操作码占用4位二进制（D_7～D_4），rs为源寄存器占用2位二进制（D_3、D_2），rd为目的寄存器占用2位二进制（D_1、D_0），并规定：

rs或rd	选定的寄存器
00	R_0
01	R_1
10	R_2

（2）访存及转移指令。

系统共设计两条访存指令——存数（STA）和取数（LAD）；两条转移指令——无条件转移（JMP）和结果为零或有进位转移指令（JZC），这4条指令长度为两个字节。其指令格式为：

D_7D_6	D_5D_4	D_3D_2	D_1D_0
0 0	M	OP-CODE	rd
D			

其中，OP-CODE为操作码，rd为目的寄存器地址（LDA、STA指令使用），D为偏移量（正负均可），M为寻址模式。其定义如下：

寻址模式M	有效地址E	说明
00	E=D	直接寻址
01	E=(D)	间接寻址
10	E=(RI)+D	RI变址寻址
11	E=(PC)+D	相对寻址

本计算机规定变址寄存器RI指定为寄存器R_2。

（3）I/O指令。

I/O指令共两个，分别是输入（IN）和输出（OUT）。指令采用单字节指令，其格式如下：

$D_7D_6D_5D_4$	D_3D_2	D_1D_0
OP-CODE	addr	rd

其中，addr=01 时，选中“输入设备”中的开关组作为输入设备，addr=10 时，选中“输出设备”中的数码显示单元作为输出设备。

（4）停机指令。

设计一个停机指令 HLT，该指令用于实现停机操作。指令格式如下：

$D_7D_6D_5D_4$	D_3D_2	D_1D_0
OP-CODE	00	00

根据上面介绍，表 9—1 列出了本计算机系统 16 条基本指令的格式、汇编符号和指令功能。其中算术逻辑指令 9 条，访存指令和程序控制指令 4 条，输入/输出指令 2 条，停机指令 1 条。

表 9—1　　**指令详细信息表**

汇编指令	指令格式	指令功能
CLR rd	0111 00 rd	0→rd
MOV rs，rd	1000 rs rd	rs→rd
ADC rs，rd	1001 rs rd	rs+rd+cy →rd（cy 是进位值）
SUC rs rd	1010 rs rd	rs-rd-cy→rd
INC rd	1011 rs rd	rs+1 →rd
AND rs，rd	1100 rs rd	rs&rd →rd
COM rd	1101 rs rd	求反
RRC rs，rd	1110 rs rd	带进位的循环右移
RLC rs，rd	1111 rs rd	带进位的循环左移
LAD M，D，rd	00 M 00 rd	E（有效地址单元数据）rd
	D	
STA M，D，rd	00 M 01 rd	rd → E（有效地址单元）
	D	
JMP M，D	00 M 11 rd	E → PC
	D	
JZC M，D	00 M 11 rd	当 CY=1 时或 Z=1 时 E → PC
	D	
IN addr，rd	0100 01 rd	addr → rd
OUT addr，rd	0101 10 rd	rd → addr
HLT	0110 00 00	停机

2. 数据格式

模型机规定采用定点补码表示法表示数据，且字长为 8 位。其格式如下：

7	6543210
符　号	尾　数

其中第 7 位为符号位，数值表示范围是：$-1 \leqslant X < 1$。

9.2.4　微程序设计

将机器的全部指令系统采用微指令序列实现的过程，叫做微程序设计。一条机器指令对应一个微程序，本系统共有 16 条机器指令就应当对应有 16 个微程序。

微程序设计是以微指令设计为基础的。

1. 微指令格式

本部分设计任务是综合微程序控制计算机指令系统各指令执行流程中涉及的微操作控制信号，统计总共需多少个微操作控制信号，决定这些信号在微指令中产生的方式及格式。

微指令设计分为水平型微指令和垂直微指令两种。如果计算机系统复杂度不高，微指令格式建议采用水平型微指令，微命令编码采用直接表示法和分段直接译码法相结合的混合表示法，来缩短微指令长度。后继地址采用下址字段给出的方式。

微指令格式如下：

控制字段	判别字段	下址字段

结合计算机指令系统和数据通路逻辑框图，可以分析系统所需的微命令信号的数目，从而确定微指令中控制字段的长度。比如微指令长 24 位，若微指令采用全水平不编码直接控制的格式，那么至多可直接产生 24 个微命令控制信号。如果采用分组编码译码，那么 n 位微指令编码通过译码器译码可实现 2n 个互斥的微命令控制信号（即它们不可能在同一节拍内激活）。

系统中微指令格式及微命令信号设计实例如下：

微指令字长共 24 位，其控制位顺序为

24	23	22	21	20	19	18	17	16	15 14 13	12 11 10	9 8 7	6	5	4	3	2	1
S_3	S_2	S_1	S_0	M	Cn	WE	CE	LDPC	A	B	C	μA5～μA0					

◇ 24～16 为直接控制字段，共给出 9 个微命令信号；

◇ A、B、C 为译码字段，可以分别送 3～8 译码器，共可以设计出互斥的 24 个微命令信号；

◇ μA5～μA0 为下址字段（微指令后继微地址），6 位地址可以访问的控制存储器的空间为 26，即系统设计的微指令最多不超过 64 条。

2. 编写各指令的微程序

根据指令流程和微指令格式仔细地逐条编写每一个指令的微程序，源程序指令对应的微程序流程图及确定微地址，如图 9—3 所示。

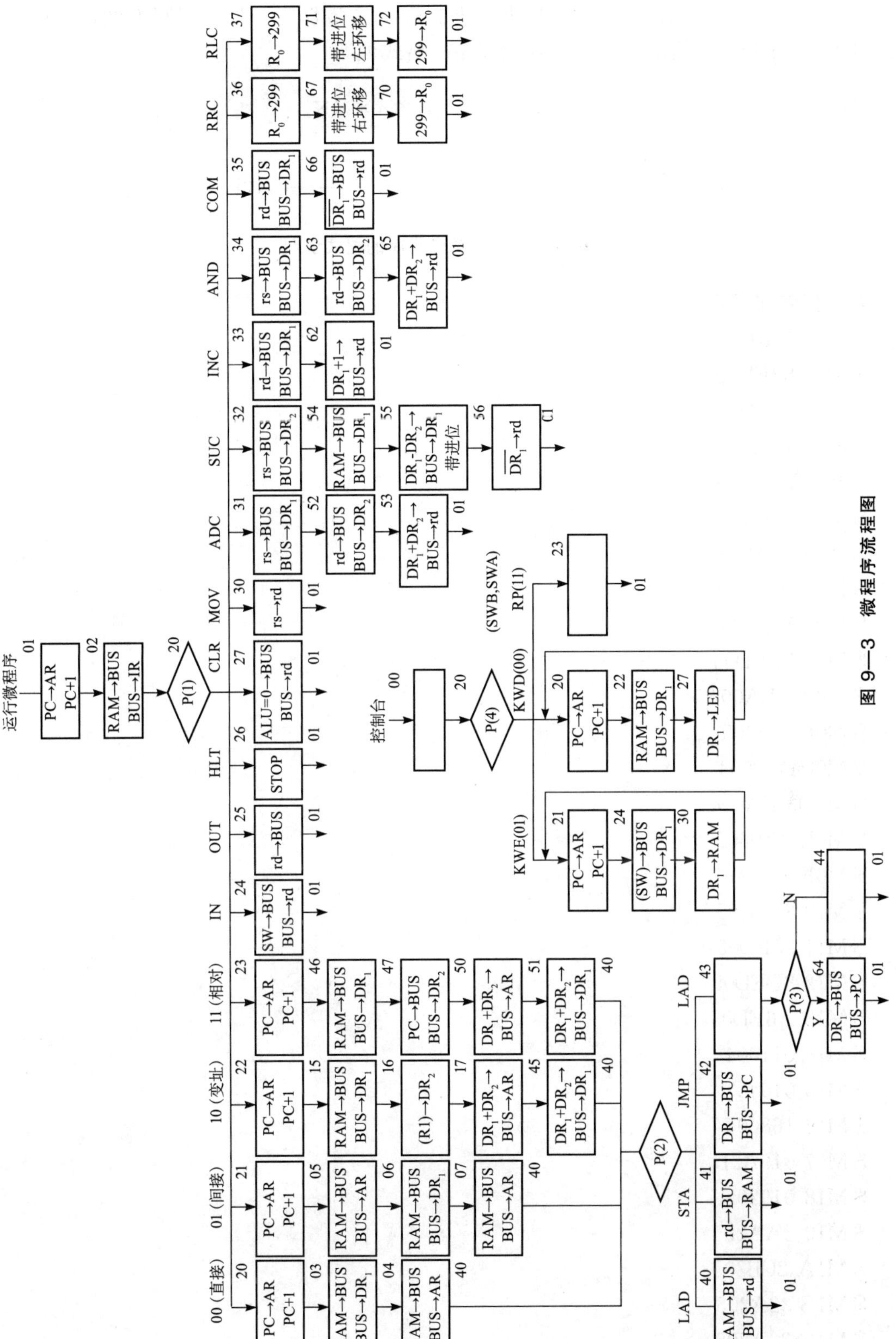
运行微程序
PC→AR PC+1
RAM→BUS BUS→IR
P(1)
00 (直接)
01 (间接)
10 (变址)
11 (相对)
IN
OUT
HLT
CLR
MOV
ADC
SUC
INC
AND
COM
RRC
RLC
SW→BUS BUS→rd
rd→BUS
STOP
ALU=0→BUS BUS→rd
rs→rd
rs→BUS BUS→DR1
rd→BUS BUS→DR2
DR1+DR2→ BUS→rd
rs→BUS BUS→DR2
RAM→BUS BUS→DR1
DR1-DR2→ BUS→DR1 带进位
DR1→rd
rd→BUS BUS→DR1
DR1+1→ BUS→rd
rs→BUS BUS→DR1
rd→BUS BUS→DR2
DR1+DR2→ BUS→rd
rd→BUS BUS→DR1
DR1→BUS BUS→rd
R0→299
带进位 右环移
299→R0
带进位 左环移
RAM→BUS BUS→DR1
RAM→BUS BUS→AR
RAM→BUS BUS→DR1
(R1)→DR2
PC→BUS BUS→DR2
DR1+DR2→ BUS→AR
DR1+DR2→ BUS→DR1
P(2)
LAD
STA
JMP
RAM→BUS BUS→rd
rd→BUS BUS→RAM
DR1→BUS BUS→PC
P(3)
N
Y
控制台
P(4)
KWD(00)
KWE(01)
(SWB,SWA)
RP(11)
RAM→BUS BUS→DR1
DR1→LED
(SW)→BUS BUS→DR1
DR1→RAM

图 9—3　微程序流程图

根据图 9—3 所示流程图，可以写出二进制表示的微程序，为了书写方便，在此用十六进制书写。图 9—4 给出了十六进制微程序的格式说明。

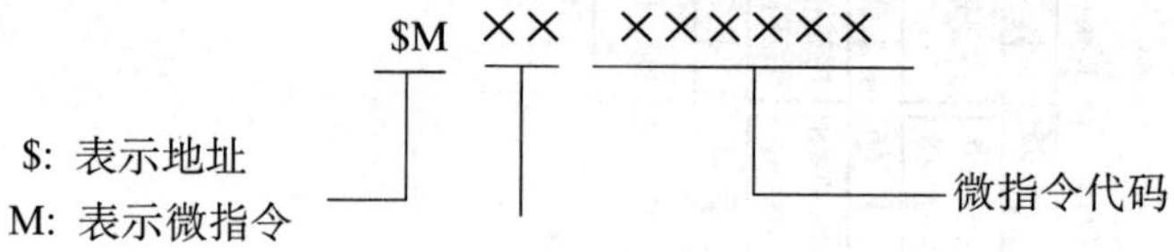

图 9—4　十六进制微程序的格式说明

编写程序如下：

```
$M00 088105
$M01 82ED05
$M02 50C004
$M03 04A004
$M04 A0E004
$M05 06E004
$M06 07A004
$M07 A0E004
$M08 8AED05
$M09 8CED05
$M0A 3BA004
$M0B 018005
$M0C 3C2004
$M0D 0EA004
$M0E 0FB605
$M0F 25EA95
$M10 83ED05
$M11 85ED05
$M12 8DED05
$M13 A6ED05
$M14 011004
$M15 010407
$M16 168005
$M17 019A3D
$M18 019205
$M19 2AA205
$M1A 2CB205
$M1B 32A205
$M1C 33A205
```

$M1D 36A205
$M1E 378235
$M1F 398235
$M20 019004
$M21 018406
$M22 81DB05
$M23 E48005
$M24 018005
$M25 A0AA95
$M26 27A004
$M27 28BC05
$M28 29EA95
$M29 A0AA95
$M2A 2BB405
$M2B 419B95
$M2C 2DA405
$M2D 6EAB05
$M2E 2FAA0D
$M2F 30AA05
$M30 71810D
$M31 419B95
$M32 019A05
$M33 35B405
$M34 81DB05
$M35 419BBD
$M36 019A0D
$M37 38882D
$M38 019805
$M39 3A881D
$M3A 019805
$M3B 080A07
$M3C 098A06

9.3　编写源程序

9.3.1　指令机器码

计算机系统共设计了 16 条指令，指令机器码采用单字节设计，指令与机器码对应关系如表 9—2 所示。

表 9—2　　指令与机器码对应关系表

指令	指令机器码
CLR	0000　0000
MOV	0001　0000
ADC	0010　0000
SUC	0011　0000
INC	0100　0000
AND	0101　0000
COM	0110　0000
RRC	0111　0000
RLC	1000　0000
LAD	1001　0000
STA	1010　0000
JMP	1011　0000
JZC	1100　0000
IN	1101　0000
OUT	1110　0000
HLT	1111　0000

9.3.2　机器程序设计实例

根据指令的机器码，设计的机器指令程序如下：

地址（二进制）	内容（二进制）	源程序	说　明
0000	1101 0000	IN R0	输入设备内容→R0
0001	0010 0000	ADC R0，09H	R0+［09H］+cy→R0
0010	0000 1001		
0011	1010 0000	STA 0BH，R0	R0→［0BH］
0100	0000 1011		
0101	1110 0000	OUT 0BH，LED	［0BH］→LED（输出设备）
0110	0000 1011		
0111	1011 0000	JMP 00H	00H→PC
1000	0000 0000		
1001	0101 0101		自定
1010	1010 1010		自定
1011			求和结果

机器指令及微程序按照规定的格式编写成十六进制格式文件，程序清单如下：

P00　D0；“P”代表机器指令
P01　20；PXX　XX
Z02　09；地址　机器代码
P03　A0
P04　0B
P05　E0
P06　0B
P07　B0
P08　00
P09　55
P0A　AA

·本章小结·

本章整体讲述了一个简单计算机模型的设计过程，重点讲述了计算机的硬件设计、指令系统设计、微程序设计、指令编码和源程序设计等内容。

旨在从应用角度使读者掌握计算机的一般设计方法，为深入计算机研制与设计打下基础。

参 考 文 献

[1] 白中英．计算机组成原理（第 3 版）．北京：科学出版社，2000
[2] 唐朔飞．计算机组成原理（第 2 版）．北京：高等教育出版社，2008
[3] 王爱英．计算机组成与结构（第 4 版）．北京：清华大学出版社，2007
[4] 高国红．计算机组成原理．西安：西北工业大学出版社，2008
[5] 张代远．计算机组成原理教程（第 2 版）．北京：清华大学出版社，2009
[6] 蒋本珊．计算机组成原理（第 2 版）．北京：清华大学出版社，2008
[7] 米根锁．计算机组成原理．兰州：兰州大学出版社，2006
[8] 徐福培．计算机组成与结构．北京：电子工业出版社，2006

图书在版编目（CIP）数据

计算机组成原理/朱小军，海波主编
北京：中国人民大学出版社，2010
全国高职高专计算机系列精品教材
ISBN 978-7-300-12459-9

Ⅰ. ①计…
Ⅱ. ①朱…②海…
Ⅲ. ①计算机体系结构-高等学校：技术学校-教材
Ⅳ. ①TP303

中国版本图书馆 CIP 数据核字（2010）第 135381 号

全国高职高专计算机系列精品教材
计算机组成原理
主　编　朱小军　海　波
副主编　蔡吸礼

出版发行	中国人民大学出版社		
社　　址	北京中关村大街 31 号	**邮政编码**	100080
电　　话	010－62511242（总编室）		010－62511770（质管部）
	010－82501766（邮购部）		010－62514148（门市部）
	010－62515195（发行公司）		010－62515275（盗版举报）
网　　址	http://www.crup.com.cn		
	http://www.ttrnet.com(人大教研网)		
经　　销	新华书店		
印　　刷	唐山玺诚印务有限公司		
规　　格	185 mm×260 mm　16 开本	**版　　次**	2010 年 9 月第 1 版
印　　张	11.25	**印　　次**	2022 年 11 月第 7 次印刷
字　　数	256 000	**定　　价**	25.00 元

教师信息反馈表

为了更好地为您服务，提高教学质量，中国人民大学出版社愿意为您提供全面的教学支持，期望与您建立更广泛的合作关系。请您填好下表后以电子邮件或信件的形式反馈给我们。

您使用过或正在使用的我社教材名称		版次	
您希望获得哪些相关教学资料			
您对本书的建议（可附页）			
您的姓名			
您所在的学校、院系			
您所讲授课程的名称			
学生人数			
您的联系地址			
邮政编码		联系电话	
电子邮件（必填）			
您是否为人大社教研网会员	□ 是 会员卡号：________ □ 不是，现在申请		
您在相关专业是否有主编或参编教材意向	□ 是 □ 否 □ 不一定		
您所希望参编或主编的教材的基本情况（包括内容、框架结构、特色等，可附页）			

我们的联系方式： 北京市海淀区中关村大街59号人民大学文化大厦1508室
人大出版社教育分社
邮政编码：100080
电　　话：010-62515912
网　　址：http://www.crup.com.cn/jiaoyu/
E-mail:jyfs_2007@126.com